HORST GEBHARD

Liberté Egalité Brutalité

Gewaltgeschichte der Französischen Revolution

HORST GEBHARD

Liberté Egalité Brutalité

Gewaltgeschichte der Französischen Revolution

Sankt Ulrich Verlag

Bibliographische Information der Deutschen Bibliothek

Die Deutsche Bibliothek verzeichnet diese Publikation in der Deutschen Nationalbibliographie; detaillierte bibliographische Daten sind im Internet über http://dnb.ddb.de abrufbar.

Umschlaggestaltung: uv media werbeagentur
Mediengruppe Sankt Ulrich Verlag, Augsburg
Druck und Bindung: Bercker Graphischer Betrieb GmbH & Co. KG, Kevelaer
Printed in Germany
ISBN 978-3-86744-179-7
www.sankt-ulrich-verlag.de

Inhalt

Vorwort

Mit Frankreich verbinde ich zwei Erlebnisse. Das eine hat etwas mit meinem Vater zu tun, der im Ersten Weltkrieg in Frankreich Soldat war. Er berichtete enthusiastisch von dem Land und seinen Menschen. Begeistert war ich, dass die Gruppe, der mein Vater angehörte, sich im Krieg mit den Franzosen solidarisiert hatte. Wenn die deutsche Artillerie sie unter Feuer nahm, warfen sich die Deutschen über die Franzosen; wenn die französischen Kanonen auf sie schossen, war es umgekehrt. Beeindruckt war ich vor allem, als mein Vater mir sagte: „Ich habe keinen einzigen Franzosen im Krieg getötet."

Daher liebe ich Frankreich und habe circa 25mal in unserem Nachbarland den Urlaub verbracht und viele Menschen kennengelernt, mit denen ich heute noch verbunden bin.

Das andere Erlebnis hatte ich einige Jahre später. In der Pfarrbibliothek von Fürfeld, meinem Heimatort, lieh ich mir ein Buch über den Vendéekrieg aus. Erstaunt und bestürzt las ich von den Greueln, welche die Revolutionssoldaten an diesem gläubigen Volk verübten, über die Ermordung von Priestern und die Massaker an der Bevölkerung.

Beide Bilder haben mich seither beschäftigt: dasjenige von der Freiheit, Gleichheit und Brüderlichkeit einerseits, das gemeinhin mit der Französischen Revolution verbunden wird, und andererseits das Bild von der Guillotine, von den bis zu 40.000 Opfern der Schreckensherrschaft *(Terreur)*, den Massenertränkungen *(Noyades)* in Nantes, von den Exzessen in Bordeaux, Lyon, Toulon und anderen Städten des Südens, aber auch von dem Kindermord in Lucs-sur-Boulogne. In Frankreich wird längst diskutiert, ob die blutige Niederwerfung des Vendéeaufstandes mit über 150.000 Toten als Völkermord zu gelten hat.

Ein wie auch immer gearteter Vergleich mit den Greueltaten der NS-Zeit liegt diesem Buch völlig fern; diese haben eine andere, eine diabolische Qualität, und ihre Dimension ist völlig verschieden. Dieses Buch wurde aus Liebe zu unserem Nachbarland geschrieben, leugnet aber auch die Schatten nicht, die über seiner Geschichte liegen. Dass wir als Menschen nicht ohne Annahme unseres Schattens leben können, gilt auch von einem Land. Anlässlich der Zweihundertjahrfeier der Französischen Revolution 1989 haben sich die führenden Historiker Frankreichs mutig seinem Schatten gestellt.

Über die deutsch-französischen Grenzen ist die Kenntnis von diesem Schatten kaum gedrungen. Lediglich eine Sondernummer des *Spiegels* (2010) bildet hier eine rühmliche Ausnahme.

Die Geschichtsschreibung über die Französische Revolution war zumeist die Domäne der Jubelhistoriker, und über die Verfolgung in der Vendée und über die Entchristlichungskampagne findet man oft nicht den geringsten Hinweis. Für die deutschen Schüler bleiben sie Vokabeln, mit denen sie nichts anfangen können.

Auch Wissenschaftler, die der katholischen Kirche nahestehen, bilden hier keine Ausnahme. So hat sich in den letzten Jahrzehnten kein Ordinarius für Kirchengeschichte mit diesem Thema befasst. Lediglich von Professor Isnard Frank liegt ein kleiner Beitrag über den Vendéekrieg vor.

2009 habe ich auf Anregung des Mainzer Bistumstheologen Dr. habil. Michael Figura einen Aufsatz zu dem Thema „Der heilige Pfarrer von Ars und die Französische Revolution" geschrieben, worin ich auf die Exzesse gegen die Priester und das gläubige Volk einging. Auf Intervention von Hans Maier wurde dieser Aufsatz abgelehnt, und zwar unter anderem mit der Begründung, dass er nicht der heutigen Sicht der Französischen Revolution entspräche. In das gleiche Horn stößt der französische Kirchenhistoriker Bernard Plongeron, der allen Ernstes behauptet, dass die Septembermorde von 1792 rein politisch motiviert waren. Bei einer solchen Sicht könnte man Dietrich Bonhoeffer oder Pater Alfred Delp kaum als Glaubenszeugen bezeichnen. Entsetzt bin ich über die Tendenz, das Glaubenszeugnis dieser Frauen und Männer als politisch motiviert zu bestreiten. So geht man mit der Christenverfolgung um, welche die Verfolgung unter Kaiser Diokletian im 4. Jahrhundert noch übertraf, habe ich mir gesagt.

Ich habe dieses Buch auf Anregung meines Doktorvaters, des Kirchengeschichtlers Isnard Frank geschrieben. Darum konnte und wollte ich den Glaubenskampf und das Martyrium Tausender von Christen, Priestern, Nonnen und Laien, aber vor allem von Frauen, nicht verschweigen, das die bedeutende Historikerin Mona Ozouf davon sprechen ließ, dass die Kirche Frankreichs eine Frauenkirche geworden sei.

Das vorliegende Buch ist ein Sachbuch, dem allerdings intensive wissenschaftliche Recherchen vorausgegangen sind. Meine Promotion galt den Hexenprozessen im Erzstift Mainz. Dabei habe ich weder meine eigene Kirche noch das Bistum, dem ich angehöre, geschont. In meiner Doktorarbeit wie jetzt stehe ich auf der Seite der Verfolgten und Geächteten, ob es sich um die eigenen Glaubensschwestern und -brüder handelt oder nicht.

Kardinal Hermann Volk, der Bischof, von dem ich die Priesterweihe empfangen habe, hat es auf den Nenner gebracht: „Ideologie ist das genaue Gegenteil von Glauben". Ideologie war es auch, die zum Schreckensregime der Revolution führte, und sie hat sich zum Totalitarismus gewandelt, was Lenin gerne übernahm. Er wusste schon, warum er seine Kriegsschiffe nach Robespierre und Marat benannte.

Es ist mir ein aufrichtiges Bedürfnis, den Frauen einen Dank auszusprechen, die mir bei der Erstellung des Manuskriptes behilflich waren: Frau Brigitte Dönges und Frau Anke Humm, die die Texte abschrieben, Frau Helga Bieringer und Frau Beate Hilge, die sie mit nicht geringer Sorgfalt überprüften, sowie Frau Marianne Dönges, die über meinen vollen Schreibtisch und das stets vorhandene Chaos hinwegsah. Schließlich möchte ich Herrn Dr. Peter Paul Bornhausen für manche Anregung und Hilfe sowie die Herausgabe des Buches im Sankt Ulrich Verlag danken.

Erstes Kapitel –
Freiheit, Gleichheit, Brüderlichkeit oder ein Kind, das sein Glas zerbricht

Frankreich war gegen Ende des 18. Jahrhunderts der bevölkerungsreichste Staat Europas und hatte etwa 25 Millionen Einwohner, von denen die meisten auf dem Land wohnten. Die Bevölkerung war in Stände gegliedert: in den Klerus (0,5 % der Bevölkerung), den Adel (1,5 %) und den großen Rest der Bevölkerung – der Dritte Stand. 75 % der Franzosen waren unter 40 Jahre alt. Die Machtverteilung war im Grunde ganz einfach: Die oberste Autorität im Lande hatte der König inne. Er war der oberste Richter, der Oberbefehlshaber der Armee. Er bestimmte allein die Politik und erließ allein die Gesetze. Außer Gott war er niemandem Rechenschaft schuldig.

Der erste Stand im Königreich war der Klerus, und der Katholizismus war Staatsreligion. Der Klerus war in hohen (8.000 Geistliche) und niederen Klerus (82.000) sowie Ordensklerus (60.000) unterteilt. Die Zugehörigkeit zum hohen Klerus war ausschließlich dem Adel vorbehalten. Die Priester und Ordensleute lebten von den Zehnten, die von den Ernten erhoben wurden, und von dem kirchlichen Grundbesitz, der über ein Viertel der landwirtschaftlichen Grundfläche umfasste.

Eine Generalagentur am Hof in Versailles war zuständig für kirchliche Belange und wurde von der Kirche verwaltet. Steuern brauchte der Klerus nicht zu zahlen. Er leistete jedes Jahr eine freiwillige Abgabe an den Staat. Äußerst verschieden war die Einkommenssituation. Die meisten Pfarrer hatten zumeist nur das Nötigste zum Leben. Der hohe Klerus dagegen verfügte über fürstliche Gehälter. Allein die 90 Domkapitulare in Chartres bekamen 3,5 Millionen Livres jährlich, noch höher war das Einkommen des Fürstbischofs von Straßburg, der jährlich über 10 Millionen Livres verfügte, wobei die tatsächliche Kaufkraft dieser idellen Währung – eine Livre entsprach einem Pfund Silber – zwischen fünf und 15 Euro schwankt.

Die Diener der Kirche waren für das gesamte Erziehungswesen und für die Kranken- und Armenfürsorge verantwortlich. Mona Ozouf spricht von dem hervorragendsten Seelsorgeklerus der französischen Geschichte und lobt den seelsorgerischen Eifer der meisten Bischöfe. Viele Männerklöster befanden sich allerdings in beklagenswertem Zustand. In den Frauenklöstern allerdings nahm die Zahl der Novizinnen zu. Die Dominikaner waren der einzige Orden, der regen Nachwuchs verzeichnen konnte.

Der Adel war in Schwertadel *(Noblesse d'épée)* und Amtsadel *(Noblesse de robe)* unterteilt. Der Schwertadel umfasste die altadligen Geschlechter, der Amtsadel alle, die aufgrund ihrer Verdienste geadelt worden waren. Eine besondere Rolle im Schwertadel hatte der Hochadel inne, der in Versailles die obersten Regierungsstellen besetzte. Etwas über die Hälfte des Adels, der auf dem flachen Land residierte, war verarmt.

Der Adel war von Steuern und Abgaben befreit und nahm allein die hohen Regierungsstellen ein. Im Frankreich dieser Zeit konnte nur ein Edelmann Offizier werden. Die Parlamentsgerichte, die von dem Schwert- und Amtsadel besetzt waren, gewannen seit etwa 1780 immer mehr an Macht. Sie bildeten so etwas wie eine Adelsopposition, verhinderten aber auch durch ihre Obstruktionspolitik die Pläne zur Budget-Sanierung.

Bezüglich des Dritten Standes muss man zwischen Stadt- und Landbevölkerung unterscheiden. Von den 25 Millionen Franzosen lebten 22 Millionen auf dem Land. Nur 15 % lebten in den Städten. Allein Paris hatte 600.000 Einwohner. Eine Einwohnerzahl um 100.000 besaßen Lyon, Marseille, Nantes und Bordeaux. Die Einwohnerzahl von Mittelstädten kann man auf 6.000 bis 10.000 Einwohner schätzen. Die städtische Bevölkerung war in soziale Schichten gegliedert: in Großbürgertum, Mittelschicht, Kleinbürgertum und Unterschicht.

Zum Großbürgertum gehörten Manufakturbesitzer, Handelsherren, die durch den National- und Fernhandel reich geworden waren, Bankiers, Steuerpächter und Rentiers, die von ihrem Grundbesitz und von Zinsen aus ihrem Kapital lebten. Diese Gruppe musste die höchsten Abgaben entrichten. Ihr politisches Ziel war darum Bürokratie- und Zollabbau, Rechtsvereinheitlichung und Budget-Sanierung.

Die Mittelschicht bildeten höhere Beamte, Juristen, Kaufleute und Ärzte. Sie waren es auch, die die Klubs besuchten und die Gedanken der Aufklärung vertraten. Sie waren für Toleranz und gegen politische Zensur. In der Nationalversammlung stellten sie bald die meisten Abgeordneten.

Die Schicht des Kleinbürgertums, die 75 % der städtischen Bevölkerung ausmachte, stellten die kleinen Händler, Ladenbesitzer, Gastwirte, Handwerksmeister und Kleinhändler. Sie forderten Preiskontrollen, Einkommensgarantien, Konkurrenzbarrieren sowie Umverteilung des Eigentums. Aus ihrem Kreis kamen später die sogenannten *Sansculotten,* Männer also, die statt der eleganten Kniebundhosen *(Culottes)* und feiner Strümpfe grobe Arbeitshosen trugen.

Zur Unterschicht zählten Witwen, Waisen, Kranke sowie gesellschaftliche Außenseiter: Bettler, Prostituierte, Deserteure und Kriminelle. Sie mussten oft 80 % ihres Geldes allein für das Brot ausgeben. Wer seine Arbeit verlor, musste sich mit Betteln durchschlagen. Viele radikale Revolutionäre wie die Anhänger der *Enragés* („Tollwütigen") von Jacques Roux und von François-Noël Babeuf kamen aus dieser Schicht.

Auch unter der Landbevölkerung, die 75 % der Gesamtbevölkerung ausmachte, gab es verschiedene Schichten: Großbauern, Kleinbauern und die ländliche Unterschicht. Die Zahl der Bauern, die über den Eigenbedarf hinaus verkaufen und Kapital zurücklegen konnten, war gering. Sie wurden durch den Kauf von Nationalgütern zu großen Gewinnern der Revolution. Ihre Abgeordneten sprachen sich aus Verbundenheit mit dem revolutionären System später für die Hinrichtung des Königs aus.

Die Kleinbauern machten etwa zwei Drittel der Landwirte aus. Sie hatten einen kleinen Eigenbesitz und pachteten weitere Äcker dazu. In Krisenzeiten arbeiteten sie als Heimarbeiter oder Tagelöhner. Aus wirtschaftlichen Gründen flohen viele in die Städte und wurden Teil des städtischen Proletariates. Unter diesen drückenden sozialen Verhältnissen zogen es viele junge Bauern vor, zum Militär zu gehen, um die Welt kennenzulernen.

Frankreich vor dem Bankrott

Der Kernsatz für eine gesunde Haushaltsführung lautet: Einnahmen und Ausgaben müssen übereinstimmen. Von diesem Grundsatz aber war das Land in der Zeit vor der Revolution meilenweit entfernt. Die Kriege, die Frankreich im 18. Jahrhundert führte, der Spanische Erbfolgekrieg (1701–1714) und der Siebenjährige Krieg (1756–1763), hatten einen gewaltigen Schuldenberg errichtet. Dieser Schuldenlast fügte Ludwig XVI., König seit 1774, neue Schulden hinzu, indem er sich am amerikanischen Unabhängigkeitskrieg gegen den Erbfeind England beteiligte.

Sein Generalfinanzinspektor Anne-Robert Turgot hatte die Lösung zur Verhinderung des drohenden Staatsbankrotts. Nicht nur der Dritte Stand, die Bauern, sondern auch der Adel und die Geistlichkeit sollten steuerlich belastet werden. Die zwei vornehmen Stände intervenierten durch die Gerichtsparlamente, die an der Durchführung von Gesetzesbeschlüssen beteiligt waren. Der König vergaß, dass er absoluter Monarch war. Er wollte seinem Adel und seiner Geistlichkeit nicht auf den Fuß treten und entließ Turgot. Ein weiterer Minister, der um innere und geistige Reform in Frankreich bemüht war, Chrétien-Guillaume Malesherbes, legte freiwillig sein Amt nieder.

Der König berief Jacques Necker, einen Bankier aus Genf, der als Finanzgenie gehandelt wurde, zum Generalfinanzinspektor. Wie Necker sah er die Kriegskosten als Risiko. Im Gegensatz zu Turgot aber wollte er den Adel und den Klerus nicht stärker besteuern und ihre Pensionen kürzen. Necker gedachte den Finanzbedarf des Staates durch neue Anleihen zu decken. Der Staatswagen stand vor dem Abgrund, und die Bremsen, um ihn anzuhalten, wurden gelockert.

Um 1780 betrugen die Staatseinnahmen 610 Millionen Livres, wovon 262,5 Millionen für die Schuldentilgung und 150,8 Millionen für das Militär ausgegeben wurden, zusammen über zwei Drittel des gesamten Haushaltes. Die Kosten für die Hofhaltung nahmen sich demgegenüber relativ gering aus. Es waren 6 % der Gesamtausgaben. Die Revolutionshistoriker François Furet und Denis Richet zitieren in ihrem Standardwerk *Die*

Französische Revolution (dt. 1987) dazu einen Memoirenschreiber zur Zeit Turgots: „Der unerhörte Aufwand der Hofhaltung, der uns so beeindruckt, ist vielleicht weniger gefährlich, als man es ihm vorwirft. Die zahlreichen Geldgeschäfte, die sich die Menge der Hofschranzen ständig neu ausdenkt, bringt viel größeren Schaden" (S. 49). Allein durch Kürzungen hätte der König die Finanzen nicht ins Gleichgewicht gebracht, aber durch ins Auge fallende Sparmaßnahmen bei Hof hätte er den ungemein eindrucksvollen Skandal der Halsbandaffäre (einen Betrugsskandal, in den auch die Königin verwickelt war) vielleicht vergessen lassen, denn die Revolution ist nicht nur aus politischen und sozialen Gründen entstanden, sondern auch aus Klatschgeschichten und Skandalen.

Für Klatschgeschichten und Skandale sorgte zum einen der Klüngel der verschwendungssüchtigen Herzogin Polignac, mit dem sich die Königin zu sehr eingelassen hatte, zum anderen der *Petit Trianon,* ihr kleines Schloss, die ländliche Kulisse für Schäferspiele, wo die Königin aufwendige Feste und Bälle gab. Schließlich kaufte Ludwig XVI. für sie das Schloss Saint-Cloud zum Preis von sechs Millionen Livres, knapp 6 % der Staatsausgaben.

Im Jahre 1788, ein Jahr vor Beginn der Revolution, betrug die Staatsverschuldung fast vier Milliarden Livres. Für den Schuldendienst mussten über 290 Millionen ausgegeben werden, mehr als 60 % der Staatseinnahmen.

Charles-Alexandre de Calonne, der Generalkontrolleur der Finanzen, versuchte von 1783 bis 1787 noch einmal das finanzielle Desaster zu ordnen, indem er den Adel zur Kasse bat. Die von ihm einberufene Notabelversammlung sollte, so wünschte er, der Hof-, der Steuer- und der Verwaltungsreform zustimmen. Das Ergebnis der Adelsversammlung zeigt eine Karikatur: Ein als Fuchs verkleideter Koch fragt die Mastgänse und Masthühner: „Geliebte Untertanen! Ich habe euch gerufen, um zu erfahren, in welcher Sauce ihr verspeist werden möchtet." „Aber wir wollen gar nicht verspeist werden!" „Ihr schweift vom Thema ab ..."

Die Rettungsversuche führten nicht weiter. Es war der Adel, der die erste Phase der Revolution bestimmte, zunächst noch zusammen mit der Bourgeoisie. Es war später auch der Adel, der als erster aus dem Land flüchtete und eine miserable Gegenrevolution vorbereitete, die zum Krieg und schließlich zum Terrorregime führte. 1789 aber suchte man Rettung in der Einberufung der Generalstände, die man über 200 Jahre nicht zusammengerufen hatte.

Frankreich stand in dieser Zeit nicht nur vor einer finanziellen, sondern auch vor einer wirtschaftlichen Krise, und die hing mit seinem Charakter als Agrarstaat zusammen. Die Landwirtschaft war nur wenig entwickelt. Es herrschte eine Dreifelderwirtschaft. Im Winter wurde Weizen gesät, im Frühjahr Hafer und Gerste, und im Sommer diente das Land als Viehweide. Das Verhältnis zwischen Saatgut und Ernte differierte im Verhältnis 1 zu 6. Die Bauern mussten die *Taille,* die Königssteuer und die grundherrlichen Abgaben zahlen. Die Kirche kassierte die Zehnten, d.h. 13 Prozent der Ernteerträge. Die Landwirte konnten deshalb über den Eigenbedarf nicht ausreichend Produkte auf den Markt bringen.

Dies war auch in den Jahren 1788/1789 der Fall. Der Zwischenhandel und die Bäcker erhöhten deshalb wegen des geringen Angebots an Getreide den Brotpreis in einem hohen Maß. Die Preise für das Brot stiegen um 200 Prozent. Ein Handwerker zum Beispiel musste für dieses Grundnahrungsmittel 50 Prozent seines Lohnes ausgeben.

Erschwerend wirkte sich aus, dass Adlige und Geistliche ihre Magazine nur zögernd öffneten und saisonbedingte Gewinne suchten. Wie schon früher in schlechten Jahren kam es zu Brotunruhen und Brotkrawallen. Bei Protestbewegungen wurden noch keine Forderungen nach politischem Umsturz laut. Es wurden nur Rufe laut: „Es lebe der Dritte Stand, es lebe der König, es lebe Necker!“

Von der wirtschaftlichen Katastrophe waren die Großstädte, vor allem Paris betroffen. Einige Jahre später entstanden schließlich die radikalen Gruppen, die *Enragés* um Abbé Roux, die *Cordeliers* um Hébert (die meisten politischen Klubs hießen nach ihren Vereinslokalen in aufgelösten Klöstern), und zur Zeit des Thermidor die Gruppe um Babeuf.

Die Vorbereitung der Revolution durch die Aufklärung

Die Aufklärung hat die Revolution nicht gemacht, sondern vorbereitet. Und das geschah nicht durch neue Strukturen, sondern durch die Schaffung neuer Mentalitäten. Die französische Aufklärung wurde bestimmt durch die Enzyklopädisten, Voltaire und Montesquieu. Ein Zug dieser Bewegung in Frankreich ist der *Deismus,* der Glaube an einen Uhrmachergott, der sich nach erfolgter Schöpfung einer Art Maschine in unerreichbare Fernen zurückgezogen habe, die Ablehnung der christlichen Offenbarung und eine gewisse Kirchenfeindlichkeit bei bestimmten Vertretern. Dem Atheismus neigte nur eine Minderheit zu, etwa Helvetius und Lamettrie.

Worum es den Aufklärern ging, zeigt Voltaire (eigentlich François-Marie Arouet) in vielen seiner Märchen: gerechtere Gesetze, Meinungsfreiheit, religiöse Toleranz, Menschenwürde und Freiheit. Voltaire stellt den Menschen in den Mittelpunkt mit seinem Anspruch auf Glück und gerechte Regierung.

Dabei war Voltaire kein Revolutionär. Er träumte von einer konstitutionellen Monarchie und einem aufgeklärten Absolutismus. Sein Vorbild dafür war lange Zeit König Friedrich der Große in Preußen.

Zur Zeit Voltaires lag der Deismus in der Luft, und er selbst hat ihn von seinem Englandaufenthalt Ende der 1720er Jahre mitgebracht. Nach dieser Lehre ist jede Religion, die der Vernunft widerspricht, reiner Aberglaube. Der Deismus lehnt darum die christliche Offenbarung ab und tritt für eine natürliche Religion ein. Dass es religiöse Erfahrungen gibt, die über das bloße Denken hinausgehen, ist diesem System fremd.

Wie intolerant deistisches Denken sein kann, zeigt Voltaire in seinem Gedicht *La Pucelle* über die Jungfrau von Orléans. Er macht sich darin über die Jungfräulichkeit und die Offenbarung, die dem Mädchen zuteil wurde, lustig und macht sie zur Lagerdirne.

Der Zynismus und die Gehässigkeit gegenüber dem Offenbarungsglauben und der katholischen Kirche störten schon seine Zeitgenossen. Sie bestimmten auch die Glaubensfeindlichkeit, die sich in allen Perioden der Revolution zeigt. Der Deismus, der nicht allein auf Robespierre zurückgeht, und der Versuch, eine Nationalreligion zu schaffen, war bei der Mehrheit der *Gironde* verbreitet, vor allem aber bei der *Montagne,* den einflussreichen Fraktionen der Radikalen.

Charles de Secondat, Baron de la Brède et de Montesquieu, legte 1748 sein Hauptwerk *L'Esprit des lois* (Vom Geist der Gesetze) vor. Der Gefahr des Missbrauchs einer absoluten Monarchie sollte durch die Gewaltenteilung vorgebeugt werden, durch die Exekutive, die Legislative und die Judikative. Die Trennung der drei Gewalten wurde zum Grundprinzip der Verfassungen der Revolution, und zwar der von 1791, 1793 und 1795, und hat sich in allen demokratischen Staaten durchgesetzt.

Zustimmung, aber auch Unmut erregten seine *Lettres Persanes.* Er ließ einen Perser durch Frankreich reisen und an einen Freund in der Heimat berichten. Manche Kritik an der Kirche, die Forderung nach staatlicher Ehescheidung und Abschaffung des Zölibats der Geistlichen ist aus seiner Zeit heraus zu verstehen. Daneben findet man auch folgende Sätze: „Es sei eine wunderbare Sache, wie das Christentum, welches unser Heil im Jenseits begründen wolle, dennoch auch unser Glück auf Erden ausmache. Es strebe das Gute an, und suche zum Fortschritt der Menschheit beizutragen."

Bevor Montesquieu am 10. Februar 1770 starb, empfing er die Sterbesakramente. Der Priester sagte zu ihm: „Monsieur, begreifen Sie, wie groß Gott ist?" „O ja", entgegnete Montesquieu, „und wie klein wir Menschen sind."

Jean-Jacques Rousseau gehört an sich nicht zu den Aufklärern, aber *Julie oder Die neue Héloise* und der *Vikar aus Savoyen* wurden Bestseller. Es waren romantische Gefühlsliteratur und empfindsame Geschichten, die um Liebe, Tugend und Entsagung kreisten. *Der Vikar von Savoyen* pries sogar die Herzensfrömmigkeit. Sein politisches Hauptwerk *Du contrat social* wurde in der Zeit vor der Revolution kaum gelesen, hatte aber während der Revolution einen immensen Einfluss auf das linke revolutionäre Spektrum.

Einen Rieseneinfluss auf die Mentalitätswandlung der Bevölkerung hatte dagegen die Mozartoper *Figaros Hochzeit,* die auf Pierre-Augustin Caron de Beaumarchais zurückgeht. Figaro wehrt sich, seine Braut mit dem Fürsten zu teilen, und sagt: „Nein, Herr, Sie bekommen sie nicht. Was haben Sie denn getan, um so viele Vorzüge zu verdienen? Sie machten sich die Mühe, auf die Welt zu kommen, weiter nichts." Napoléon meinte, „mit dem *Figaro* war die Revolution im Anmarsch."

Auf wen wirkten die Aufklärung und die zahlreichen Traktate und Schriften, die in ihrem Geist erschienen? Es waren zunächst die liberalen Adligen und das liberale Großbürgertum, die sich mit den neuen Gedanken auseinandersetzten, sie diskutierten und sie verbreiteten. Die meisten Adressaten dieser Botschaft rekrutierten sich aus der Mittelschicht. Es waren die Advokaten, Juristen, Pfarrer und Lehrer, die bald die Nationalversammlung als Abgeordnete bevölkerten. Die Revolution begann mit einer Wandlung der Mentalität, und die prärevolutionäre Wertewandlung geschah in den Salons und politischen Klubs.

Der Einfluss von Amerika

Die Vereinigten Staaten von Amerika konnten ohne Rücksicht auf ein vorhergehendes Regierungssystem die Regierung und die Verfassung ihres Landes gestalten. Es waren aufgeklärte Ideen aus Frankreich, die auf die Staatswerdung Amerikas Einfluss nahmen, und nach George Washington wäre die Bildung der amerikanischen Verfassung ohne die französische Aufklärung nicht denkbar gewesen. Der Dank Amerikas an Frankreich zeigte sich darin, dass die Väter der amerikanischen Verfassung, Benjamin Franklin (1776–1785) und Thomas Jefferson (1785–1789), Gesandte in Frankreich wurden.

Durch die Teilnahme Frankreichs am amerikanischen Bürgerkrieg kam es zu so etwas wie einem Reimport amerikanischen Staats- und Verfassungsdenkens von Amerika nach Frankreich. So schreibt Patrice Gueniffey im *Kritischen Wörterbuch der Französischen Revolution* (1996) von dem „Helden beider Welten", dem Marquis Lafayette: „Der ‚amerikanische Geist' gewann ihn sozusagen im Handstreich für seine Sache ... und machte ihn zu einer Zentralfigur der liberalen und reformerischen Ideen des vorrevolutionären Jahrzehnts. Er spürte, dass er einem Ereignis beiwohnte, das die Grenzen Amerikas überschreitet; mehrfach schreibt er seinen Angehörigen, dass dort die Zukunft Europas entschieden werde" (Bd. 1, S. 414).

Ähnliche Erfahrungen wie Lafayette brachte Alexandre Lameth, der in der ersten Periode der Revolution auf der Seite der gemäßigten *Feuillants* eine bedeutende Rolle spielte, nach Frankreich mit.

Auch die einfachen Soldaten und Offiziere brachten das, was sie in Amerika erlebt hatten, nach Frankreich mit, und auch die Erfahrung, dass aufgeklärte Ideen bei der Neugründung eines Staates umgesetzt wurden. Einen Vorteil hatte Amerika allerdings vorzuweisen. Die politischen und kirchlichen Angelegenheiten waren nicht so verflochten wie in Frankreich. Die Trennung von Kirche und Staat, die in Amerika bestand, ersparten aber auch dem Staat und der Kirche die Konflikte, die Frankreich fast zerrissen und zu der größten Christenverfolgung nach Diokletian ausuferten.

Die Verfassungsrevolution und die Revolution in Paris

Nach 175 Jahren traten die Generalstände zum ersten Mal am 5. Mai 1789 wieder zusammen. Die Wahlvorbereitung geriet zu einer Sympathiebekundung für den König. Für die meisten Menschen symbolisierte er eine nationale Integrationsfigur und Hoffnung auf Reform.

Der Historiker Pierre Chaunu vergleicht die Situation zu Beginn der Revolution mit einem fröhlichen, ausgelassenen Kind. Das Kind genießt die Freude beim Zerbrechen seines Spielzeuges. Wenn das Spielzeug in Trümmer zerfallen ist, und es die Einzelstücke betrachtet, dann wird es traurig und beginnt zu weinen. Ähnlich erging es den Franzosen zu Beginn der Revolution. Sie waren von der Utopie der Freiheit, Gleichheit und Brüderlichkeit ergriffen und träumten davon, die Gesellschaft nach diesem Modell zu konstruieren. Tradition und Realität hatte man, wie Edmund Burke 1790 sofort richtig bemerkte, zur Seite gelegt. Die Experimentierfelder für diese Utopie waren die Religion und das Geld. Beide Terrains waren für das Experiment vorbereitet.

Der *Gallikanismus* beherrschte seit Jahrhunderten das französische religiös-politische Denken. Er war ein Dualsystem: Für Glaubensfragen und für das Dogma waren die Gesamtkirche und der Papst in Rom zuständig; die Organisation der Kirche und ihrer Institutionen war eine nationale Angelegenheit und fiel in den Bereich des Staates.

So entstammten die ersten Gesetze der *Assemblée constituante* (der Verfassunggebenden Nationalversammlung), welche die Kirche betrafen, keineswegs revolutionärem Denken, sondern waren das Ergebnis des kirchenpolitischen Spektrums des Ancien Régimes. Ein Schuss Aufklärung, *Jansenismus* und *Richerismus* wurde diesem Gebräu allerdings hinzugegeben. Die Aufklärung spielte vor allem bei den Klostergesetzen eine Rolle. Dass das Gotteslob, die Suche nach Gott, die theologische Forschung und der Dienst am Nächsten auch einen Lebensinhalt darstellten, war ein Gedanke, der den Aufklärern fremd war. Bei den beiden anderen religiösen Strömungen spielte die Rückkehr zum Urchristentum, ohne dass man genau wusste, wie das aussehen sollte, eine noch stärkere Rolle. Desweiteren erstrebte man eine verstärkte Distanz zu Rom und eine Stärkung des Bischofs- und Pfarramtes. In der Diskussion der anstehenden Fragen verhinderten der Jansenismus und der Richerismus, dass die Kirche in Frankreich mit einer Stimme sprach, und dass ein Nationalkonzil einberufen wurde.

Zur Wahlvorbereitung gehörten aber auch als wesentlicher Teil die *Cahiers de doléances,* die Beschwerdehefte, die erste Volksbefragung, wenn man so will. Sie sollten die Ängste, Nöte und Erwartungen des Volkes dokumentieren. Einig war man sich in der Beschränkung der Macht des Königs, in der Frage nach der Schaffung eines neuen Steuerrechts, einer Reform der Justiz und des Strafrechtes.

Der Dritte Stand forderte Steuergerechtigkeit, bessere Armenfürsorge und Befreiung von den Feudallasten. Die Forderung nach Abschaffung des Kirchenzehnten wurde dagegen nicht erhoben. Darauf hat der renommierte Historiker Pierre

Chaunu wiederholt hingewiesen. Trotzdem wird diese Behauptung durch die deutschen Schulbücher geschleppt.

Die Kernfrage in der Versammlung der Generalstände war, ob die Abstimmungen nach Ständen oder Köpfen erfolgen sollten. Der König, die Mehrheit des Adels und der Abgeordneten der höheren Geistlichkeit traten für die Abstimmung nach Ständen ein. Ihr Hauptziel war die Sanierung der Finanzen und die Sicherung ihrer Privilegien. Doch die Mehrheit der Hardliner bei dem Adel und der Geistlichkeit kam ins Bröckeln. Der Adel sprach sich mit 141 gegen 47 Abgeordnete und der Klerus knapp mit 133 gegen 114 gegen die Abstimmung nach Köpfen aus.

Etwas später veröffentlichte der Generalvikar von Reims, Emmanuel-Joseph Sieyès, eine Schrift, in der er die Frage stellte: „Was ist der Dritte Stand? Alles! Was ist er bisher gewesen? Nichts! Was will er werden? Etwas!" Am 10. Juni 1789 beschloss der Dritte Stand auf Vorschlag von Sieyès, die beiden anderen Stände einzuladen, sich ihm anzuschließen. Am 17. Juni konstituierte sich der Dritte Stand als Nationalversammlung.

Als der König auf diese Aktion reagiert und den Sitzungssaal schließen lässt, treffen sich die Abgeordneten am 20. Juni im Ballhaussaal des Versailler Schlosses und schwören, „niemals auseinanderzugehen und sich überall zu versammeln, bis die Verfassung geschaffen und auf dauerhafte Fundamente verankert ist." Dies ist der berühmte Ballhausschwur. Der damalige Hofmaler des französischen Königshauses, Jacques-Louis David, hat diese Szene gemalt. Das Monumentalgemälde, das in der Mitte drei Abgeordnete zeigt, stellt als Vertreter der katholischen Kirche den Kartäuserprior Dom Gerle und den Abbé Henri Grégoire, den späteren Bischof von Blois, dar, sowie als Vertreter der protestantischen Kirche den evangelischen Pfarrer Rabaut Saint-Etienne. Über den Dreien steht der Astronom und spätere Bürgermeister von Paris, Jean-Sylvain Bailly.

Das Bild, das die Stirnseite der Nationalversammlung schmücken sollte, wurde jedoch nie vollendet. Der Maler David schloss sich später den Jakobinern an und wurde ein militantes Mitglied des Sicherheitsausschusses und einer der radikalsten Anhänger Robespierres. Bei dessen Hinrichtung entging er selbst nur knapp der Guillotine. Unter Napoléon avancierte er erneut zum kaiserlichen Hofmaler. Jacques-Louis David verfügte über äußerst reiche Talente. Was er aber nicht besaß, war Charakter.

Am 23. Juni machte Ludwig XVI. einen Kompromissvorschlag. Auf Vermittlung seines Generalinspektors Necker dekretierte er Personen- und Pressefreiheit sowie Steuergleichheit, bestand aber darauf, dass die Stände getrennt tagten. In den nächsten Tagen gingen 47 Abgeordnete des Adels und die Mehrheit der geistlichen Deputierten zur Nationalversammlung über. Am 27. Juni akzeptierte der König das Fait accompli und forderte den Rest des Adels und der Geistlichkeit auf, sich der Nationalversammlung anzuschließen. Am 1. Juli 1789 gab die Versammlung sich den Namen *Assemblée nationale constituante,* Verfassunggebende Nationalversammlung. Seit dieser Zeit gab es in Frankreich zwei Souveränitäten, die der Nationalversammlung und die des in seiner Macht eingeschränkten Königs oder, wie es bei Furet und Richet heißt: „So stehen Ende Juli zwei Souveränitäten nebeneinander, die alte des Königs und die neue der Nationalversammlung. Die bürgerliche Revolution ist keine Forderung nach allem oder nichts Sie schickt sich an, mit dem König zu teilen. Es hängt vieles von Ludwig XVI ab“ (S. 97).

Die neu konstituierte Verfassunggebende Nationalversammlung führte 1789 noch zwei entscheidende, weiterführende Beschlüsse durch: die Abschaffung der Feudalprivilegien vom 5.–11. August und die Erklärung der Menschen- und Bürgerrechte vom 26. August. Der Antrag auf Abschaffung der Feudalprivilegien war von einem der reichsten Grundbesitzer Frankreichs, dem Herzog von Aiguillon, zusammen mit dem Bretonischen Klub, dem Vorläufer des Jakobinerklubs, eingebracht worden. Nach einer langen, kontroversen Debatte führte er zu folgenden Beschlüssen: Die Steuerprivilegien für den Adel und die Geistlichkeit wurden gestrichen. Alle an die Person gebundenen Rechte wie Frondienst, Jagdrecht und Adelsgerichte wurden abgeschafft. Alle Franzosen wurden, ohne Berücksichtigung der Standesunterschiede, zu allen zivilen, kirchlichen und militärischen Ämtern zugelassen. Die Käuflichkeit von Ämtern war abgeschafft.

Was blieb, waren die auf dem Boden lastenden Adelsrechte. Sie konnten von den Bauern zurückgekauft werden. Die geldliche Ablösung enttäuschte die Kleinbauern, die sich das nicht leisten konnten. Die Abschaffung der Adelsprivilegien bedeutete das Ende der Ständegesellschaft in Frankreich.

Von wesentlich größerer Tragweite und Bedeutung war die Erklärung der Menschen- und Bürgerrechte. Vorbild war die *Declaration of Rights* der amerikanischen Unabhängigkeitserklärung, die wesentlich auf Thomas Jefferson zurückgeht, der in Paris Gesandter war. Die Erklärung der Menschen- und Bürgerrechte wurde Grundlage der Verfassung von 1791. Joseph Barnave, der führende Politiker der *Feuillants,* lobte die Verfassung als nationalen Katechismus, und für Furet ist sie die „Magna Charta“ der bürgerlich-individualistischen Weltanschauung. „Im letzten Jahrhundert haben französische Philosophen die Hauptrolle gespielt, und jetzt erhebt sich die Nationalversammlung auf das Niveau ihres Denkens“, schreibt Furet und fährt fort: „Damit wächst sie über das amerikanische Vorbild hinaus und gibt dem gespannt wartenden Europa die Bibel der neuen Zeit“ (S. 114).

Die Erklärung der Menschen- und Bürgerrechte wurde Vorbild für die Allgemeine Erklärung der Menschenrechte der Vereinten Nationen nach 1945 und auch für das Deutsche Grundgesetz.

Die Revolution von unten

Neben der Verfassungsrevolution, der Revolution von oben, gab es die Revolution in Paris und auf dem flachen Land – die Revolution von unten. Stationen auf diesem Weg sind die Erstürmung der Bastille am 14. Juli 1789 und die sogenannte „Heimholung des Königs nach Paris“ vom 5. und 6. Oktober 1789. Dazwischen gab es die sogenannte „Munizipalrevolution“ in Paris, welche die Verwaltung in der Hauptstadt neu ordnete und Paris eine kommunale Verfassung gab. Auf dem Land spielte sich eine Kollektivpsychose ab, die die Revolutionsforschung unter dem Begriff *Grande Peur* (Große Angst) zusammenfasst.

Die Erstürmung der Bastille

Die Gründe für den Sturm auf die Bastille waren politischer, sozialer – und pathologischer Art. Der König hatte das ihm sehr ergebene Flandrische Regiment, circa 20.000 Mann, nach Versailles bestellt, um, wie man argwöhnte, das bisher Erreichte in Frage zu stellen. Die Tatsache, dass Offiziere bei einem Bankett das verfassungspatriotische Symbol schlechthin, die seit 8. Juli obligatorisch gewordenen blau-weiß-roten Kokarden zertraten, sprach für eine solche Deutung und erhöhte die Spannung in Paris.

Die politische Unruhe wurde noch wesentlicher durch die soziale und ökonomische Situation in der Hauptstadt gesteigert. Die ökonomische Krise, die mit Hungerunruhen im Frühjahr begonnen hatte, wurde durch die Ernteausfälle im Jahr verstärkt. Der Brotpreis erreichte Mitte Juli 1789 seinen Jahrhunderthöchststand in Paris. Es entstand das Gerücht von einem vom Adel angefachten Komplott. Als die Theater und die Pariser Börse unter hohem Kursverlust schlossen und der Finanzminister Necker entlassen wurde, erhöhte das die Panik und führte bereits am 12. Juli zu ersten Zusammenläufen der Menge, die von einer Kavallerieabteilung niedergeritten wurden. Am 14. Juli morgens fanden sich etwa 40.000 Menschen vor dem Zeughaus der Invaliden ein. Weil sich die in unmittelbarer Nähe kasernierten Soldaten auf dem Champ de Mars weigern, gewaltsam gegen die Aufständischen vorzugehen, bemächtigen sich diese des Waffenmagazins; ihnen fehlt nur das Pulver, das sie in der Bastille holen wollen.

Die Bastille, ursprünglich eine kleine Bastion der mittelalterlichen Stadtmauer, war unter Richelieu zum Staatsgefängnis geworden und galt als Negativsymbol des Ancien Régime, weil neben vielen unliebsamen Intellektuellen auch Voltaire und Mirabeau, der mit einem Buch eigens zur Schwarzen Legende der Bastille als Kerker der Freiheit beigetragen hatte, zu ihren Insassen gezählt hatten. Die bedrohliche Silhouette der alten Festung tat ihr übriges, um sie den freiheitstrunkenen Parisern als Inbegriff der Tyrannei erscheinen zu lassen.

Der Sturm auf die Bastille war der erste der revolutionären Aufstände, die erste der *Journées,* die alle einen psychotischen Verlauf nahmen. Hunderte von Menschen wurden ermordet, Mord- und Blutdurst beherrschte die Menschen, und die *Journées* waren wirkliche Mordorgien. Die Teilnehmer waren neben Handwerkern und kleinen Geschäftsleuten die landflüchtigen Tagelöhner, die der Hunger in die Stadt getrieben hatte, wo sie zu entmenschten Monstern wurden. Was sie dazu trieb, ist längst nicht geklärt, doch jedenfalls hat die anfangs entschlossene Verteidigung der Bastille das Ihre dazu beigetragen, die Wut der Massen anzufachen: Mittags schossen die 82 Invaliden und 32 Schweizer Garden, welche die Garnison der Bastille bildeten, in die Menge. Nach einigen Feuerwechseln tauchten nachmittags 61 Französische Garden mit fünf Kanonen vor der Festung auf, worauf die Garnison kapitulierte und freies Geleit zugesichert bekam.

Neben dem Pulver war die Ausbeute, die man in dem alten Festungsgefängnis fand, mager. Es waren gerade sieben Gefangene. Vier saßen hier wegen Wechselfälschung ein (und wurden gleich wieder weggesperrt), zwei waren Geisteskranke, und ein Graf war hier wegen einer recht mysteriösen Affäre auf Initiative seiner Familie eingeliefert worden. Der Marquis de Sade, der fünfeinhalb Jahre unter übrigens äußerst komfortablen Bedingungen in der Bastille eingesessen hatte, war kurz zuvor in ein anderes Gefängnis transferiert worden.

Die wirklichen Verbrecher waren diejenigen, die nun mit dem alten System abrechneten. Der Gouverneur der Festung, einige Invaliden und zwei höhere staatliche Beamte, die sich vorbildlich für Arme eingesetzt hatten, wurden auf dem Weg zum Hôtel de Ville massakriert. So wurden dem Gouverneur de Launay, nachdem man ihn gleich nach der Übergabe hatte erwürgen wollte, die Haare büschelweise ausgerissen, andere fuchtelten ihm mit Säbeln oder Bajonetten ins Gesicht. Auf dem Grèveplatz schlug man ihn nieder – angeblich enthauptete ihn ein

Hilfskoch mit Hilfe eines Taschenmessers – und steckte seinen abgeschlagenen Kopf auf eine Pike. Zwei der Invalidensoldaten, die ihn zu schützen versuchten, wurden ohne viel Federlesens aufgehängt. Dem Offizier Béquard, der de Launay noch daran gehindert hatte, die Bastille in die Luft zu sprengen, wurden die Hand und danach der Kopf abgehauen. Major de Losme, der sich der Gefangenen in der Bastille besonders angenommen hatte, wurde misshandelt. Vergeblich versuchten ihn die Invaliden und auch die ehemaligen Gefangenen zu schützen. Erst als er zusammenbrach, gelang es den Rasenden, ihn zu töten. Auch Jacques de Flesselles, Oberhaupt des Pariser Magistrats, der eingreifen wollte, wurde ermordet und geköpft. Die Köpfe trug man anschließend unter dem Jubel des Mobs auf Heugabeln durch die Straßen. Manche zeitgenössische Schilderungen gehen mit Genitalverstümmelungen allzu sehr ins Detail und weiden sich an der Beschreibung der ausgelassenen Freude und der Orgien, die das Blutbad begleiteten.

Sicher, der Sturm auf die Bastille war die erste der berüchtigten *Journées;* doch sie verzeichnete nur etwa 100 Tote. Schon bei einer der nächsten, bei den Septembermorden, erhöhte sich die Opferzahl auf über Tausend.

Welches Ergebnis hatte nun der Sturm auf die Bastille? Der König, der in seinem Tagebuch für diesen Tag „Nichts“ notiert und seine treuen Beamten und Soldaten nicht schützt, verliert mehr und mehr an Autorität. Durch bloße Anpassung kann man keine Politik machen. Paris wird zur Hauptstadt der revolutionären Bewegung, was gegenrevolutionäre Aufstände in Lyon, Bordeaux und Marseille begünstigt. Die Revolution bekommt ein blutiges Gesicht. Die europäische Intelligenz schreckt vor der neuen Bewegung in Frankreich zurück. Kleinbürgerliche städtische Unterschichten und ihre *Pressure groups* bestimmen das Bild der Revolution.

„Die Heimholung des Königs nach Paris“

Gründe für die zweite *Journée* waren wieder der verbreitete Hunger, der in Paris herrschte. Dazu kam die diffuse Angst vor einem „aristokratischen Komplott“, das den Weg durch die Revolution begleitete, zum Krieg gegen Europa führte und letzthin unbegründet war. Konkreter Anlass war das Flandrische Regiment, das sich in Versailles aufhielt und die Revolution bedrohte.

Die *Journées* begannen in den Vorstädten *(Faubourgs)* Saint-Antoine und den Markthallen; die Sturmglocken wurden geläutet, und die Distrikte tagten in Permanenz. 6.000 Frauen machten sich auf den Weg nach Versailles. Einige Nationalgarden suchten sie vergeblich aufzuhalten und zogen ihnen schließlich nach.

Schon am 5. Oktober versprach der König ihnen eine bessere Lebensmittelversorgung. Am nächsten Tag kam es zunächst zum Gerangel vor den Gemächern der Königin, die kaum angekleidet flüchten musste. Eine ganze Reihe von Leibwächtern wurde meuchlings ermordet. Lafayette sorgte für Ordnung, und der König verkündete, mit seiner Familie nach Paris zu ziehen. Die Nationalversammlung folgte ihm.

Im Zug stecken Brote auf den Bajonetten der Nationalgarde; die Marktfrauen tragen Palmzweige, aber auch Piken, auf denen die abgeschlagenen Köpfe der Leibwächter stecken.

Der Ruf der Marktfrauen lautete: „Wir bringen den Bäcker, die Bäckerin und den Bäckerjungen“. Der König wird zur Geisel und zum Garanten einer gesicherten Brotversorgung. Ernst Schulin fragt, ob man einen so gedemütigten König in das neue Verfassungssystem einordnen kann (Die Französische Revolution, 1988, S. 90).

Nach Edmund Burke zeichnet die *Journée* vom 6. Oktober 1789 die Absetzung vom 10. August 1792 vor.

Die Munizipalrevolution

Im Verlauf der Revolution verlor die Zentralgewalt mit ihren Intendanten, Beamten und ihrer Polizei an Bedeutung, und es mussten neue kommunale Strukturen geschaffen werden. Die Städte hatten dabei das Beispiel von Paris vor Augen.

Die 60 Pariser Distrikte wählten nach Zensuswahlrecht 300 Gemeindevertreter, deren Aufgabe es war, eine neue kommunale Verfassung zu erarbeiten. Bürgermeister wurde der Astronom und Abgeordnete Bailly, und Kommandant der 30.000 Mann der Bürgermiliz wurde Lafayette.

Die Kommunalrevolution in den anderen Städten verlief unterschiedlich. Die alte Stadtregierung blieb teilweise bestehen oder wurde durch eine neue revolutionäre ersetzt oder es kam zu einer Kombination von beiden.

Die Kommunalreform ermöglichte den Städten eine gewisse Unabhängigkeit von Paris und eigene föderalistische Strukturen. Sie waren auch nicht mehr dem System der Intendanten ausgeliefert. In Straßburg wurde das städtische Patriziat komplett gestürzt und durch ein jakobinisches System ersetzt, das sogar das Straßburger Münster abreißen wollte.

Die Akteure

Der König

Über der Kindheit von Ludwig XVI. leuchtete kein glücklicher Stern. Er stand im Schatten seines extrovertierten älteren Bruders, des Kronprinzen; und dieser, der nach bourbonischer Tradition den Ehrennamen Duc de Bourgogne trug, ließ den jüngeren, den Herzog von Berry, penetrant seine Überlegenheit spüren. Ludwig wehrte sich nicht einmal dagegen, sondern ordnete sich seinem Bruder ohne zu widerstreben unter. Es war das gleiche Verhalten, das er später als König immer wieder zeigte, gegenüber dem Adel, dem Klerus, den Parlamentsgerichtshöfen, aber auch gegenüber seiner Gemahlin und schließlich gegenüber der Revolution.

Ein Schlüsselerlebnis geht in die gleiche Richtung. Der Herzog von Berry las nicht nur, wie Furet meint, Polizeiberichte, Hof- und Stadtklatsch und Sittenskandälchen, sondern verschlang geradezu Geschichte. Beeindruckt war er dabei besonders von Karl II. Stuart, der die Stände und das Parlament unterdrückt hatte. Der junge Ludwig war davon sehr betroffen und sagte sich, das soll mir nicht passieren, und beschloss, als König nachgiebig zu sein. Er war übrigens wie alle Bourbonen nicht nur ein begeisterter Jäger und Schmied, sondern zeichnete auch Landkarten und Vorlagen für technische Armaturen und träumte von einer Weltreise.

Ludwig XVI. war übrigens in den ersten Jahren seiner Regierung äußerst populär. Er baute die Marine aus, so dass Frankreich auch auf diesem Sektor mit England konkurrieren konnte. So konnte das Land am amerikanischen Unabhängigkeitskrieg teilnehmen, und der König konnte 1783 den Frieden zwischen England und den USA vermitteln. Ludwig XVI. war somit für die Franzosen der einzige König, der je gegen England einen Krieg gewann. Aber gerade dieser Konflikt steigerte die Staatsverschuldung, die sich infolge des Spanischen Erbfolgekrieges angehäuft und durch das amerikanische Abenteuer ins Unermessliche gesteigert hatte. Darüber hinaus erweckte die amerikanische Erfahrung den Wunsch nach einer politischen Veränderung im Vaterland.

Klugheit kann man Ludwig XVI. nicht absprechen, und so beriet er mit seinen Ministern Turgot und Malesherbes und später mit Calonne die Finanzkrise. Ludwig sah die Stringenz ihrer Argumente ein, auch, dass man den Adel, den Klerus belasten und die Kosten für die Hofhaltung einschränken müsste. Aber wieder erwachte die Angst. Er, der absolute König, der alle Macht hatte, wagte diese Macht gegenüber seinem Adel, seinem Klerus und seiner Frau nicht zu gebrauchen. Schon während der Tagung der Generalstände fällt die Entschlusslosigkeit des Königs auf. Er entscheidet nicht, ob die Versammlung nach Ständen oder Köpfen entscheiden solle. „Die Ereignisse scheinen ihn überhaupt nicht zu berühren“, meint sein Außenminister, „wenn man mit ihm spricht, könnte man meinen, es handle sich um Dinge, die den Kaiser von China angehen.“

Der König konnte sich nicht entscheiden, als man die Bastille stürmte und den befehlshabenden Kommandanten und seine Offiziere massakrierte; er tat nichts, als man auf dem Zug nach Paris, zu dem ihn die Marktweiber gezwungen hatten, die abgeschlagenen Köpfe der Leibgardisten vor seiner Kutsche auf Piken herumtrug.

Ludwig erwartet alles von anderen: von Graf Mirabeau, der Ende 1789 bis Anfang 1791 das Parlament beherrscht; vom Ausland, das für ihn die Kastanien aus dem Feuer holen soll. Schließlich flieht er einfach. Dabei hat Ludwig einiges für Frankreich getan: Er hat die Folter abgeschafft, öffentliche Arbeitsplätze geschaffen und Sümpfe trockengelegt.

Neben seiner angeboren oder durch die Erziehung erworbenen Indolenz und Lethargie war sicher auch seine verinnerlichte Auffassung von dem von Gott gewollten Königtum dafür verantwortlich, dass er der vom Volk gewollten Volkssouveränität skeptisch gegenüberstand.

Die Königin

Marie Antoinette war und ist in der Geschichtsschreibung umstritten. Stefan Zweig nennt seine Biographie über sie „Bildnis eines mittleren Charakters", die aber durch ihre Leiden und Demütigung zu einer verantwortungsbewussten und mutig handelnden Frau gereift sei. François Furet sagt kurz und bündig: „Die Königin hat Charakter, aber keinen politischen Instinkt." Sofia Coppola, die über sie einen Film drehte, bekennt: „Ich kannte die gewöhnlichen Klischees über Marie Antoinette und ihren Lebensstil. Aber mir war nie klar, wie jung sie und Ludwig XVI. wirklich waren. Sie waren im Grunde genommen als Teenager dafür verantwortlich, Frankreich von einem unglaublich extravaganten königlichen Hof aus durch eine sehr unbeständige Ära zu führen."

Marie Antoinette war ein Kind, das gern mit Tieren Umgang hatte, die Natur liebte und sich an Kinderspielen erfreute. Alles aber war ihr zuwider, was den Geist anstrengte. Sie stellte keine Fragen und gab den Lehrern läppische Antworten. Abbé

Vermond, ein französischer Geistlicher, der der Prinzessin den letzten Schliff geben sollte, schrieb, Marie Antoinette sei intelligent, sie könne sich aber nicht konzentrieren, sie sei *farfelue*, und das meint hier ewig heiter und verspielt.

Als Marie Antoinette Ludwig heiratete, war sie gerade 14 Jahre alt. Sie war ein Teenager, fast noch ein Kind, ein verspieltes Kind. Die Kaiserin, Maria Theresia, hatte sie gut auf ihre Aufgabe vorbereiten lassen, soweit sie von ihren Lehrern Belehrung entgegennahm. Der österreichische Botschafter Mercy sollte ein Auge auf sie haben. Maria Theresia hatte ihre Tochter selbst in die Fragen, die Mann und Frau betreffen, eingeführt, und die Kaiserin hatte in der Liebe Erfahrung. Beim Ballspiel und beim Hofball waren sie und Franz Stefan von Lothringen sich einander nähergekommen. Nicht der lothringische Herzog, sondern Maria Theresia hatte schließlich mit Charme und Zähigkeit ihre Heirat durchgesetzt, und diese schöne Erfahrung hat die Mutter sicher ihrer jüngsten Tochter weitergegeben.

Ludwig hatte dagegen keine oder eine höchst negative Meinung von der Liebe zwischen Mann und Frau. Das erste negative Beispiel, das er erlebte, war sein Großvater Ludwig XV. Die drei Schwestern des Königs, Madame Adelaide, Madame Victoire und Madame Sophie schwärzten den König wegen seiner Maitresse, der Gräfin Dubarry, an. Noch schlimmer für sie war, was Ludwig XV. sonst noch so trieb, dass er sich in den legendären „Hirschgarten" blutjunge Mädchen als Liebesdienerinnen bestellte. Zu dem Kreis, die gegen die libidinösen Abenteuer des Königs geiferten, gehörten nicht nur die drei alten Tanten, sondern auch seine Eltern, der Sohn von Ludwig XV. und eine sächsische Prinzessin. Was der alte König tat, war das Hauptthema des Hofklatsches. Auch dem kleinen Ludwig blieb das keineswegs verborgen und bestimmte wohl das Bild, das er von Liebe und Sexualität hatte.

Marie Antoinette schüttelte bald den Einfluss der alten Tanten in Versailles ab und stützte sich auf den österreichischen Botschafter Mercy, den ihr ihre Mutter als Mentor beigegeben hatte. Ohne politischen Instinkt trat sie für den österreichfreundlichen Grafen Choiseul ein und erreichte so, dass sie fast den gesamten Versailler Hof gegen sich hatte. Die Tanten

Ludwigs XVI. nannten sie darum verächtlich *l'Autrichienne,* die Österreicherin. Dabei handelt es sich um ein Sprachspiel. *L'Autrichienne* hört sich so ähnlich an wie *l'autre chienne,* die fremde Hündin. All das blieb nicht hinter den Mauern von Versailles verborgen. In einer Zeit, die die Publizität entdeckt hatte, gelangte das neue Schimpfwort gegen die Ausländerin in die Salons und die Straßen von Paris. Marie Antoinette war gebrandmarkt, und diese Verleumdung sollte weiter ihr Leben bestimmen.

Marie Antoinette und Ludwig waren wohl nie ineinander verliebt. Erst als sie im *Temple* gefangen waren, kamen sie einander näher. Aber Liebe war auch das nicht.

Als echte *farfelue* gab sie sich dem Vergnügen hin und suchte die Gesellschaft des jüngeren Bruders des Königs, Charles, und seines ausschweifenden Zirkels. Charles wurde der letzte bourbonische König von Frankreich und musste 1836 wegen seines reaktionären Regierungsstils resignieren. Als Prinz führte er einen aufwendigen Lebensstil mit Maitressen und Rennpferden, was dazu beitrug, dass die Regierung in Misskredit geriet.

Eine echte Freundin fand Marie Antoinette in der Prinzessin Lamballe, die auch fest zur Königin stand, als die Revolution begonnen hatte. Die Prinzessin wurde während der Septembermorde auf brutalste Weise massakriert und unmenschlich entehrt.

Die Königin wandte sich aber zeitweise von der Madame Lamballe ab und war von der Gräfin Polignac eingenommen. Der Gräfin war es gelungen, ihren ganzen Clan an den Hof zu holen, ihn mit Ämtern und Titeln auszustatten, was am Hof und in Paris allgemein als Skandal angesehen wurde und die Zahl der Feinde der Königin noch erhöhte.

All das brachte einen verschwenderischen Lebensstil mit sich. Die Vergünstigungen für ihre falschen Freunde kosteten Riesensummen. Hohe Geldbeträge gab Marie Antoinette auch für ihr kleines Schloss *Le Petit Trianon,* für extravagante Kleider und Frisuren und schließlich für das Glücksspiel aus. All das brachte ihr den zweiten Schmähnamen ein. Die junge Königin war nunmehr nicht nur die *Autrichienne,* sondern auch die *Madame Déficit.*

Die dynastische Hauptaufgabe der Königin war es, dem Land einen Kronprinzen zu schenken. Für das jahrelange Ausbleiben eines männlichen Erbens machte der Hof die Königin verantwortlich. Pamphlete und Schmähschriften erschienen, in denen man Marie Antoinette Liebhaber unterschob und ihr lesbische Neigungen andichtete.

Heute neigt die Historie eher dazu, die Verantwortung für den fehlenden Nachwuchs bei dem König und nicht bei der Königin zu sehen. War es eine Phimose, ein „spanischer Kragen", wie es im Volksmund heißt, die den Vollzug der Ehe unmöglich machte? Oder war es eine psychische Disposition, die der König in seiner Kindheit und Jugend erworben hatte, eben die negative Erfahrung im Bereich der Sexualität und Liebe?

Für den Hof und die breite Öffentlichkeit war Marie Antoinette an allem schuld, weil sie Ausländerin, *Autrichienne* war, weil sie Riesendefizite verursachte und nicht einmal dem Land einen Kronprinzen schenken konnte. Anlässlich der berühmten Halsbandaffaire, an der die Königin vollständig unschuldig war, wurden alle diese Schuldsprüche und Verurteilungen laut. Goethe schrieb dazu in der *Campagne in Frankreich:* „Die durch jenen Prozess entstandene Erschütterung ergriff die Grundfesten des Staates, vernichtete die Achtung gegen die Königin und gegen die oberen Stände überhaupt, denn alles, was zur Sprache kam, machte nur das gräuliche Verderben deutlich, worin der Hof und die Vornehmen befangen waren."

Vieles kann man der Königin nicht vorwerfen, nicht einmal das geflügelte Wort, das sie den Armen gesagt haben soll: „Wenn sie kein Brot haben, dann sollen sie Kuchen essen." Dieser Satz wurde von Jean-Jacques Rousseau erfunden und im sechsten Buch seiner Autobiographie zitiert. Es handelt sich um eine Wanderanekdote, die schon der ersten Frau von Ludwig XIV. in den Mund gelegt wurde. Was kann man schließlich von einem Teenager oder von einer jungen Frau verlangen, die sich nicht auf die starken Schultern eines Mannes stützen konnte und die immerhin mit 22 Jahren ihr erstes Kind, die Prinzessin, geboren hatte. Sollte sie allein die Kraft haben, das Rad der Geschichte anzuhalten oder in eine andere Richtung zu drehen?

Ihre wahre Größe zeigte sie bei ihrem Prozess und ihrer Hinrichtung. Hier war sie – da hat Stefan Zweig recht – zu einer verantwortungsbewussten und mutig handelnden Frau gereift, und das durch die Kraft des Glaubens.

Die Emigration

Die Emigration ist kein unbedeutendes Kapitel der Revolutionsgeschichte, denn die Aufstellung von Truppen von seiten der Emigranten in Koblenz und Worms führten zur Entstehung eines gegenrevolutionären Mythos. In Frankreich wuchs die Angst, dass die Emigranten zusammen mit fremden Heeren in Frankreich einfallen und die Revolution beenden könnten. Besonders von den *Girondisten* wurde diese Angst, die zum Krieg gegen Österreich und Preußen führte, geschürt.

Als die Emigration nach dem Sturm auf die Bastille begann, war von alldem noch nichts zu spüren. Direkt nach dem 14. Juli flohen der Graf von Artois, der jüngere Bruder des Königs, und hochadlige Familien wie die Polignac, die Rohan, die Conti und andere. Die Gründe für das Verlassen des Landes waren die Nostalgie nach dem Ancien Régime und politische und soziale Veränderungen wie die Abschaffung der Adelsprivilegien. Man nennt diese Emigrationswelle auch die „fröhliche Emigration", weil sie ohne äußeren Druck erfolgte und die Emigranten alles mitnehmen konnten, was sie wollten.

Ihr schloss sich die „ängstliche" Emigration an, die nach der Zwangsumsiedlung der Königsfamilie von Versailles nach Paris am 5. und 6. Oktober 1789 erfolgte. An ihr nahmen Adlige, hohe Geistliche und vor allem Offiziere teil. Gründe waren die Nationalisierung des Kirchengutes, die sich ausbreitenden Soldatenrevolten und die Verwüstung von Schlössern durch die Landbevölkerung. Nach der Flucht des Königs am 20./21. Juni 1791 flohen vor allem Offiziere. Insgesamt begaben sich über 6.000 Offiziere, drei Viertel des Offizierskorps, außer Landes.

Donald Greer hat für die Gesamtzeit der Emigration, die bis zur Hinrichtung Robespierres stattfand, genauere Zahlen vorgelegt. So machte die Zahl der Emigranten nur 0,6 Prozent der französischen Bevölkerung aus, die auf 25 Millionen geschätzt wird, also etwa 150.000–160.000. Dabei ist anzumerken, dass die Zahl der hugenottischen Flüchtlinge nach der Aufhebung des Edikts von Nantes wesentlich höher lag. Es liegt heute auch eine Auflistung der Emigranten nach Ständen vor, die folgende Ergebnisse zeigt:

Klerus - 25,2 %
Adel - 16,08 %
Großbourgeoisie - 11,1 %
Kleinbourgeoisie - 6,2 %
Bauern - 19,4 %
Arbeiter - 14,3 %
Nichtidentifizierte - 7 %

Die privilegierten Stände stellten 42 % der Emigranten, die nichtprivilegierten Stände 51 %. Das Überraschende an dieser Statistik ist, dass die nichtprivilegierten Stände die Zahlen der Geistlichkeit und des Adels übertreffen. So ist die Zahl der geflohenen Bauern höher als die Zahl der Adligen, die das Land verlassen haben. Die Gründe sind folgende. Die Teilnehmer der ersten Emigrationswelle waren rechte Ultras und Anhänger des absoluten Königtums. Diejenigen, die im Laufe der nächsten Emigrationswellen flüchteten, waren durchaus Anhänger der Revolution gewesen, die nun aber von linken Ultras bedroht wurden, die unzufrieden mit dem bisher Erreichten waren und sich holten, was ihnen die Regierung nicht geben konnte, wenn sie das, dessen sie nicht habhaft werden konnten, nicht gleich abfackelten. Besonders im bäuerlichen Hinterland war es unmittelbar nach der *Journée* vom 14. Juli 1789 zur Erstürmung von Schlössern und Gutsherrensitzen gekommen, zur Verbrennung von Eigentums- und Abhängigkeitsurkunden und Brandschatzungen. Ohnehin war man sich schon vor Ausbruch der Revolution auf dem Land seines Lebens nicht sicher gewesen. „Im Frühjahr 1789 tauchten überall organisierte Bettlerbanden auf, die von Hof zu Hof zogen, bei Tag und bei Nacht, und mit heftigen Drohungen auftraten “ (Georges Lefèbvre, 1789. Das Jahr der Revolution, 1989, S. 141). Dass Gesetz und Ordnung auf dem flachen Lande vielfach für nichts galten, erfuhr nach Ausbruch der Revolution staatlicherseits wie eine Bestätigung. Am 3. August 1789 wurde der Nationalversammlung zur Kenntnis gebracht, dass „Besitz jeglicher Art zur Beute gemeinsten Raubes werde; überall werden Schlösser in Brand gesteckt und Klöster zerstört“ (vgl. William Doyle, The Oxford History of the French Revolution, 1989, S. 116).

Ab Juli 1793 emigrierten Girondisten aus Angst vor Repressalien. Im Herbst flohen Verfolgte aus den Großstädten des Südens, Lyon, Marseille und Toulon. Nach dem Vendéeaufstand flohen Bauern aus der Vendée 1794 nach England oder Spanien.

Aus dem Département Bas Rhin (Elsass) flohen etwa 20.000 nach Deutschland. Diese Flucht hing mit dem Kriegsverlauf zusammen.

Das Jahr 1792 war auch das Jahr, wo zahlreiche Priester emigrierten, da sie mit der Deportation bedroht wurden.

Geographische Gliederung

Regionen mit maritimen Grenzen und Bergregionen hatten stärkeren Anteil an der Emigration. Im Verlauf dieser Bewegung stellten sich bestimmte Sammlungsorte heraus. Diese waren zunächst Turin, dessen Fürst mit den Bourbonen verschwägert war, und Brüssel, danach Koblenz, Trier und Worms. Die Emigration in die spanischen Niederlande, die zu Österreich gehörten, und nach Brüssel stieß auf den Widerstand von Kaiser Joseph II., der keine Komplikationen mit Frankreich an der Grenze haben wollte und kriegerische Konflikte befürchtete. Der Graf von Artois ging deshalb nach Turin zu seinem Schwiegervater Victor Amadeus IV., König von Sardinien. Mit Hilfe des früheren Ministers Calonne baute er hier einen Hof auf und entfachte gegenrevolutionäre Aufstände in Südfrankreich, die bald niedergeschlagen wurden. König Ludwig XVI. war mit diesen Aktivitäten nicht einverstanden, und auch bei König Victor Amadeus stieß der Graf von Artois kaum auf Gegenliebe. Schließlich trafen sich die beiden Brüder Ludwigs XVI., der Graf der Provence und der Graf von Artois, in Koblenz. Beide wurden von dem Trierer Erzbischof und Kurfürst Clemens Wenzeslaus gut aufgenommen und in jeder Hinsicht unterstützt. Sowohl der Kaiser als auch der französische König lehnten eine militärische Verbindung zwischen den Emigranten und dem deutschen Reich ab.

Die militärische Emigration

Die geographische Nähe von Trier und Worms war günstig für mögliche militärische Unternehmen gegen das revolutionäre Frankreich. Immer mehr Offiziere emigrierten, und zum Kriegsbeginn liefen ganze Regimenter zu den Emigranten über wie die Regimenter Royal-Allemand, Hussards de Saxe und noch ein anderes Husarenregiment. Die französische Armee hatte zu dieser Zeit nur eine Effektivstärke von knapp 10.000 Offizieren.

In Koblenz verhielten sich die Franzosen zunächst ruhig. Eine qualitative Veränderung erfolgte, als sich die beiden Prinzen hier niederließen. Koblenz übte auf die anderen Emigranten Sogwirkung aus. Die Prinzen bauten eine Exilregierung auf, und in Frankreich wurde Koblenz als die Hauptstadt der Gegenrevolution angesehen. Hier bauten die beiden Prinzen einen Königshof auf, der in Konkurrenz zu Paris und Versailles stand. Während man in Versailles von manchem Prunk Abschied genommen hatte, lebte er in Koblenz neu auf. Den Fürsten und ihrem Gefolge wurde das Schloss Schönbornlust zur Verfügung gestellt, und einmal hielt man sogar in der Residenz des Kurfürsten Hof. Allein dem Hof des Grafen der Provence gehörten sechs Adjutanten im Generalsrang, 29 weitere Adjutanten, zwei Junker, ein Feldgeistlicher, vier Pagen und 39 Bedienstete an.

Die französische Botschaft und die kurtrierischen Stände verlangten strikte Neutralität gegenüber Frankreich und die Abwendung der Kriegsgefahr vom Erzstift. Truppentransporte, militärische Übungen und das Tragen von Waffen sollten verboten werden. Trotz ihrer massiven Forderung stießen die Stände bei Kurfürst Clemens Wenzeslaus auf taube Ohren.

Auch die Koblenzer Bevölkerung war über den Aufenthalt der Franzosen nicht begeistert. Alle Gasthäuser und Privatzimmer waren belegt. Hochwertige Konsumgüter und zweisprachiges Dienstperonal waren gesucht. Die Zahl der Prostituierten nahm ständig zu, und ihre Preise stiegen. Für die Liebesdienerinnen wurde es Mode, mit ihren Kunden nach Koblenz zu emigrieren.

Die Emigranten warben, als sich der Krieg abzeichnete, Truppen an, was Clemens Wenzeslaus zwar verbot, aber dennoch tolerierte. Es wurden Magazine angelegt, 4.000 Pferde für die Kavallerie und die Kanonen wurden gekauft. In der Festung Ehrenbreitstein standen 15 Munitionswagen und Kanonen bereit. Vom kurfürstlichen Zeughaus erhielten die Emigranten 4.000 Gewehre.

Am Krieg nahmen drei Abteilungen teil: *Mirabeau-Tonneau* in Ettersheim mit 1.500, *Condé* in Worms mit 2.000, *Prinzen* in Koblenz mit 4.000 Mann, insgesamt mithin 7.500.

Gut ausgerüstet waren die Verbände, die von Frankreich übergelaufen waren, sowie die Garden und die Prunkeinheiten. 4.000 Gewehre und Kanonen fehlten. Am Krieg nahmen die Einheiten nur begrenzt teil, und zwischen ihnen und den Österreichern kam es oft zu Spannungen.

Die militärischen Vorbereitungen der Emigranten stellten den Hauptgrund für den Krieg zwischen Frankreich und Österreich und Preußen dar. Nach dem Krieg gerieten die Emigranten in große Not. „Koblenz“ wurde in der Nationalversammlung zum Synonym für die Gegenrevolution. Es war lange Zeit ein Kampf- und Schmähwort.

Malesherbes, Anwalt der Toleranz und „Erfinder“ der Menschenrechte

Chrétien-Guillaume de Lamoignon de Malesherbes wurde am 6. Dezember 1721 in Paris geboren und entstammte einer der bedeutendsten Juristenfamilien Frankreichs. Auch der junge Chrétien-Guillaume schlug die juristische Laufbahn ein und wurde aufgrund seiner intellektuellen Fähigkeiten zum Präsidenten des Pariser Parlaments ernannt.

In dieser Zeit hatte er engen Kontakt zur literarischen Welt, insbesondere zu Denis Diderot und zu den Enzyklopädisten, deren Werke ohne die Hilfe Malesherbes' kaum erschienen wären. 1751 wurde er zum Oberzensor des Königreiches ernannt. In dieser Funktion hätte er Bücher verbrennen und die Autoren in die Bastille oder auf die Galeeren schicken können. Der königliche Oberzensor aber tat genau das Gegenteil. Er verbarg die verdächtigen Bücher in den Geheimfächern seiner Kutsche oder seines Kellers und ließ die Schriften stillschweigend passieren. 1771 wurde er in den Dienst des Königs Ludwig XV. berufen.

Er unterstützte die Justizreform, die auf eine bessere und schnellere Durchführung der Verfahren hinzielte. Aber er wehrte sich auch gegen die Tendenzen zur Überzentralisierung des Staates, die in Frankreich immer stärker um sich griff. Anstoß erregte er beim König durch seine Remonstranzen (Beschwerden), in denen er die fortschreitende Staatsverschuldung und den Prunk und die Verschwendungssucht der königlichen Hofhaltung angriff. Ludwig XV. verbannte ihn deshalb auf seinen Landsitz, das Schloss Malesherbes.

König Ludwig XVI. rief ihn nach seiner Thronbesteigung zurück und ernannte ihn abermals zum Minister der *Maisons du roi* (der königlichen Schlösser und Haushaltung). In dieser Funktion unterstand ihm auch die Polizei. Malesherbes tat alles, um die *Lettres de cachet,* die es dem König ohne rechtliche Voraussetzungen erlaubten, missliebige Personen zu verhaften, einzudämmen und schließlich ganz abzuschaffen. Er amtierte nur neun Monate als Minister.

In dieser Zeit erließ Ludwig XVI. auf seine Initiative Toleranzgesetze gegenüber den evangelischen Christen und den Juden, die die revolutionäre Regierung nur zu vervollständigen brauchte. Dank Malesherbes wurden den Gliedern beider Religionsgemeinschaften die Bürgerrechte zuerkannt. Auch für die Erklärung der Menschenrechte, eine Großtat der französischen Revolution, hat dieser große Mann die notwendigen Vorarbeiten geleistet. König Ludwig XVI. hat er nicht von herber Kritik verschont. Davon zeugen die erneut vorgetragenen Remonstranzen. Historiker sehen in ihnen eines der wichtigsten

Dokumente des Ancien Régime. Sie geben einen vollständigen Überblick über die korrupte und ineffiziente Verwaltung und wurden dem König mit schärfster Kritik überreicht.

Während dieser Periode arbeitete Malesherbes eng mit dem Finanzminister Turgot zusammen, dem es darum ging, die eminenten Staatsschulden abzubauen. Der Adel und der Klerus sollten für die Aufbringung der Steuer herangezogen werden. Aber der König weigerte sich, „seinem Adel und seinem Klerus" das zuzumuten. Turgot wurde entlassen, wie später der Finanzminister Calonne, der die Frage der Tilgung der Schuldenlast so ähnlich sah.

Malesherbes brauchte man nicht zum Rücktritt von seinem Ministeramt aufzufordern. Er ging freiwillig. Malesherbes und Turgot hätten vielleicht die Revolution nicht verhindert, und sie hätten das vielleicht nicht einmal gewollt. Aber dieses große Ereignis in der Geschichte der Franzosen wäre weniger radikal verlaufen und ganz sicher weniger blutig.

Malesherbes zog sich zurück, um sein Alter ruhig und friedvoll im Schoß seiner Familie zu verbringen. Er gab sich aber nicht dem Müßiggang hin, sondern er war voller Aktivität. Mit Begeisterung pflegte er seine großen Gärten und legte die berühmten Alleen an. Sein Hobby war die Botanik. Schon 1750 wurde er in die *Académie des sciences* aufgenommen und jetzt wurde er Mitglied der *Académie française*. Wissenschaftliche und literarische Interessen erfüllten sein Leben. Schließlich ging er noch auf Reisen in die Schweiz, danach nach Deutschland und schließlich nach Holland.

Als König Ludwig XVI. vor dem Gericht des Konvents stand, lebte Malesherbes schon lange im erfüllten Ruhestand. Als begabter Botaniker widmete er sich seinen berühmten Alleen und Gärten. Jetzt aber zögerte er nicht, für den König einzutreten, und bemühte sich um seine Verteidigung. Und es stimmte schon, was ein anderer Anwalt des Königs, Sèze, sagte: „Ich sehe nur Ankläger und keine Richter." Schließlich bekam er noch den schmerzlichen Auftrag, dem König das Todesurteil zu übermitteln.

Danach kehrte er noch einmal aufs Land zurück, aber im Dezember 1793 wurde er mit seiner Tochter, seinem Schwiegersohn, Monsieur de Rosambô und seinen Enkeln verhaftet. Wie ihm, so ging es auch den beiden anderen Verteidigern, Tronchet und Sèze, denen aber die Flucht gelang. Die überbordende Grausamkeit des Terrorregimes zeigte sich darin, dass zunächst seine Enkel die Guillotine besteigen mussten, danach sein Schwiegersohn und danach seine Tochter. Sein Humor zeigte sich sogar in dieser Lage. Als er die Treppe zum Schaffott emporstieg, stolperte er und sagte. „Ein schlechtes Vorzeichen. Die Römer hätten gesagt, geh' wieder nach Hause." Seine letzten Worte sprach er unter dem Messer der Guillotine; sie lauteten: „Ich hätte nicht geglaubt, dass es unter den aufgeklärten Revolutionären auch Fanatiker gibt."

Malesherbes war wegen seiner ungeheuchelten Güte einer der populärsten Menschen in Frankreich. Seine Bauern nannten ihn *Le bon Guillaume* (den guten Wilhelm). Etwas Besseres kann man über einen Menschen nicht sagen.

Zweites Kapitel –
„Die Schwierigkeit einer Revolution liegt nicht darin, sie in Gang zu setzen, sondern sie in Schach zu halten“ (Mirabeau)

Am 17. Juni 1789 begann die Verfassunggebende Nationalversammlung mit ihrer Arbeit. Die Versammlungen fanden jetzt im Reitsaal des Tuilerien-Stadtschlosses in Paris statt. Der Präsident der Versammlung wurde alle zwei Wochen neu gewählt. Parteien im modernen Sinn gab es noch nicht, wohl aber zeichneten sich Schichtungen und Parteiungen ab. Die Bezeichnungen „rechts“ und „links“ tauchten damals zum ersten Mal auf. Auf der rechten Seite saßen die Monarchisten, Abbé Maury und der Marquis de Casalès waren die bedeutendsten Redner. Die linke Seite war für die Demokraten, die späteren Girondisten und *Montagnards* reserviert. Robespierre und Pêtion gehörten zu dieser Gruppe. Die Mitte, deren Abgeordnete bei weitem die Mehrheit bildeten, war der Platz der Anhänger der konstitutionellen Monarchie. Bedeutende Vertreter waren Mirabeau, Lafayette und Talleyrand sowie das sogenannte Triumvirat Joseph Barnave, Adrien Dupont und Alexandre Lameth, die nach dem Tod von Mirabeau die Mehrheitsführer in der Versammlung wurden und wohl auch die bedeutendsten Politiker in dieser Zwischenzeit waren.

In den ersten Monaten dominierten Honoré Gabriel de Riqueti, Comte de Mirabeau als bester Redner und Marie-Joseph Marquis de Lafayette, als Kommandant der Pariser Nationalgarde, die Versammlung. Sie sorgten vor allem dafür, dass die Verbindung zwischen dem König und der Nationalversammlung sowie dem Volk nicht abbrach und dass Spannungen verringert wurden.

Zwei bedeutende Entscheidungen der *Assemblée nationale constituante* wurden bereits im vorhergehenden Kapitel dargestellt: die Abschaffung der Feudalprivilegien und die Erklärung der Menschen- und Bürgerrechte.

Die Nationalversammlung machte sich nun daran, das drängendste Problem des Landes, die Staatsschuld zu lösen. Dabei brachte der simpel erscheinende Lösungsvorschlag von Bischof Talleyrand, der auf den folgenden Seiten erläutert wird, unheilvolle ökonomische, nationale und religiöse Folgen, die fast bis heute nachwirken.

Die Nationalisierung des Kirchengutes und das Assignatenproblem

Der Raub des Kirchengutes erfolgte sukzessive. Schon im Zusammenhang mit der Abschaffung der Feudalprivilegien auf der Sitzung vom 4. August 1789 hatte die Kirche freiwillig auf die Zehnten verzichtet. Der renommierte französische Historiker Pierre Chaunu hat dies als Kardinalfehler bezeichnet. Chaunu hat darauf hingewiesen, dass diese Forderungen nicht in den *Cahiers de doléance* (Beschwerdehefte) erhoben worden waren. Er zeigte weiter auf, dass die Zehnten, die Abgaben für die Kirche, nicht nur die Güter der Bauern betraf, sondern in gleicher Größe auch das Königsgut und die Güter des Adels. Noch gravierender findet der Historiker die Folgen. Der Verzicht auf die Zehnten und Kirchengüter führten zu dem Konstitutionelleneid, der das Land in Eidleister und Eidgegner teilte, zur Dechristianisierungskampagne führte und Konterrevolutionäre begünstigte. Nach Chaunu wäre es durchaus denkbar gewesen, Kleinbauern von den Zehnten zu befreien, oder die Zehnten, die auf ihren Gütern lasteten, wesentlich zu reduzieren.

Ein zweiter Griff nach dem Kirchengut erfolgte im Herbst 1789. Die finanzielle Notlage hatte sich nach der Einberufung der Generalstände nicht verbessert. Der Aufruhr in Paris *(Journées)* und auf dem Land *(Grande Peur)* wirkte sich für die Staatsfinanzen katastrophal aus, da die Bauern aber auch andere Bürger sich weigerten, Steuern zu zahlen. In dieser Situation greift die Versammlung nach dem Kirchenbesitz. Der Bischof von Autun in Burgund, Charles-Maurice de Talleyrand, der sich auf die Seite der Revolution stellte, als er sah, dass die

Sache Erfolg haben würde, schlug schließlich am 10. Oktober 1789 vor, das Eigentum der Kirche der Nation zur Verfügung zu stellen, also das Kirchengut zu nationalisieren.

Wer war nun dieser Talleyrand? Er leitete die kirchliche Generalagentur in Versailles und die Klerusversammlung, die alle fünf Jahre tagte und über die freiwillige Abgabe an den Staat *(Don gratuit)* entschied. Seine Aufgabe war also die Wahrung der Interessen der Kirche. Talleyrand machte unter Napoléon bis zum Wiener Kongress und bis zur Zeit der Restauration Karriere. Seine düsteren Charakterzüge wurden in dieser späten Zeit wohl deutlich, waren aber sicher schon vorher vorhanden. Vielen Zeitgenossen erschien er mit seinem Klumpfuß als Inkarnation des Bösen, er war der meistgehasste und gefürchtetste Politiker dieser Ära, der sich über Schranken bürgerlicher Gesetze hinwegsetzte und Staatsverträge, für die er lächelnd eine hohe Summe einstrich, als persönlichen Tauschhandel ansah. Joséphine Beauharnais, die Gemahlin Napoléons, sagte über ihn: „Dieser Hinkefuß bringt mich zum Zittern".

Talleyrand begründete seinen Antrag für die Nationalisierung des Kirchengutes wie folgt: Die Kirche sei nicht der Eigentümer des Kirchenbesitzes, sondern nur dessen Verwalter. Sie habe die Einkünfte bisher für gottesdienstliche Belange, für diakonische und karitative Zwecke und für die Durchführung des Unterrichts an den Schulen und Universitäten ausgegeben. Der wirkliche Eigentümer sei die Gemeinschaft der Gläubigen. Er setzt Gemeinschaft der Gläubigen mit Nation gleich und argumentiert, dass das Volk Gottes bzw. die Nation auch den Kirchenbesitz für andere Zwecke, zum Beispiel für die Tilgung der Staatsschulden verwenden könne.

Der Hauptgegner der Nationalisierung des Kirchengutes und später der Zivilkonstitution war der Priester Jean-Siffrein Maury, ein Mitglied der *Académie française.* Er wurde später Kardinal und vertrat den Vatikan bei der Kaiserwahl von Franz II. in Frankfurt. 1810 ernannte ihn Napoléon zum Erzbischof von Paris. Maury wies darauf hin, dass es nicht nur einen Eigentümer der kirchlichen Güter gäbe. Es existierten Schenkungsurkunden, die den Stiftungszweck auswiesen, und es handele sich immer um bestimmte Zwecke und nicht um die

Kirche allgemein und erst recht nicht die Nation. Die Nichtbeachtung dieser Urkunden habe Auswirkung auf die Ordnung im Land.

Die Assignaten

Für den Kauf der kirchlichen Güter wurden Staatsschuldscheine ausgegeben, die zu 5 % verzinsbar waren. Da diese Schuldscheine durch den erwarteten Verkauf gedeckt waren, erhielten sie die Bezeichnung *Assignates,* wobei assigniert soviel wie gedeckt bedeutet. Die Assignaten erlebten bis 1796 einen rapiden und fortwährenden Wertzerfall. „Das Affengeld wollen wir nicht haben", sagten die Käufer und Verkäufer. Die ökonomische Krise, die Frankreich im Verlauf der Revolution erlebte, ist zum größten Teil auf das Assignatensystem zurückzuführen. Schon 1790 wurde die Ausgabe (Emission) von Assignaten erhöht. Sie wurden zum Papiergeld und auch in Stückelungen von fünf Livres ausgegeben. Der Wechselkurs in Bezug zum Hartgeld wurde vorgeschrieben und schließlich freigegeben. Die Verzinsung sank auf 5 Prozent. Die Folgen dieser Aktionen: Es gab zwei Parallelwährungen, Hartgeld und Assignaten. Hartgeld, das wertbeständig war, wurde gehortet. Die Arbeiter hatten mit dem inflationären Papiergeld Probleme, ebenso Unternehmen, die Produkte mit Hartgeld bezahlt hatten. Die Kirche wurde entmachtet und war vom Staat abhängig. Gewinner der Assignatenrevolution war das Großbürgertum, das sich den Güterkauf leisten konnte. Die Armen gingen leer aus. Die sozialen Gegensätze vertieften sich. Am 19. Februar 1796 wurden die Assignaten offiziell zurückgezogen.

Abgesehen von den Spekulanten war der wirkliche Gewinner der Nationalisierung des Kirchengutes die Kirche selbst, die, befreit von dem materiellen Ballast, ihrer eigentlichen Aufgabe nachgehen konnte. Die schwerste Krise seit ihrer Geschichte war zu ihrem großen Gewinn geworden. Nie gab es in der Geschichte Frankreichs so viele Heilige wie zur Zeit der Französischen Revolution. Wie sagte doch Domherr Duchastenier aus Dijon: „Niemals gab es so viele gute Messfeiern in Frankreich wie zur Zeit der Schreckensherrschaft. Robespierre hat den Himmel bevölkert, die Religion in Frankreich gereinigt und gerettet, und nur Unwissende behaupten und glauben, er habe sie beseitigt" (Mona Ozouf in: Kritisches Wörterbuch der Französischen Revolution, S. 43).

Die Verlierer des Güterraubes waren die materiell Armen, die sich kein Kirchengut kaufen konnten, die unter der desaströsen ökonomischen Situation litten und nicht einmal das Brot über Nacht besaßen. Gescheitert sind die militanten Revolutionäre, welche neue revolutionäre Gesetze durchpeitschen wollten. Und sagte nicht schon der erste und auch bedeutendste Kritiker der französischen Revolution, Edmund Burke: „Die Revolution kann nicht gelingen, weil sie die altbewährten Traditionen vergessen hat und überstürzt eine neue Welt schaffen wollte."

Das Gesetz über die Zivilverfassung des Klerus vom 12. Juli 1790

Das Gesetz wurde vom Kirchenkomitee der Nationalversammlung erarbeitet, das Louis-Alexandre Expilly von Morlaix leitete. Expilly wurde der erste konstitutionelle Bischof. Sein späterer Bischofssitz wurde Quimper. Der Ausschuss war nicht antikirchlich gesinnt. In ihm standen sich aber fast alle unterschiedlichen kirchenpolitischen Strömungen gegenüber. Die Gallikaner plädierten für eine größtmögliche Unabhängigkeit von Rom. Die Jansenisten strebten nach einem evangeliengemäßen Leben, und die Richeristen versuchten das Presbyteriatskollegium in der Kirche zu etablieren und die Stellung der Pfarrer gegenüber den Bischöfen zu festigen. Für die Philosophen war die Rückkehr zur Gleichheit und Brüderlichkeit der frühen Christenheit wichtig. Die Antike und zum Teil die frühe Christenheit waren à la mode und spielten bei allen genannten Gruppen eine Rolle.

Die Frage, die den Ausschuss am meisten beschäftigte, war die Bezahlung des Klerus, der bisher von den Benefizien, Pfründen und Zehnten lebte. Da diese alle abgeschafft waren, stellte sich die Frage der Finanzierung der Kirche um so dringender.

Man versuchte die Ausgaben möglichst gering zu halten und reduzierte darum den Personalbestand. Diese Maßnahme betraf drei Institutionen:

Die Zahl der Bistümer wurde drastisch reduziert. Bestanden bisher in Frankreich 130 Diözesen, so wurden sie jetzt auf 83 reduziert, analog der Zahl der Départements. Die Bischofssitze wurden auch nicht mehr nach einem Ort, sondern nach einem Département benannt. Der Bischof Thomas Lindet nannte sich dann nicht Bischof von Evreux, sondern Bischof von Eure. Die Bischöfe gruppierten sich um zehn Metropoliten (Erzbischofssitze). Diese waren Paris, Rouen, Reims, Besançon, Lyon, Aix, Toulouse, Bordeaux, Rennes und Bourges.

Frühere Institutionen wie die Domkapitel und die Benefizien ohne Seelsorgeauftrag wurden unterdrückt. Den Bischöfen aber wurde ein Seelsorgerat von Bischofsvikaren zugeordnet und dadurch die Befugnis des Bischofs eingegrenzt.

Schließlich wurde auch die Zahl der Pfarreien reduziert, was zu großen Spannungen führte, da diese Reform am Reißbrett erfolgte und alte und gewachsene Traditionen nicht beachtete. Die Bezahlung der Pfarrer war abhängig von der Seelenzahl der Gemeinde. Der Pfarrer einer Stadt von 10.000 bis 50.000 Seelen sollte jährlich 3.000 Livres empfangen, der Pfarrer eines Dorfes von 1.000 Einwohnern dagegen nur 1.200 Livres. In den *Cahiers de doléance*, den Beschwerdebriefen, waren als Grenze 1.800 Livres angegeben. Nur wenige Historiker haben sich mit den Spannungen infolge der Umstrukturierung der Pfarrbezirke beschäftigt. Sie ist aber zusammen mit dem konstitutionellen Eid und der Wahl der Bischöfe und Pfarrer durch eine Wahlversammlung für religiöse Unruhen und für die Spannung zwischen Kirche und Revolution verantwortlich.

Problematischer als diese finanziellen und strukturellen Probleme war die Wahl der Bischöfe und Pfarrer durch eine Wahlversammlung. Die Wahl der Bischöfe und Pfarrer erfolgte analog der Wahl der Abgeordneten und Beamten. Das heißt, dass an dieser Wahl sich wohl auch Protestanten, Juden, religiös Indifferente und sogar Atheisten beteiligen konnten, was weitere Empörung hervorrief. Die Bischöfe wurden auf der Ebene der Départements und die Pfarrer durch die Gremien der Distrikte oder Kantone gewählt.

Die Artikel 21 und 28 besagten, dass jeder Bischof, Pfarrer und öffentlich-kirchlicher Amtsträger in Anwesenheit der städtischen Beamten, des Volkes und des Klerus den Eid leisten sollte. Die gewählten Bischöfe sollten anschließend Rom über ihre Wahl in Kenntnis setzen.

Die Frage der Zivilverfassung des Klerus wurde in der *Assemblée nationale constituante* intensiv debattiert. Dabei stieß der vorgeschlagene Wahlmodus der Bischöfe auf Kritik, und der Text wurde an einigen wenigen Stellen modifiziert. Ein Teil bestand auf den gallikanischen Freiheiten und der Unabhängigkeit gegenüber dem Papst. Demnach waren die Bischöfe gleich wie der Papst Nachfolger der Apostel und besaßen die gleichen Rechte.

Schließlich wurde der Zusatz „unbeschadet der Rechte des obersten Pontifex" beigefügt. Dafür machte sich sogar Henri Grégoire, der spätere geistliche Leiter der konstitutionellen Kirche stark, da er ein Schisma in Frankreich abwenden wollte.

Der Text trug die Handschriften der kirchenpolitischen Strömungen des damaligen Frankreichs: die des Gallikanismus, der für die Unabhängigkeit der französischen Kirche von Rom eintrat und den Staat für die Fragen der Institution und Disziplin zuständig erklärte, die des Jansenismus und Richerismus, die das Kollegiatsprinzip in der Kirche verankern und die Position der Pfarrer stärken wollten.

Sie konnten ihre Ideen in der Schaffung des Rates der Bischofsvikare durchsetzen. Auch die Rechte der Pfarrer und ihre Unabhängigkeit gegenüber den Bischöfen erfuhr eine Verstärkung. Die Vikare (Kapläne) waren zukünftig nicht mehr den Bischöfen untergeordnet, sondern wurden Angestellte der Pfarrer.

In der Versammlung der Konstituante wurde wiederholt die Einberufung eines Nationalkonzils in Verbindung mit dem Papst gefordert. Letzthin blieb aber die Kirchenfrage eine nationale, politische Angelegenheit. Verschärft wurde die Situation zwischen Rom und Paris dadurch, dass man das Konkordat von 1516 kündigte und einige Zeit später die päpstlichen Gebiete in Frankreich annektierte.

Die Zivilkonstitution des Klerus war kaum vom aufklärerischen oder revolutionären Gedankengut bestimmt, sondern vom französischen Kirchenverständnis, dem nach das Dogma Sache der Kirche war, die Kirchenleitung und die Disziplin aber Angelegenheit des Staates. So war die Philosophie des Gallikanismus für diese strukturellen Veränderungen verantwortlich. In dieser Hinsicht waren viele Bestimmungen annehmbar, allerdings nicht von dem Kirchenbild, das sich später auf dem Ersten Vatikanischen Konzil entwickelte.

Die Konstitution erhob den Anspruch, Änderungen ohne Mitwirkung der Kirche durchführen zu können. 30 Bischöfe, die der Konstituante angehörten, erhoben dagegen Einwände. Talleyrand und Göbel schlossen sich jedoch nicht an. Die Kündigung des Konkordats von 1516 allerdings stieß in Rom übel auf, aber das war keine Glaubensangelegenheit, ebenso wie die später erfolgte Besetzung der päpstlichen Besitzungen von Avignon und Venaissin. Zumindest hätte der Papst bezüglich der kanonischen Form konsultiert werden müssen, wenn man schon die Einberufung eines Nationalkonzils ablehnte. Die Konstituante lehnte es ab, den Papst anzurufen, wie es alle Bischöfe der Versammlung forderten. Schließlich beantragten König Ludwig XVI. und die Bischöfe die Zustimmung des Papstes.

Die Emigranten, die in Rom eine mächtige Gruppe bildeten, übten Druck auf den Vatikan aus und versuchten, eine gegenrevolutionäre Stimmung zu erzeugen. Zu dieser Stimmung trugen die Abschaffung des Zehnten, die Nationalisierung des Kirchengutes und die Auflösung der Klöster bei.

Aus heutiger Sicht ist es unverständlich, dass die Erklärung der Menschen- und Bürgerrechte das Missfallen des Papstes erregten. Er sah das Ancien Régime untrennbar mit der von Gott gewollten Gesellschaftsordnung verknüpft.

Pius VI. wollte den anstehenden Konflikt nicht auf die Spitze treiben. Er verurteilte die Erklärung der Menschen- und Bürgerrechte in einem geheimen Konsistorium und übertrug die Prüfung des Gesetzes über die Zivilkonstitution einer Kardinalkommission. Sein Handeln rechtfertigte er damit, dass er die Lage des Königs nicht noch verschlimmern und die Nationalversammlung nicht zu einem Schisma treiben wollte.

In Rom sah man die Revolution als eine Art Fieberanfall und hoffte, dass er bald vorübergehen würde. Man wollte also das Problem aussitzen. Das bedeutete einen Aufschub von über acht Monaten, und das war unverantwortlich, denn dadurch löste man das Schisma aus, das man verhindern wollte.

Genau zu dieser Zeit verstarb der Bischof von Quimper. Dies zwang die Nationalversammlung, einen neuen Bischof nach den Richtlinien der Zivilkonstitution zu wählen. Gewählt wurde der Präsident des Kirchenausschusses der Nationalversammlung. Die Wahl nahm Bischof Talleyrand vor, der später Außenminister unter Napoléon war und Frankreich auf dem Wiener Kongress vertrat. Talleyrand weihte auch den Bischof der darauf frei gewordenen Stelle, den Bischof für das Departement Aisne. Alle anderen Bischöfe empfingen die Weihe von dem Weihbischof des französischen Teils des Bistums Basel, Jean-Baptiste Göbel.

Somboys, der Zeremonienmeister von Saint-Sulpice, der von dem Provinzial Émery nach Quimper entsandt worden war, bestätigte, dass die Riten gemäß der kanonischen Vorschriften durchgeführt wurden, allerdings ohne die päpstliche Ernennungsbulle und ohne Treueeid gegenüber dem Papst. Die Weihe war also gültig. Auch die späteren Konsekrationen von konstitutionellen Bischöfen wurden nie in Zweifel gezogen.

Die eilige Wahl Louis-Alexandre Expillys zum Bischof von Quimper zeigte die Absicht, den Papst zu ignorieren und unverzüglich Neuerungen einzuführen. Selbst revolutionär gesinnte Geistliche, die keineswegs mit der Adelsopposition liiert waren, waren verärgert. Die Gärung begann, sich im Land auszubreiten, und richtete sich gegen andere Maßnahmen, wie den Verkauf von Kirchengütern.

Von den örtlichen Behörden alarmiert, suchte die Nationalversammlung ein fait accompli zu schaffen und verlangte von allen Geistlichen, die ein öffentliches Amt bekleideten, den Bischöfen, Pfarrern und Vikaren, den gleichen Eid wie von den zivilen Beamten. Sie sollten schwören, dem Staat, dem Gesetz und dem König treu zu sein und mit ganzer Kraft die Verfassung zu beachten. Die Dekrete, die diese Forderung enthielten, wurden am 27. November und am 26. Dezember 1790 erlassen.

Der Eid schloss die Neuregelungen in Kirchenangelegenheiten mit ein. Eidverweigerung galt als Verzicht auf das Amt, und Kleriker, die Unruhe stifteten, sollten nach Recht und Gesetz bestraft werden.

Die Bischofswahl und Konsekration stellte für Papst Pius VI. eine Herausforderung dar, auf die er antworten musste. Er erließ am 10. März 1791 das Breve *Quot aliquantum,* in dem er die Zivilkonstitution des Klerus wegen der Verletzung der göttlichen Konstitution der Kirche verdammte. Am. 13. April des gleichen Jahres folgte das Breve *Caritatis,* das die erfolgten Bischofsweihen zum Sakrileg (das heißt dennoch gültig) erklärte. In diesem Lehrschreiben verurteilt er auch die Erklärung der Menschenrechte, da sie im Widerspruch zur katholischen Kirche stehe, zur Lehre vom Ursprung von der Staatsgewalt, ebenso wurde die Lehre von der Religionsfreiheit zurückgewiesen.

Das Zweite Vatikanische Konzil hat die Aussagen Papst Pius' VI. über die Menschenrechte und die Religionsfreiheit revidiert und ihre Bedeutung für den christlichen Glauben hervorgehoben. Ähnliches hatte schon 200 Jahre zuvor Henri Grégoire, der spirituelle Rektor der konstitutionellen Kirche, gesagt. Er berief sich bezüglich der Zivilkonstitution auf die gallikanischen Freiheiten, die im Laufe der Geschichte der Kirche Frankreichs zugestanden worden waren, und erklärte bezüglich der päpstlichen Aussagen zu den Menschenrechten und der Religionsfreiheit: Die Menschenrechte sind aus dem Glauben abzuleiten, und Freiheit und Brüderlichkeit seien christliche Prinzipien.

Teile des katholischen Klerus begrüßten die Lehrschreiben des Papstes. Sie befürchteten eine Republikanisierung der Kirche und dass ihre Fundamente untergraben würden. Für manche Kleriker bildeten die sozialen und politischen Fundamente des Ancien Régime die Grundlage für den Katholizismus. Diese Auffassung fand bis in die Neuzeit der Kirche Befürworter. Eine Gesellschaftsphilosophie, welche die christliche Lehre mit demokratischen Bestrebungen in Übereinstimmung hätte bringen können, kam in der damaligen Zeit für die meisten Kirchenleute noch nicht in Frage.

Manche Priester ließen sich auch durch konterrevolutionäre Kräfte ausbeuten. Dies führte dazu, dass die romtreuen Priester mit der Adelsopposition in einen Topf geworfen wurden. Bei den Sansculotten und im Jakobinerklub sprach man von den beiden Feinden der Republik: von der Adelsclique der Emigranten, die Frankreich von außen angriffen, und von der fünften Kolonne, den Priestern, die im Innern die Unruhe schürten.

Die *Assemblée constituante* war über die päpstlichen Schreiben enttäuscht und schlug zurück. Der Zivileid wurde nun auf alle Geistlichen ausgedehnt. Das Verhalten beider Kräfte, Kirche und Staat, kann man mit einem Schaukelspiel vergleichen. Beide schaukelten sich hoch, bis sie sich überschlugen.

Kommen wir noch einmal auf die Eidleistungen zurück und auf die Motive der Priester, den Eid zu leisten oder ihn zu verweigern: Der Eid wurde geleistet, weil Priester, die von der Hochschule oder den Seminaren kamen, ein offenes Kirchenbild hatten. Die Gruppe stammte zumeist aus der mittleren oder höheren Bourgeoisie und fand sich von den Bischöfen, die alle aus dem Adel stammten, unterbewertet. Ordensleute aus den ausgehobenen Klöstern suchten eine Pfarrstelle. Priester, die sich mit ihren Gemeinden verbunden fühlten, wollten sie nicht aufgeben, wie das Gesetz den eidverweigernden Priestern vorschrieb. Wieder andere, die an der Schwelle des Alten standen, wollten nicht in eine ungewisse Zukunft hineingehen.

Priester, die den Eid ablehnten, taten dies aus Ehrfurcht gegenüber dem Papst und aus einem traditionellen Kirchenbild heraus, einem Kirchenbild, das damals fast allgemein verbreitet war. Zudem waren viele bestürzt über die kirchenpolitischen Veränderungen, die Abschaffung des Zehnten, den Raub der Kirchengüter, die Schließung der Klöster und die Verbeamtung der Geistlichen, eine Stimmung, die in einigen Gegenden Frankreichs von Laien im Elsass, in der Vendée und in der Bretagne sowie im Süden Frankreichs geteilt wurde.

Die Geographie der Eidleistung

Bis zu Beginn des 20. Jahrhunderts lag keine Untersuchung über die Leistung des Priestereides in den einzelnen Regionen Frankreichs vor. Erst in den Jahren 1906 bis 1907 legte Philippe Saignacs eine einschlägige Abhandlung vor. Demnach wurde der Eid auf die Verfassung von 57 Prozent der Priester geleistet. Timothy Tackett veröffentlichte 1986 das Buch *La Révolution, L'Église, La France.* Er hat die Eidleistung in den einzelnen Regionen dokumentiert und sie nach den verschiedenen soziokartographischen Aspekten untersucht. Äußerst reich ist die Veröffentlichung an soziokartographischen Erhebungen. Nach dem amerikanischen Forscher haben 52 Prozent der Kleriker den Eid geleistet. Ein Blick auf seine Karten erlaubt es, die Gebiete des *Insermentés*, der Eidleistenden, und der *Réfractaires*, der Eidverweigernden aufzulisten. Demnach wurde der Eid in hohem Maße in folgenden Regionen geleistet: im äußeren Südosten, in der Provence und im Dauphiné, Gegenden, die schon vor der Revolution durch ihre rebellischen Priester auffiel. Stark waren die Eid leistenden Priester auch im Pariser Becken, seinen Randgebieten und in den Regionen der Nebenflüsse der Loire wie der Chaire, der Indre und Vienne vertreten.

Die Regionen der *Réfractaires* lagen im nördlichen Osten im Elsass und in Lothringen, im Westen bis zu den Pyrenäen hin, in der Vendée, der Charente und der Gironde. Auch fast der gesamte Süden war gegen den Eid eingestellt, genauso wie im Norden die Bretagne, die Normandie und der Pas de Calais.

In Paris brach eine Schlacht um die Eidleistung aus, und es wurde nichts vernachlässigt, um diese Schlacht zu gewinnen. Es entstanden Gruppen und Fraktionen für oder gegen den Zivileid der Priester. Nach der Abstimmung lag die Hauptstadt im Landesdurchschnitt mit 52 Prozent für den Eid. Die größte Pfarrei von Paris, Saint-Sulpice, spendete ihrem Pfarrer für die Verweigerung des Eides Beifall. Anders war die Situation in der zweitgrößten Kirchengemeinde Saint-Eustache, wo jeder gespannt war, wie dieses Stadtviertel, wie jener Wohnblock entscheiden würde. Hier leistete Pfarrer Pouprad, begleitet von Hohnrufen und Schmähungen, den Eid.

In den 33 konstitutionellen Pfarreien – also Pfarrgemeinden, die für die Eidleistung waren – wechselten 26 Prozent der Vikare die Gemeinden, weil sie gegen die Eidleistung waren.

In der Gegend um Bordeaux waren die Landpfarrer für den Eid aufgeschlossen. In der Stadt selbst standen sich zwei Gruppen gegenüber, der traditionelle Klerus und die Gruppe der „republikanischen" Pfarrer, aus deren Reihen der neue Bischof gewählt wurde. Die weitere Region um Bordeaux, die Charente und die Gironde dagegen waren dem Zivileid abgeneigt. Sie wurden zu Märtyrerregionen der Revolutionszeit.

Interessant sind auch zwei Beobachtungen aus der Normandie. In der Kirchenprovinz Rouen standen sich 2.202 *Insermentés* und 2.134 *Réfractaires* gegenüber. Die Priester des Départements Eure mit der Bischofsstadt Évreux waren für den Eid, die beiden Nachbardépartements Orne und Calvados dagegen.

Städte, wo es noch einen starken hugenottischen Bevölkerungsanteil gab, waren aus Sorge um ihre katholische Identität gegen den Eid eingestellt. Hier spielten auch soziale Konflikte eine Rolle. Die katholischen Christen gehörten zumeist der Unterschicht an, während sich die Protestanten aus dem republikanischen Besitzbürgertum rekrutierten.

Im Elsass sprach sich die Mehrheit des Klerus gegen die Eidleistung aus, dennoch sind hier die Unterschiede zwischen dem Département Bas-Rhin (Niederelsass) und Haut-Rhin (Oberelsass) festzustellen. Im Oberelsass war der Anteil gegen die Eidleistung geringer.

Auffallend ist auch der Unterschied zwischen den Départements Deux-Sèvres, Loire-Inférieure, Maine-et-Loire und der Vendée, dem Gebiet des Vendéeaufstandes mit dem Département Sarthe. In allen genannten Départements stellten die Weber und Waldarbeiter einen starken Bevölkerungsanteil; dennoch war das Wahlverhalten gegenüber dem konstitutionellen Eid völlig unterschiedlich.

Die Entscheidung für oder gegen den Priestereid entzweite Familien, Pfarrgemeinden, ja, das ganze Land. Zivilkommissare berichten, dass die Familien sich entzweien, Frauen sich von ihren Männern trennen, Kinder ihre Väter verlassen. Der konstitutionelle Eid führt schließlich auch in ein zweigeteiltes Land, in das katholische und republikanische Frankreich, und nicht zuletzt zu einer Radikalisierung der Revolution.

Priester sprachen sich gegen den Eid aus, wenn sie sich von ihren Gemeinden getragen fühlten und wenn sie sich auf einen Kreis von Mitbrüdern stützen konnten. Natürlich spielte auch die Prägung durch die Erziehung und Ausbildung eine Rolle.

Die Auflösung der Mönchsorden

Schon am 28. Oktober 1789 beschäftigte sich die Nationalversammlung mit den geistlichen Orden, und es wurde ein Dekret erlassen, das die Ablegung der Gelübde verbot. Die Versammlung hielt die klösterlichen Gelübde für unvereinbar mit den Menschenrechten, mit dem Recht auf Familie und Eheglück, und meinte, die Aufgabe der Freiheit komme einem bürgerlichen Selbstmord *(suicide civil)* gleich.

Es war eine typisch aufklärerische Position, die hier zum Tragen kam, eine Sicht, die den Menschen allein von seinem Streben nach Glück und von Nützlichkeitserwägungen her bestimmte. Dem Menschen wurde die Entscheidungsfreiheit genommen, sich für transzendente Werte zu entscheiden. In diesem wie auch in anderen Punkten zeugt die Aufklärung nicht von geistiger Weite, sondern von geistiger Enge.

Am 13. Februar 1790 wurden alle Klöster aufgehoben, mit Ausnahme der Ordensgemeinschaften, die im Kranken- und Schuldienst standen. Eine Rolle spielt dabei der geistige und sittliche Verfall, der in vielen Klöstern feststellbar war und der das Klosterleben allgemein in Verruf gebracht hatte. Negativ wirkte sich das System der Kommendaräbte aus, die der König nach Lust und Laune bestellen konnte, und die lediglich dazu da waren, den Söhnen des Adels ihre Pfründe zu sichern. Ins Auge fiel auch, dass nur wenige junge Männer in die Klöster eintraten. Im Gegensatz dazu hatten die Frauenklöster eine steigende Zahl von Novizinnen zu verzeichnen und verfügten über eine hervorragende Reputation. Nicht von Nachwuchssorgen waren auch die Dominikaner betroffen, die in den 1790er Jahren stark zunahmen.

Von den Maßnahmen gegen die Orden waren auch die Mauriner, ein Ordenszweig der Benediktiner, betroffen, die hohe wissenschaftliche Leistungen erbracht und die Schriften der Antike und der Kirchenväter herausgegeben hatten. Ihre Klöster wurden zu Steinbrüchen oder Kasernen, die kostbaren Bibliotheken verschleudert, die Handschriften zur Herstellung von Patronenhülsen verwendet.

Nicht besser erging es anderen ehrwürdigen Klöstern und Schätzen des Mittelalters. Man denke nur an Cluny, die ehemals größte und bedeutendste Kirche der Christenheit, die zu einem Steinbruch umfunktioniert wurde und deren noch heute erhaltenen kümmerlichen Reste von ihrer ehemaligen Größe künden. Henri Grégoire, einer der bedeutendsten Theologen seiner Zeit, der der Revolution sehr nahe stand, hat für diese Bilderstürmerei den Begriff „Vandalismus" geprägt, und es scheinen wirklich Vandalen gewesen zu sein, die im Geist der Freiheit, Gleichheit und Brüderlichkeit die Kulturschätze des alten Europas vernichteten.

Nicht besser erging es den Nonnen und Mönchen, als ein Jahr später die Klöster, die im Kranken- und Schuldienst standen, aufgelöst wurden. Auch die Nonnen, die ihr Leben für Kranke, Arme und Entrechtete eingesetzt hatten, wurden mit einem Hungerlohn, der oft nicht bezahlt wurde, in eine ungewisse Zukunft hinausgestoßen. Vergeblich protestierten die Dörfer, die in der Nähe der Klöster lagen, gegen diese Schikanen. Ein gottgeweihtes Leben durfte es in der Welt, wo vor allem Nützlichkeit zählte, nicht geben.

Was unter der *Assemblée nationale* sonst noch geschah

Die Nationalversammlung schaffte die alten Steuern pauschal ab. Die Bauern und andere weigerten sich jetzt überhaupt, Steuern zu zahlen. 1789 gingen nur 14 % der geplanten Steuern ein, und Finanzminister Necker musste den bevorstehenden

Staatsbankrott verkünden. Die Staatsschulden stiegen von 5 auf 6 Millarden.

Auch 1790 blieb die ökonomische Situation desolat. Ins Gewicht fielen die Aufgaben, die die Kirche bisher getätigt hatte und die vom Staat übernommen werden mussten. Der Erlös aus dem Verkauf der Kirchengüter ging nur schleppend ein. Das neue Steuersystem funktionierte erst seit 1794.

In der Wirtschaftspolitik steuerte die *Assemblée constituante* einen liberalen Wirtschaftskurs. Die Getreidepreise wurden freigegeben und die Binnenzölle abgeschafft. Ebenso verfolgte die Nationalversammlung eine unternehmerfreundliche Sozialpolitik. Das Gesetz d'Allards vom 2. März 1791 schuf Innungs- und Gewerbefreiheit, und das Gesetz Le Chapelier vom 14. Juni 1790 verbot gewerkschaftliche Zusammenschlüsse und Streiks. Beide Gesetze waren für die bürgerliche Klientel der Nationalversammlung geschaffen, waren wirtschaftlich gesehen liberal, aber entsprachen nicht wie der Raub des Kirchenbesitzes der Erklärung der Menschen- und Bürgerrechte.

Die Stelle des Provinzintendanten mit seinen quasi allumfassenden Vollmachten verschwand. An seine Stelle traten einheitlich strukturierte Verwaltungsbezirke, die Départements und eine demokratisch organisierte Selbstverwaltung.

Am 22. Dezember 1789 wurde Frankreich in 83 Départements eingeteilt, die in Distrikte, Kantone und 44.000 Kommunen unterteilt waren. Der Sprung von dem Obrigkeitsstaat in eine demokratische Selbstverwaltung bereitete Probleme, die sich erst im Laufe der Zeit lösten.

Ähnlich war die Verwaltung in Paris aufgebaut, das jetzt in 48 Sektionen aufgeteilt war. In Frankreich bestand das Censuswahlrecht, d. h. nur männliche Bürger über 25 Jahre, die ein bestimmtes Einkommen hatten, die Aktivbürger waren, durften an der Wahl teilnehmen. Dieses Wahlrecht, das kaum der Erklärung der Menschen- und Bürgerrechte entsprach, fand starken Widerstand in den Kreisen der linken Jakobiner.

Das bedeutendste Werk der *Constituante* ist die neue Verfassung vom 3. September 1791, welche das Parlament genau drei Wochen vor dem Ende der Legislaturperiode beschlossen hat. Die Präambel der Verfassung stellt die Verkündung der „Menschen- und Bürgerrechte“ dar. In diesem Rahmen werden die Volkssouveränität, die Gewaltenteilung, der Abbau der Privilegien und die Verantwortung aller vor dem Gesetz erwähnt.

Vor allem lotet die Verfassung das Verhältnis zwischen Exekutive, der Macht des Königs, und Legislative, der Macht des Parlamentes, genauer aus. Der König ist nicht mehr nur König von Gottes Gnaden, sondern König von Gottes Gnaden und des Volkes Wille. Er kann ein Gesetz nicht verhindern, sondern nur sein Inkrafttreten hinausschieben, d. h. er hat ein aufschiebendes Vetorecht. Sein Wille hat keine Gesetzeskraft mehr, er ist vom Parlament abhängig. Alle Regierungsangelegenheiten, seien es Finanzen, Außenpolitik oder Rechtswesen unterstehen dem Parlament.

Nach Stephan Lobert hängt der Erfolg der Verfassung von der ökonomischen Stabilisierung und einem guten Miteinander von Parlament und König ab (Französische Revolution, 1997, S. 81 ff.).

Die *Feuillants*, die Partei der Gemäßigten

Die Gemäßigten bestimmten weitgehend die Politik der Verfassunggebenden Versammlung. Ihr Ziel war es, die Revolution in geruhsamen Bahnen verlaufen zu lassen. In der Kirchenfrage übten sie Rücksicht auf die eidverweigernden Priester und gestatteten es ihnen, in ihren Pfarreien die Messe zu feiern.

Wie alle Parteien außer den Monarchisten gehörten sie dem Jakobinerklub an. Am 16. Juli 1791, einen Monat nach der gescheiterten Flucht des Königs und am Vorabend des Blutbades auf dem Marsfeld, wo Lafayette auf die Sansculotten schießen und sie im Anschluss von Kavallerie niederreiten ließ, sagten sie sich von dem Klub los. Führend dabei war das feuillantinische Dreigestirn Joseph Barnave, Adrien Dupont und Alexandre Lameth. Ihnen schlossen sich ihre Freunde und die, die mit Lafayette verbunden waren, sowie der Abgeordnete Le Chapelier an. Le Chapelier war deshalb bedeutend, weil er den Bretonischen Klub, aus dem der Jakobinerklub hervorging, gegründet hatte.

Das Dreigestirn oder das Triumvirat, wie sie in der französischen Geschichtsschreibung genannt werden, führten den Namen ihrer Gruppe auf das ehemalige Kloster der *Feuillants* zurück, wo sie sich nach dem Auszug aus dem Jakobinerklub trafen. Sie wollten keinen neuen Klub gründen, sondern den Sitz der „Verfassungsfreunde", so der eigentliche Name der Jakobiner, zu den *Feuillants* verlegen. Ihr Ziel war es außerdem, die Gemäßigten zu sammeln und die verstockten Monarchisten und radikalen Linken zu isolieren. Dadurch wollten sie den jakobinischen Einfluss und den anderer Militanten aufhalten, die die Legitimität und die Unabhängigkeit der Nationalversammlung bedrohten. Die Revolution sollte in geregelte Bahnen gelenkt und allmählich beendet werden.

Das Dreigestirn und Lafayette übersahen in ihrer Strategie, dass sich nach der Flucht des Königs die Machtbasis vom Parlament auf die Klubs verlagert hatte. Die *Constituante* hatte sich durch die Verharmlosung der Flucht des Königs, den das Volk nun als Verräter betrachtete, und durch Lafayettes Massaker auf dem Marsfeld als Reaktion auf die Forderung nach Absetzung des Monarchen völlig diskreditiert. Robespierre hatte das klar erkannt und setzte auf diese Karte. Auch in seiner Taktik übertraf er das Triumvirat und Lafayette. Er setzte auf die Arbeit hinter den Kulissen und auf Druck. So konnte er fast alle Tochtergesellschaften zurückgewinnen und den Mutterklub stärken.

Es sollte auch nur noch wenige Monate dauern, bis er Brissot und die Girondisten aus dem Klub hinausgeworfen hatte. Zu diesem Zeitpunkt war Robespierre absoluter Herr des Jakobinerklubs und konnte die Alleinherrschaft über Frankreich ansteuern. Nicht mehr das Parlament war dann Inhaber der Souveränität, der *Volonté Génerale,* sondern sein Klub. Und Hilfe von anderen Gruppen konnten die *Feuillants* nicht erwarten. Die Monarchisten verweigerten sie ihnen, weil sie gegen die Verfassung waren, die Jakobiner erholten sich recht bald von dem Schock, und der König schritt in seiner Hilflosigkeit nicht ein.

Was war das Ziel der *Feuillants?* Sie wollten die Politik Mirabeaus fortsetzen, die darin bestand, der Revolution festen

Halt zu geben und sie zu kontrollieren. Die Revolution sahen sie durch die politische Radikalisierung und die außerparlamentarische Agitation bedroht. Desweiteren wollten sie den König mit dem parlamentarischen System verzahnen und dadurch die konstitutionelle Monarchie festigen. Sie waren dagegen, dass Gleichheitsbestrebungen das Eigentum bedrohten. Sie verloren an Popularität, weil sie sich der Emanzipation der Farbigen widersetzten.

Was nun haben sie geleistet? Sie vollendeten die Justizreform, und ihr Ziel dabei war es, die Ordnung wiederherzustellen und den Frieden und die Freiheit der Individuen zu bewahren. Sie waren gegen die Todesstrafe, für die Zuerkennung der staatsbürgerlichen Rechte an die Juden, für einen Rechtsstatus für die eidverweigernden Priester.

Trotz dieser Verdienste wurden sie von der Presse bedrängt, und Robespierre setzte im Schulterschluss mit Rechts und Links durch, dass Angehörige des Parlaments kein Ministeramt übernehmen durften. Und dieses Gesetz war ausdrücklich gegen die *Feuillants* gestaltet, um eine Verbindung der *Feuillants* mit dem König zu blockieren.

Eine entscheidende Frage dieser Zeit war: Wer besitzt die Volkssouveränität? Für die Aristokraten durfte es die Souveränität des Volkes überhaupt nicht geben, für den Robespierrismus residierte sie im Jakobinerklub. Der Historiker Jules Michelet sagte dazu: „Für beide Extreme, Aristokraten und Jakobiner, gibt es einen gemeinsamen Feind, die Verfassung und die Verfassungsfreunde, die *Feuillants*."

Natürlich waren die *Feuillants* über die Vorzeichen des sich ankündigenden Terrorismus bestürzt, und oft machte sich eine tiefe Traurigkeit bei dieser Gruppe bemerkbar. So sagte Dupont in einer Rede vor der Nationalversammlung: „Das, was man Revolution nennt, war dazu da, die Macht der alten Despoten zu stürzen, und wenn man nicht aufpasst, werden jüngere Despoten kommen, und weil sie jünger sind, wird ihre Macht viel gefährlicher sein." Ran Halévi kommentiert diesen Satz wie folgt: „Dupont erweist sich hier als einer der ersten und tiefsten Exegeten des Robespierrismus. Eine solche Rede offenbart, was Revolution in den Augen der Gemäßigten ist. Sie ist unabwendbar" (Kritisches Wörterbuch der Französischen Revolution, Bd. 1, S. 581).

Nach der Flucht des Königs können die *Feuillants* einige Erfolge verbuchen. Es gelingt ihnen, die Person des Königs und die Monarchie zu erhalten. Der Klub der *Feuillants* funktioniert einigermaßen, und sie haben im Parlament die Mehrheit. Die gemäßigte Presse neigt ihnen zu, und die Mehrheit der Départements und der Commune von Paris sind für sie eingestellt. Zusammenfassend kann man sagen, was die *Feuillants* lähmte, war die Illusion, die Verfassung sei ein Bollwerk der Revolution. Die *Feuillants* sind zumindestens die letzten Gemäßigten der Revolution gewesen.

Nach der Flucht von Varennes gerät König Ludwig XVI. wieder stärker in den Fokus. Zunächst versuchen Barnave, Dupont und Lameth die Allianz zwischen Thron und Parlament zu festigen. Die Allianz wird durch das Massaker Lafayettes gegen die Demonstranten, die die Absetzung des Königs fordern, brüchig. In Frage gestellt wird sie aber erst durch den Krieg gegen Österreich und Preußen, den die *Gironde* vom Zaun gebrochen hat. Zum ersten Mal kommt es am 20. Juni 1792 zu einer antiroyalen Demonstration, die Ludwig XVI. noch einmal übersteht, indem er auf die Demonstranten zugeht und die phrygische Mütze auf das Haupt setzt.

Verstärkt wird die Spannung zwischen König und Revolution durch die königliche Vetopolitik. Der Sturm auf die Tuilerien am 10. August 1792 bringt schließlich mehr als nur das Aus für das Königtum, denn an diesem Tag gab es überhaupt keine Autorität mehr, und schon gar keine, die dem Mob Einhalt geboten hätte: Er massakrierte beim Ansturm auf die Tuilerien neben der Schweizergarde, der einzigen Einheit, die dem König verblieben war, auch Mannschaften der französischen Regimenter, deren rote Uniform der schweizerischen ähnlich sah. Zur allgemeinen Verwirrung hatte beigetragen, dass inmitten eines erfolgreichen Ausfalls der Schweizergarden ein Befehl des Königs zum Rückzug erfolgt war, um Blutvergießen unter der Bevölkerung zu vermeiden. Im folgenden Chaos wurden die verbliebenen Gardisten auf brutale Weise niedergemetzelt und ihre Körperteile als Trophäen auf Piken herumgetragen.

Nach zeitgenössischen Berichten entkleideten Frauen auch die Leichname und schnitten ihnen die Genitalien ab, die sie den Kadavern entweder in den Mund steckten oder den Hunden zum Fraß vorwarfen. Dem Kommandanten der Einheit, Oberst von Erlach, wurde der Kopf bei lebendigem Leib abgesägt und im Triumphzug durch die Straßen getragen. Robespierre bezog sich auf diese Schlächterei, als er von der schönsten Revolution sprach, die jemals der Menschheit zur Ehre gereicht habe (vgl. Simon Schama, Citizens: A Chronicle of the French Revolution, 1989, S. 614 ff.).

Man kann nach dem janusgesichtigen König fragen. War er zugleich für und gegen die Verfassung und gegen die Revolution? Hat er vom Krieg die Wiederherstellung der absolutistischen Herrschaft erwartet, was François Furet ernsthaft bezweifelt, oder hat er alles geschehen und treiben lassen?

Ludwig XVI. hat in all den geschilderten Situationen Mut bewiesen; am 20. Juni bei der antimonarchistischen Demonstration, beim Sturm auf die Tuilerien und im Gefängnis des *Temple,* wo er ein aufmerksames und gelassenes Familienoberhaupt blieb. Dafür gibt es weniger eine politische als eine religiöse Erklärung. Ludwig widmete sich in den letzten Monaten seines Lebens der Meditation und den Hoffnungen der Religion. Seine Hinrichtung verstand er als Opfer und ertrug sie mit Heroismus. Er bleibt dem traditionellen, christlich geprägten Königsbild treu.

Die Bewohner von Orléans und Lyon haben den Tod des Königs als Opferhandlung verstanden und Trauerkleidung angelegt. Selbst weite Kreise der konstitutionellen Kirche haben so gedacht, was zu einer Entfremdung zwischen ihnen und der Revolution beitrug. Ein Mythos ist dennoch nicht daraus entstanden. Auch wenn sich die Armee der Vendée als *catholique et royale* definiert. Das Land hatte andere Gründe, die Waffen gegen die Revolution zu ergreifen. Ein doppeltes Signal jedoch geht von dem Leben und dem Tod des Königs aus; einmal der radikale Bruch zwischen der tiefen, alten, christlichen Tradition des sakralen Königtums und der Revolution, die im Chaos versinkt. Was weiter bleibt, ist die existentielle Tiefe des Glaubens des Monarchen, den man jetzt Louis Capet nennt.

Der Königsmord

Symbole spielten während der Französischen Revolution eine bedeutende Rolle. Man wusste um die Macht der Bilder und suchte sie politisch und programmatisch zu nutzen. Ihre Bildsprache war das Medium, um die neuen revolutionären Werte einem breiten Publikum zu vermitteln. Man denke an die phrygische Mütze in der Antike, das Merkmal der freigelassenen Sklaven, das in der Französischen Revolution zum Sinnbild der Befreiung wurde. Weitere Symbole waren der Herkules, der auch aus der Antike stammte. Er symbolisierte die Volkssouveränität, die den König als Souverän abgelöst hatte. Die Kokarde, eine Anstecknadel aus Papier oder Stoff, verbreitete sich nach dem Bastillesturm. Sie enthielt die Farben Blau und Rot und wurde schließlich für die Bevölkerung vorgeschrieben.

Manche dieser Symbole haben sich bis heute erhalten, wie die Trikolore, die Marseillaise und die Personifikation Frankreichs, die *Marianne.* Symbol der gestürzten Tyrannei war die Bastille. Interessant dabei ist, dass sich in der Bastille überhaupt keine Staatsgefangenen befanden und dass der Verfasser der Marseillaise, Rouget de Lisles, ein Gemäßigter war, den die Komposition der Nationalhymne vor der Guillotine bewahrte.

Die meisten dieser Symbole sollten gegen ein anderes, altes Symbol ankämpfen, das noch in den Herzen der Franzosen fest verwurzelt war, das Symbol des Königtums. Drei Ereignisse haben dieses Symbol neu erstrahlen lassen: der *symbolische* Tod des Königs durch seine Flucht nach Varennes am 20. Juni 1791, der *politische* Tod des Königs durch die Erstürmung der Tuilerien am 10. August 1792 und der *liturgische* Tod des Königs auf dem Schafott am 21. Januar 1793.

Ludwig XVI. wurde zum Märtyrerkönig, ein Symbol, das die Menschen tief ergriff. Royalistische Blätter überhöhten das Geschehen literarisch: „Ludwig wird verhaftet, verhöhnt und nach Paris geschleppt, inmitten einer grölenden Menge." Paris wird zu Jerusalem und Ludwig zum „Christkönig". Eine andere Zeitung schrieb: „Bedeutet Christus nicht auch der Gesalbte? Empfing nicht mein König auch die Salbung?"

Zwei Maler, Benezech und Pierre Etienne Lescure, stellten die Hinrichtung des Königs als sakrales Ereignis dar. Benezech malte in seinem zeitgenössischen Gemälde ein Bild royalistischer Devotion. Ludwig XVI. ist bei der Szene auf dem Schafott als einzige Figur in Weiß gekleidet, in der Farbe der Reinheit der Märtyrer. Bernard Plongeron sagt dazu, das Bild entspreche dem Satz von Abbé Edgewart: „Sohn des heiligen Ludwig, steige auf gen Himmel" (Die Geschichte des Christentums, Bd. 10, 2000, S. 356).

Lescure schloss sich im Jahre 2 der Revolution mit dem berühmten Bild „Hinrichtung Ludwig XVI." an. Es zeigt den König, wie durch den Tod verklärt. Das Vorzeigen des Kopfes durch den Henker, als hielte dieser eine Lampe, wird zum Symbol der Gerechtigkeit und des Lichtes. Die Verbindung zwischen der irdischen Welt wird hergestellt durch die Figuren, die versuchen, sich auf die Estrade der Guillotine hochzuschwingen.

Bei der Exekution des Königs ging es nicht um die Hinrichtung eines Monarchen wegen seiner politischen Verfehlungen oder um die Papiere im Eisernen Schrank, die einen Verrat an Österreich nahelegten. Es ging nicht um den physischen Körper von Louis Capet, sondern um den mystischen Körper des Königtums. Robespierre hat es deutlich gesagt: „Ludwig muss sterben, damit Frankreich leben kann!"

Michel Vovelle stellt den Königsmord in Zusammenhang mit der Entweihung der Königsgräber in Saint-Denis und schreibt, man habe zusammen mit dem Königsmord versucht, die Monarchie zu töten. Die Kirche von Saint-Denis war seit dem 10. Jahrhundert die Grablege fast aller französischen Könige und allein deswegen ein nationales Heiligtum, dessen Zerstörung am 31. Juli 1793 beschlossen und in mehreren Anläufen bis Ende Oktober durchgeführt wurde, wobei beispielsweise der fast unversehrte Leichnam Heinrichs IV. einige Tage lang vor der Basilika aufrecht zur Schau gestellt wurde. Manch ein Revolutionär treibt mit den zumeist einbalsamierten Leichen sein mutwilliges Spiel und steckt hier einen Zahn, dort einen Knochen zur Erinnerung ein. Ein gewisser Alexandre Lenoir lässt sich als Händler mit königlichen Relikten nachweisen.

Schließlich werden alle sterblichen Überreste in zwei Massengräber gescharrt und mit Branntkalk zugeschaufelt.

Doch zurück zum vorerst noch lebenden König. Sein Prozess fand vor dem Konvent statt, und die Abgeordneten waren Richter. Nach der Verfassung konnte der König höchstens zur Abdankung gezwungen werden. Wenn er als Bürger verurteilt worden wäre, hätte man ihm die allgemeinen Bürgerrechte zuerkennen müssen. Beides geschah in diesem Falle nicht. Da die juristischen Funktionen Ankläger, Richter und Geschworener von nur einer Gewalt, nämlich dem Nationalkonvent wahrgenommen wurden, verstieß dieses Verfahren gegen jeden Rechtsgrundsatz. Missachtet wurden auch das Prinzip der Unverletzlichkeit des Königs und das Prinzip der Rechtsgleichheit.

Es handelte sich also um einen reinen politischen Prozess. Revolution und Monarchie sind nicht miteinander zu vereinbaren; nur die politische Macht entscheidet, wer im Recht ist. Wer im Wege steht, wird eliminiert. Hier zeigen sich wieder totalitäre Züge der Revolution. Es gibt keine Toleranz, sondern politische Gleichschaltung, notfalls durch Vernichtung.

Für die Hinrichtung des Königs sprach sich der Nationalkonvent lediglich mit einer Stimme Mehrheit aus. Vielen Abgeordneten war bewusst, was es bedeutete, einen Nachkommen Ludwig des Heiligen, einen Repräsentanten eines tausendjährigen Königtums, den allerchristlichsten König, einen König, der nach seiner Weihe Kranken die Hände auflegte, auf das Schafott zu führen.

Zumindest ein Unverdächtiger ahnte es. Der Staatsanwalt von Paris, ein Atheist, der die Entchristlichung vorangetrieben hatte, war stolz, dass er den König im *Temple* gefangengesetzt hatte. In einem Brief schreibt er: „Sire, ich liebe die Könige nicht. Sie taten der Welt so viel Leiden an. Die, die sich die Größten nannten, haben die Nationen ermordet." Dieser Abgeordnete konnte also nur für den Tod des Königs votieren. In seiner Rede hielt er daran fest, dass die Agonie des Königs nicht lange dauern dürfe. Im Augenblick der Stimmabgabe sprach er sich gegen die Hinrichtung des Königs aus.

Dass eine Hinrichtung schnell, sauber und für alle gleich, also am besten maschinell zu erfolgen habe, war auch der Antrieb des Arztes und *Assemblée*-Sekretärs Joseph-Ignace Guillotin gewesen, als er einen diesbezüglichen Antrag gestellt hatte, worauf der Konvent ihn mit der Herstellung einer dafür geeigneten Konstruktion beuftragte. Guillotin und sein delegierter Mitarbeiter Antoine Louis, übrigens der Leibarzt des Königs, griffen für ihre Arbeiten auf historische Vorbilder wie die *Scottish Maiden,* das „Fallbeil von Halifax" zurück, waren aber mit den Resultaten nicht zufrieden. Louis und Guillotin arbeiteten in einem Saal des Tuilerienpalastes und erholten sich vom Brüten über den Konstruktionsplänen ihrer Maschine beim gemeinsamen Musizieren, und einer unbestätigten Anekdote nach war es der technisch begabte König selbst, der im Vorübergehen das Problem erkannte und mit einigen Strichen den richtigen Fallwinkel des Schneidemessers dazuzeichnete. Den Prototyp der erfolgreichen Maschine konstruierte ein weiterer Schöngeist, der deutsche Cembalobauer Tobias Schmidt.

Für viele Menschen war die Hinrichtung des Königs ein Sakrileg, eine Art Vatermord. An seine Stelle trat die wirkliche Personalisierung der Französischen Revolution, die *Marianne,* ein kriegerisches Frauenzimmer, mit einer Lanze bewaffnet, in aggressiver Geste. Die *Marianne* ist immer noch französisches Nationalsymbol, die Lanze hat sie aber weggelegt, sie ist heute züchtig verhüllt und blickt freundlich auf ihr Land.

Kirchliche und religiöse Kreise in Frankreich haben den Königsmord in tiefer Erbitterung und Abscheu erlebt. Die fromme Vendée nannte ihre Armee *Armée catholique et royale. Catholique,* weil sie für den Glauben kämpfte, und *royale,* weil das Sakrament des Königsmythos ihr noch etwas bedeutete. Hinter die Revolution zurück wollte die Vendée auch nicht.

Nicht viel anders dachten der konstitutionelle Episkopat und seine Priester, die in übergroßer Mehrheit, soweit sie Abgeordnete waren und mitstimmen konnten, den Königsmord ablehnten. Seit diesem Zeitpunkt kam es zwischen dieser Kirche und den *Montagnards* zu ernsthaften Dissonanzen. Von nun an ist auch bei ihnen eine hohe Verfolgungsfrequenz zu verzeichnen. Nicht nur papsttreue Priester schmachteten in den Kerkern der Revolution oder starben unter der Guillotine, sondern auch gallikanisch gesinnte Katholiken, Konstitutionelle.

Drittes Kapitel –
Die revolutionäre Romantik und die Realität

Die Gesetzgebende Versammlung

Am 1. Oktober 1791 begann die *Assemblée législative* (die Gesetzgebende Versammlung) mit ihrer Arbeit. Da monarchistische Abgeordnete im Parlament nicht mehr vertreten waren, rückte das Zentrum der Konstituante, die *Feuillants,* in das rechte Spektrum. Die Deputierten auf der linken Seite gehörten zumeist dem Jakobinerklub an, zerfielen aber in zwei Gruppen, in die späteren Girondisten und in die *Montagnards.* Die Mitte nahmen Unabhängige ein; sie sprachen sich gegen die Hofverbindung der Rechten, der *Feuillants* aus, aber auch gegen extremistische Tendenzen der *Montagnards.* Diese lehnten das Zensuswahlrecht ab und forderten das allgemeine Wahlrecht, von dem die Frauen bis weit ins 19. Jahrhundert hinein ausgeschlossen blieben.

Die Girondisten

Der Name *Girondins* wurde über 50 Jahre später von dem Dichter und Geschichtsschreiber Alphonse de Lamartine geprägt, der ihn in seinem 1847 erschienenen Werk *Histoire des Girondins* gebrauchte, da ein Großteil dieser Gruppe aus dem Département Gironde stammte. In der Legislative nannte man sie zumeist Brissotisten nach der führenden Persönlichkeit dieser Partei Jacques-Pierre Brissot. Andere nannten sie auch Rolandisten, nach der Frau des Ministers Jean-Marie Roland de la Platière, Madame de la Platière, deren Salon eine wichtige, wenn auch nicht immer eine glückliche Rolle in der Geschichte der Girondisten spielte. Im Gebrauch waren auch folgende Benennungen: Bordeaux-Gruppe, Anführer der rechten Seite. Robespierre nannte die Girondisten *faction,* was soviel wie Klüngel bedeutet. Die Namensgebung war insofern kompliziert, weil es noch keine Parteien im heutigen Sinn gab.

In der Gesetzgebenden Versammlung vom 1. Oktober 1791 bis 20. September 1792 wurden die Brissotisten wie die Mitglieder der Bergpartei *(Montagnards)* zu den Linken gerechnet. Die Linken verfügten über etwa 140 Abgeordnete gegen 264 der Rechten, den *Feuillants*. Das Gros bildeten die Unabhängigen, die Wohlmeinende *La Plaine* (die Ebene), Skeptiker dagegen *Le Marais* (den Sumpf) nannten. Sie waren gegen die Hofverbindung der *Feuillants* und gegen den Extremismus der *Montagnards*. Die Mehrheit aller Abgeordneten, ob rechts oder links, gehörte dem Jakobinerklub an. Die *Feuillants* trennten sich am 16. Juli 1791 von dem Klub und gründeten den *Feuillants*klub, der wie der Jakobinerklub nach einem ehemaligen Kloster benannt wurde. Am 10. Oktober 1792 wurden auch Brissot und mit ihm seine Parteifreunde aus dem Jakobinerklub ausgeschlossen, und seit dieser Zeit stand der Klub unter den *Montagnards* und war Robespierre hörig.

Schon zur Zeit der Legislative waren die Girondisten stärker mit den Départements verbunden, in denen sie gewählt worden waren, als die *Montagnards*. Sie waren nicht wie diese zentralisiert und ideologisch orientiert. Der Hauptunterschied zwischen beiden Parteien war aber nicht politisch, sondern mental, und die Girondisten ragten durch ihre rhetorische Begabung hervor. Nach Furet und Richet verkörperten sie einen bestimmten Menschentyp, „der vom Heißhunger nach Freiheit, Daseinsfreude, Optimismus und Leben geprägt war. Sie haben der Nachwelt die Färbung unvergänglicher, leichtherziger und verführerischer Jugendfrische vermittelt“ (S. 209). Bei der Geschichtsschreibung des 19. Jahrhunderts fanden sie deshalb viel Sympathie, so bei Lamartine, selbst bei Michelet und sogar bei dem Sozialisten Jaurès. Das 20. Jahrhundert wandte sich wegen seiner Begeisterung für den revolutionären Krieg und den ihm zugrunde liegenden Nationalismus dagegen von ihnen ab.

Bedeutende Redner neben Brissot, der die Debatten der Nationalversammlung beherrschte, waren Vergniaud, Guadet, Gensonné und Isnard. Verniaud galt als der beste Redner nicht nur der Girondisten, sondern der ganzen Nationalversammlung. Furet und Richet charakterisieren die drei übrigen wie folgt: Guadet hatte die Neigung zu polemisieren und gab oft persönlichen Auseinandersetzungen nach. Gensonné war trotz eines Sprachfehlers – er trug den Spitznamen „Erpel der Gironde“ – ein passabler Redner. Er bestach durch seine stichhaltigen Informationen und gewann sogar die Achtung seiner Gegner. Isnard, ein Manufakturbesitzer aus Südfrankreich, ermunterte und erregte die Versammlung durch seine lärmende und bilderreiche Eloquenz (Furet/Richet, S. 211 ff.).

Das Salonleben spielte in dieser Zeit eine bedeutende Rolle und war besonders bei den Girondisten geschätzt. Man traf sich vor allem bei Manon Roland. Darum nannte man die Girondisten auch Rolandisten. Jeanne-Manon hatte in ihrer Jugend viel gelesen, vor allem Rousseau, der sie zum Deismus bekehrte. Die Lektüre von Plutarch und Corneille verstärkten ihren Hang nach Größe und Berühmtheit. Sich durchzusetzen, komme was wolle, wurde zu ihrem Lebensprinzip. Schon als Sechsjährige hatte sie durch demonstratives Stillhalten ihren prügelnden Vater gebremst und aus dem Zuchtmeister einen ergebenen Bewunderer gemacht. Auch ihren Mann, der fast 30 Jahre älter war als sie, hatte sie fest im Griff. Er sei ihr Geschöpf geworden, vollständig domestiziert, subtil bezwungen, widerstandslos ergeben, schreibt ein moderner Biograph. Dabei war Jean-Marie Roland de la Platière schon unter König Ludwig XVI. Vorsteher der Manufakturen und Minister. Jean-Marie Roland liebte seine Frau so sehr, dass er sich das Leben nahm, als er von ihrer Hinrichtung hörte.

Manon Roland dominierte nicht nur ihren Mann, sondern große Teile der Girondisten und den Ministerrat. Sie war keine Meisterin für einen neuen politischen Aufbau Frankreichs, sondern eine Meisterin politischer Intrigen. Maximilien Robespierre, den sie für den gefährlichsten Gegner hielt, suchte sie zu umgarnen. Lächelnd und an den Nägeln kauend, schaute sie ihn an und ließ ihn wissen, dass nur er in der Lage sei, die Sache zum Guten zu wenden: „Kommen Sie schnell, es drängt mich, Sie zu sehen und Ihnen den Ausdruck meiner unveränderlichen Gefühle zu wiederholen“ (Furet/Richet, S. 217 f.). Ihr Verhalten zum „Unbestechlichen“ war kokett und heuchlerisch, wohl aber auch werbend; Danton gegenüber war sie reserviert, ja sogar feindselig. Ein Angebot Dantons, mit den Girondisten zu verhandeln, stieß bei ihr auf taube Ohren. Madame Roland verabscheute den Volkstribun als Lebemann, dem es nur um Frauen und Luxus gehe und der das Sansculottentum predige. Den Hass auf Danton übertrug Madame Roland auf große Teile der girondistischen Partei. Sie brachte die *Gironde* dadurch in Misskredit, und vielleicht hätte ein Bündnis zwischen Danton und der *Gironde* das Land vor dem Radikalismus und dem Terrorregime bewahrt. Gehässig zogen die radikalen Hetzblätter der Zeit, der *Père Duchesne* von Hébert und *L'Ami du Peuple* von Marat über diese Frau her. Hébert nannte den Salon von Manon eine „Lasterhöhle" und sie selbst eine Kurtisane. Marat sagte dem Ehepaar Roland ein konterrevolutionäres Komplott nach.

Nach der Hinrichtung des Königs schied Jean-Marie Roland de la Platière, der ein Anhänger der konstitutionellen Monarchie war, aus dem Ministeramt aus. Sein Sinn stand nicht nach politischen Ränkespielen wie der seiner Frau, sondern er war auf verantwortliche politische Entscheidungen ausgerichtet.

Der Charakter von Manon zeigte sich anlässlich ihrer Hinrichtung. Sie kleidete sich in ein Gewand nach englischer Mode aus weißer Mousseline, das von einem schwarzen Samtgürtel zusammengehalten wurde. Einen Mitverurteilten, der vor ihr den Todeskarren besteigen wollte, ermahnte sie: „Du bist nicht galant, ein Franzose sollte nie vergessen, was er den Frauen schuldig ist." Bis zum letzten Atemzug war sie erfüllt von jenem Selbstwertgefühl, das sie zur ungekrönten Königin von Paris gemacht hat. Die Hinrichtung von Manon Roland und die von Charlotte Corday reizt zu einem Vergleich: Der einen ging es auch in dieser Stunde um die Darstellung ihrer selbst, der anderen um die Hingabe für eine Sache. Auch Charlotte Corday legte Wert auf ihre Todesgarderobe und bezeugte durch sie die Hingabe für eine große Tat.

Die *Gironde* und der Krieg

In den ersten Jahren der Revolution strömten zahlreiche Revolutionspilger nach Paris, die von den revolutionären Ereignissen begeistert waren und deren Ideale auf ihre Länder übertragen wollten. Brissot war den Einflüssen dieser Revolutionspilger zugänglich, die die Klubs der Hauptstadt bevölkerten. Er hielt einen solchen Krieg nicht für schwierig, denn er hoffte, dass die Völker sich erheben und ihre Ketten abschütteln würden. So sah er es als Pflicht der Franzosen an, den unterdrückten Völkern zu Hilfe zu kommen und unter dem Motto „Krieg den Palästen und Friede den Hütten“ einen Kreuzzug für die Freiheit zu beginnen.

Brissot und die Girondisten standen nicht allein mit ihrer Begeisterung für den Krieg. Madame de Staël, die Tochter des berühmten Finanzministers Necker und eine bedeutende Literatin, versammelte in ihrem Salon eine ganze Clique von Kriegsbegeisterten. Sogar einzelne Mitglieder der rechten Partei, der *Feuillants,* sahen den Gedanken an einen begrenzten Krieg nicht als abwegig an. Die Gebrüder Lameth, Mitglieder der Führungscrew der *Feuillants,* und Lafayette hofften, dass ein begrenzter Krieg die Revolution stabilisieren könnte.

In diesem Gedanken waren sich die Anhänger Brissots, die später Girondisten genannt wurden, und die demokratische Rechte einig. Durch das Medium des Krieges hoffte man mit der Wirtschaftskrise, die durch die Assignateninflation bedingt war, fertigzuwerden und die Sansculotten bändigen zu können.

Kommen wir noch einmal auf Brissot zurück. Mona Ozouf (Kritisches Wörterbuch der Französischen Revolution, Bd. 1, S. 585 ff.) und andere Historiker wie Ernst Schulin (S. 126 ff.) sind der Überzeugung, dass man den Vorwurf der Kriegstreibung ihm gegenüber ernst nehmen muss. Durch den Krieg wollte er den Sieg der Revolution sicherstellen. Ein Ziel war es auch, die fernen Feinde, die Gegenrevolutionäre, die sich in Koblenz und Worms sammelten, zu besiegen und die nahen Gegner zu überwinden. Man will die *Feuillants* schlagen und den König in die Enge treiben und nicht nur Koblenz mit seinen Emigranten auslöschen. Brissot will den Konflikt mit den Kurfürsten von Trier und Mainz, die die Emigranten unterstützen, zu einem Befreiungsschlag der Völker gegen die Könige umfunktionieren. Brissot dachte seine siegreiche Armee überall spazierenführen zu können. Er meinte allein durch kluge Redewendungen das Schicksal der Völker entscheiden zu können. Robespierre, der zu Krieg und Frieden ein zwiespältiges Verhältnis hatte, bemerkte zu den Parolen von Brissot zu Recht: „Die Völker lieben keine gestiefelten Missionare".

Nicht alle Girondisten waren kriegslüstern. Es gibt eine ganze Reihe von Girondisten, die sich erst recht spät der Kriegsidee angeschlossen haben, wie Guadet und Gensonné. Es gab Skeptiker, denen eine begrenzte Offensive lieber gewesen wäre, wie der Bischof und Girondist Fauché. Von der Kriegsbegeisterung war auch die gesamte Linke ergriffen. Sie war sogar zu Zugeständnissen gegenüber den *Feuillants,* dem Hof und Lafayette bereit, um ihre Kriegspläne realisieren zu können.

Für den Krieg sprachen sich nicht nur Brissot, die *Gironde* und zahlreiche Politiker aller Parteien aus, sondern auch der König und Lafayette. Eine zeitgenössische Karikatur zeigt den König mit einem Janusgesicht, einen Mann mit zwei Gesichtern, und tatsächlich schwankte er zwischen der Nostalgie nach dem Ancien Régime und der Zustimmung zur Revolution. Die Flucht Ludwigs XVI. nach Varennes am 21. Juni 1791 hatte die Intentionen des Königs offenbart, dass er nach dem alten Königtum zurückstrebte. In dem Krieg mit Österreich und Preußen witterte er seine Chance, und dafür hatte er schon realistische Gründe.

Zwar war die Qualität der Bewaffnung hervorragend, die Kanonen und die Gewehre von 1777 wurden von ganz Europa bewundert. In einem Jahr wurden aber nur 150 Kanonen und 25.000 Gewehre produziert. Schwerer aber wogen folgende Fakten: Es fehlten Offiziere, von 9.000 waren 6.000 emigriert. Die Moral und Disziplin der Truppe war äußerst schlecht, und es gab zahlreiche Meutereien. Die Truppenstärke betrug lediglich 120.000 Mann und konnte zunächst nur geringfügig ergänzt werden.

Der König rechnete also mit einer Niederlage seiner Armee und hoffte, nach der Niederlage in seine alten Rechte eingesetzt zu werden. Er schrieb an Minister Breteuil: „Statt eines Bürgerkrieges haben wir dann einen politischen Krieg, und das wird die Dinge zum Guten wenden. Frankreich ist einem Krieg nicht gewachsen" (Furet/Richet, S. 186 ff.). Gestützt wurde der

König von der Deklaration von Pillnitz vom 15. August 1791, wo der Kaiser, der König von Preußen und der Kurfürst von Sachsen erklärten, dass die Lage, in der sich der König von Frankreich befände, Gegenstand des gemeinsamen Interesses aller Souveräne Europas sei. Der Ruf zu den Waffen wurde von dem Einverständnis aller europäischen Staaten abhängig gemacht. Aber Letzteres war mehr als unwahrscheinlich.

Ähnlich wie der König dachte Lafayette. Er sah nach der Niederlage die Rolle eines Lordprotektors wie Oliver Cromwell im England des 17. Jahrhunderts durchaus auf sich zukommen, der Frankreich Disziplin und Ordnung bringen würde, und war bereits anlässlich der Heimholung des Königs im Oktober 1789 als „Cromwell“ apostrophiert worden, worauf er angesichts der Handvoll Truppen, über die er verfügte, geantwortet hatte; „Monsieur, Cromwell wäre nicht allein gekommen.“

Der Krieg, der am 20. April 1792 begann, schien die Voraussagen des Königs zu bestätigen. Schon zu Beginn des Feldzuges liefen ganze Abteilungen der Franzosen zu den Österreichern und Preußen über. Am 23. August 1792 kapitulierte Longwy, am 2. September 1792 Verdun. Der Weg nach Paris schien frei. Lafayette war schon früher zum Feind übergelaufen. „Nie zuvor hat es einen so sehr politischen und so wenig militärischen Krieg gegeben“, kommentieren Richet und Furet diesen Zeitraum des Krieges (S. 189). Immer mehr Offiziere laufen zum Feind über, und Lafayette droht sogar, gegen Paris zu marschieren. All das bringt das Volk in Bewegung, und die Schuld für diese Misserfolge wird dem König, und nicht Lafayette zugeschrieben.

Die *Gironde* versucht darauf, den Monarchen durch zwei Gesetze unter Druck zu setzen: erstens durch das Gesetz über die Deportation der eidverweigernden Priester vom 27. Mai, zweitens durch ein Gesetz vom 8. Juni, das die Errichtung eines Lagers von Konföderierten vor Paris anordnet. Der König legt gegen jede dieser Forderungen sein Veto ein und ersetzt das Girondekabinett durch Minister der *Feuillants.* Gegen diese Obstruktionspolitik kommt es sehr bald, am 20. Juni, zu einer Massendemonstration der Pariser Sektionen. Man treibt den König in die Enge und setzt ihm die Jakobinermütze auf.

Schließlich trinkt er auf das Wohl des Volkes, aber seine Vetopolitik gibt er dennoch nicht auf.

Die Lage verschärft sich durch neue Ereignisse. Am 30. Juli marschiert ein Bataillon der Föderierten aus Marseille in Paris ein. Ihm geht der Ruf voraus, dass es sich um die radikalsten Revolutionäre handele. Sie singen bei ihrem Einzug die *Marseillaise,* die spätere französische Nationalhymne, und das steigert noch die revolutionäre Stimmung, die in der Hauptstadt herrscht. Am 1. August erfährt die Hauptstadt von dem drohenden Manifest des Oberbefehlshabers der alliierten Truppen, des Herzogs von Braunschweig und Lüneburg vom 25. Juli, das die bedingungslose Unterwerfung von Paris fordert und alle mit dem Tod bedroht, die der königlichen Familie Leid zufügen. In diesem Fall solle die Hauptstadt dem Erdboden gleichgemacht werden.

Die Girondisten nähern sich wieder dem Hof, aber die Bombe ist nicht durch einen Kabinettswechsel zu entschärfen. Die Folgen dieser beiden Ereignisse sind der Tuileriensturm vom 10. August und die Septembermorde vom 2. bis 5. September Über beide Ereignisse wird in einem anderen Zusammenhang berichtet. Die *Gironde* war an beiden Geschehnissen nicht beteiligt, die das Werk der Sansculotten waren, die mit der Bergpartei den Schulterschluss probten.

Just einen Monat später entscheidet sich das Schicksal der Französischen Revolution auf eine Weise, die niemand erwartet hatte. Am 7. September zeigt sich der Herzog von Braunschweig vor den Ardennen, den Thermopylen Frankreichs. Am 14. September vereinigen sich die Truppen des Obergenerals Dumouriez mit der Armee von General Kellermann bei Saint-Menehould. Der preußische König lässt sich von der Ungeduld der Emigranten anstecken und befiehlt die Schlacht. Als die preußische Infanterie nach einer Kanonade die französischen Stellungen stürmt, ertönt der Ruf Kellermanns „Vive la Nation“, und die Franzosen stimmen aus voller Kehle das Kampflied „Ça ira“ mit dem Refrain „Les aristocrates à la lanterne, les aristocrates on les pendra“ an. Die preußische Infanterie ist überrascht, und der Herzog von Braunschweig gibt den Befehl zum Rückzug. Nach Richet und Furet „hat sich das Gesetz des Krieges mit dem Appell an die Nation in Waffen geändert“ (S. 228). Genau das Gleiche sagt auch der berühmte Satz Goethes: „Von hier und heute beginnt eine neue Epoche der Weltgeschichte, und ihr könnt sagen, ihr seid dabei gewesen!“

Nach dem Sieg bei Valmy besetzten die Franzosen das linke Rheinufer und stießen bis Frankfurt vor. Entscheidender als die „Kanonade von Valmy“ ist in der Militärgeschichte der Sieg bei Jemappes in den spanischen Niederlanden, dem heutigen Belgien, am 6. November 1792. Es waren die Begeisterung und das Übergewicht der großen Menge, die zumeist aus Freiwilligen bestand, die Frankreich den Erfolg brachten.

Die militärischen Erfolge während eines Vierteljahres brachten auch den Girondisten eine Erfolgssträhne. Es stellt sich aber die Frage, ob sie diese Erfolge ausnutzen konnten. Der Prozess gegen den König ließ nur wenig Zeit und Gelegenheit zur Lösung anderer Probleme.

Positiv sind folgende Dinge zu bemerken: Im Gegensatz zu anderen Parteien sprachen sich die Girondisten dafür aus, die eroberten Gebiete zu Schwesterrepubliken zu erklären und nicht nur für Frankreich zu annektieren, wofür die anderen Parteien optierten. Brissot und die Seinen setzten sich für die Abschaffung der Privilegien und die Schaffung eines neuen Rechtssystems ein, das im Lauf der nächsten Jahrzehnte Rechtsgleichheit schuf. Die Siege der Revolutionsarmee stellten Frankreich vor ein Riesenproblem, und das hieß: Kann man jetzt Frieden schließen? Brissot, die Girondisten und Danton waren die einzigen, die in diese Richtung dachten. Brissot und die Girondisten sprachen sich auch vehement gegen den Krieg gegen England und Holland aus, der als Folge auf die Hinrichtung von Ludwig XVI. drohte. England war es auch, das die Koalition gegen Frankreich bis zur Zeit Napoléons und darüber hinaus zusammenhielt.

Die revolutionsbegeisterten Freiwilligen und die Generäle Dumouriez und Kellermann waren es, denen Frankreich seine kriegerischen Erfolge verdankte. Dumouriez war es auch, der dem Land eine Serie von Niederlagen brachte und in die größte Krise der Revolution hineinführte.

Im Frühjahr 1793 hatte sich die Situation für Frankreich geändert, und der Serie der Siege folgte eine Reihe von Niederlagen. Infolge des Königsmordes und der Bedrohung durch die revolutionäre Armee schlossen sich England und Holland der Koalition an, und fast alle europäischen Staaten außer Skandinavien und der Schweiz folgten ihnen. Eine Ausnahme bildete das Herzogtum Toskana, das immerhin von einem Habsburger regiert wurde. Die Hauptmächte des antirevolutionären Bündnisses Österreich und Preußen konnten nach der Lösung der polnischen Frage ihre Truppen voll gegen Frankreich mobilisieren.

Der zweite Grund für das Scheitern der französischen Armee hatte einen Namen: Dumouriez, den Sieger von Valmy und Jemappes. Der General war berauscht von dem Gedanken, Holland zu erobern. Er machte bei diesem Unternehmen eine Reihe strategischer Fehler, und seine Soldaten waren schlecht verpflegt und schlecht gekleidet. Die Armee setzte sich aus Linientruppen der alten königlichen Armee und Freiwilligenverbänden zusammen, wo die Freiwilligen durch höheren Sold und freie Wahl der Offiziere begünstigt waren. Dumouriez war von einer ganzen Reihe von Heereslieferanten umgeben, die bei diesem Feldzug ihr Geschäft machten. Schließlich nahm auch die Fahnenflucht überhand. Schließlich erlitt Dumouriez am 16. März 1793 bei Neerwinden eine vernichtende Niederlage. Er ging Geheimverhandlungen mit dem Prinzen von Coburg ein und verpflichtete sich, die spanischen Niederlande zu räumen. Darauf versuchte er die Soldaten zu einem Marsch nach Paris zu animieren, um die Revolutionsregierung zu stürzen. Der Sohn des Herzogs von Orléans, der Prinz von Chartres, sollte König werden. Als die Soldaten sich weigern, läuft er zusammen mit dem Prinzen von Chartres zu den Österreichern über. Sowohl für die *Gironde* als auch für Danton war das keine angenehme Situation, da beide Dumouriez nahestanden.

Noch kritischer war die Situation am Rhein. Schon im Dezember hatten die Preußen Frankfurt zurückerobert und waren begeistert von den Einwohnern begrüßt worden. Der General Philippe Adam Graf von Custine hatte das Gros seiner Truppen in Mainz zusammengezogen. Er kann die Umfassung der Festung Mainz nicht verhindern, hält Mainz besetzt und zieht sich mit dem Rest der Truppen nach Landau zurück.

Die miserable Lage an beiden Fronten veranlasst die Regierung in Paris zur Aushebung von 300.000 Mann, was in vielen Départements zu Unruhen führt und den Vendéekrieg auslöst, wobei zu sagen ist, dass die Truppenaushebung der Anlass und nicht der Grund für den Vendéeaufstand war. Ein weiteres Ereignis in diesem Kriegsverlauf hat mit den Ereignissen in der Vendée zu tun. Die Preußen gestatten den Franzosen in der Festung Mainz – es handelt sich ausschließlich um Elitetruppen – freien Abzug, unter klingendem Spiel mit all ihren Waffen. Und genau diese Elitetruppen unter Jean-Baptiste Kléber werden an der Vendéefront eingesetzt und tragen hier zur Wende des Krieges bei.

Custine schließlich wird Oberbefehlshaber der Nordarmee. Er fällt unter den Beschluss der Regierung, alle adligen Offiziere aus der Armee zu entlassen. Philippe Adam Custines Pläne werden fortlaufend gestutzt. Er tut darauf gar nichts mehr. Er wird deshalb im Mai nach Paris gerufen und wie zahlreiche andere Generäle, die militärisches Pech gehabt hatten, im Juni hingerichtet. Die Schreckenszeit hat begonnen, die Girondisten sind aus dem Parlament vertrieben, und die Guillotine ist zum Regierungsinstrument mutiert. Frankreich ist zu einer belagerten Festung geworden.

Die Hannoveraner und Holländer stehen vor dem Festungsgürtel von Condé und Valenciennes, wo die Festungen nach und nach kapitulieren. Die Österreicher stehen im Elsass und in der Pfalz kurz vor der französischen Grenze. In Savoyen dringen die italienischen Truppen durch die Alpentäler nach Frankreich vor. Marseille und Toulon liefern sich den Engländern aus. Auf Korsika tobt der Aufstand unter Paoli, der von England unterstützt wird. Die Spanier schließlich dringen durch das Tech-Tal nach Frankreich vor.

Schon weit bevor es zu dieser katastrophalen Entwicklung kam, haben die Girondisten und Danton über den Frieden nachgedacht. Madame Roland aber hatte durch ihre Gehässigkeit Kontakte zwischen beiden unmöglich gemacht. Die *Gironde* ihrerseits war oft innerlich zu zersplittert, um konkrete Beschlüsse durchführen zu können. Jetzt aber war es dafür zu spät.

Die *Gironde* und der Prozess gegen den König

Seit dem 10. August stellte sich die Frage, was mit dem König geschehen soll. Ludwig XVI. war mit den Seinen in der finsteren Burg der Templer eingekerkert und wurde in immer stärkerem Maß von seiner Frau Marie Antoinette, seiner Schwester Elisabeth und seinen Kindern getrennt. Die *Commune* war für die Bewachung zuständig und verschonte den Gefangenen nicht vor ausgesuchten Gehässigkeiten.

Die Entdeckung des Eisernen Wandschranks, der Dokumente über die Beziehungen zu Österreich und den Emigranten enthielt, regte an, gegen den König vorzugehen. Saint-Just und Robespierre waren der Überzeugung, dass allein die Tatsache, dass Ludwig XVI. König sei, ausreichte, ihn als Feind zu behandeln. Die Mehrheit des Konvents sprach sich dagegen für einen Prozess aus und dafür, dass die Nationalversammlung den König richten solle. Zu seinen Verteidigern bestimmte Ludwig XVI. François Denis Tranchet und Chrétien-Guillaume de Malesherbes. Das Plädoyer hielt de Sèze, ein junger, fähiger Anwalt aus Bordeaux. Die Verteidigung zeigte auf, dass der König laut der Verfassung von 1791 immun sei. Man könne ihn höchstens als Privatmann vor Gericht stellen, und dann könne er alle Rechtsgarantien in Anspruch nehmen, die ihm das Gesetz zugesteht: ein doppeltes Kollegium, je eines für die Anklage und für die richterliche Entscheidung, die Anhörung von Zeugen und Gutachten. Als man aber darauf nicht einging, rief de Sèze: „Ich suche Richter in dieser Versammlung, finde aber nur Ankläger“ (Furet/Richet, S. 233). Die Verteidigung zeigte das positive Verhältnis des Königs zu den Entscheidungen in der ersten Revolutionsphase auf und leugnete sein ihm vorgeworfenes positives Verhältnis zu gegenrevolutionären Kräften. Alle drei Verteidiger wurden zur Zeit der Terrorherrschaft allein aus dem Grund, weil sie den König verteidigt hatten, verfolgt. Tranchet und Malesherbes starben unter der Guillotine, de Sèze konnte sich verbergen.

Die Mehrheit der *Gironde* tat alles, um den Kopf des Königs zu retten. Diese Aussage gilt von der Mehrheit der Parteimitglieder, nicht aber von der Parteispitze, die sich an verbalen

Bekundungen für Ludwig XVI. gefiel, in der Schlussabstimmung jedoch für den Tod des Königs stimmte. Die *Gironde* forderte zunächst eine Volksabstimmung über das Schicksal des Königs. Vergniaud, ihr Sprecher, erklärte: Das Volk selbst hat in der Verfassung dem König die Immunität erklärt, das Volk selbst kann ihm die Unverletzlichkeit wieder nehmen. Der Berg und der Marais (Mittelfraktion) lehnten eine Volksabstimmung ab, weil eine solche gegen das Repräsentativsystem verstoße und man bei einer Ablehnung der Verurteilung den Ausbruch eines Bürgerkrieges befürchten müsse. Übersehen wurde dabei, dass es sich bei dieser Frage um eine Grundsatzentscheidung handelte, die durchaus eine Volksentscheidung gerechtfertigt hätte.

Derjenige, der das Parlament, besonders die Plaine hinter sich brachte, war Bertrand Barère de Vieuxsac aus Tarbes in den Pyrenäen. Er fühlte sich zunächst der *Gironde* verbunden, kämpfte für die Verteidigung des Privateigentums und gegen eine Ausbreitung der Linken. Aus dem gemäßigten Politiker wurde aber einer der wüstesten Terroristen der Französischen Revolution. Im Sommer 1793 prägte er das Bild von der von allen Seiten belagerten Stadt. Im Konvent stellt er den Antrag auf die systematische Zerstörung der Vendée. Er fordert als Adliger die Entfernung der Adligen aus der Armee. Desweiteren verlangte er, Marie Antoinette vor das Revolutionsgericht zu stellen. Als erster trat er für die Zerstörung von Saint-Denis, dem Mausoleum der Bourbonen, ein. Noch unter der Zeit des Thermidor blieb er seinen terroristischen Prinzipien treu und wurde zusammen mit zwei anderen üblen Konsorten, Jean-Nicolas Billaud-Varenne und Jean-Marie Collot d'Herbois zur Deportation nach Guayana verurteilt. Auf dem Weg drohte das Volk ihn zu lynchen. Bereits einige Monate zuvor hatte Méhée de la Touche eine Schmähschrift veröffentlicht: *Robespierres Schwanz.* Dort stand: „Was nützt es, den Kopf von Robespierre abzuschlagen, wenn der Schwanz noch weiter wedelt?" (Furet/Richet, S. 340).

Am 14. Januar 1793 begann die entscheidende Sitzung. Die Versammlung hatte auf drei Fragen zu antworten: Schuld, Appell an das Volk, Strafmaß:

Schuld: fast alle Abgeordneten sprachen sich dafür aus;
Appell an das Volk: 423 Nein- und 286 Jastimmen;
Strafmaß: von 721 Stimmen sprachen sich 366 für die Todesstrafe aus. Das ist eine Mehrheit von gerade einmal fünf Stimmen.

Dabei ist zu beachten, dass eine Reihe von Deputierten behindert wurde, an der Sitzung teilzunehmen. Eine weitere Abstimmung fand über die Frage des Strafaufschubes statt. Sie wurde mit 383 gegen 310 Stimmen abgelehnt. Hoffnung auf eine Kompromisslösung fand man bei den meisten Girondisten, aber auch bei Danton. Man meinte, ein Gnadenerweis würde auf das übrige Europa beruhigend wirken. Die *Gironde* hatte nach den kriegerischen Erfolgen auch im Innern eine gewisse Entspannung gespürt. Von dieser Hoffnung getragen, meinte sie, das Leben des Königs retten zu können. Was die Abstimmungen betrifft, so ist auch hier mit gewissen Unwägbarkeiten zu rechnen. Die Käufer von Nationalgütern und andere Abgeordnete, die aus persönlichen und wirtschaftlichen Interessen mit der Revolution verbunden waren, waren wohl kaum am Fortbestand der Monarchie interessiert.

Der König ging mit großer Würde und tiefgläubig in den Tod. Schon am Tag vor der Hinrichtung ermordete ein ehemaliger Leibgardist den Grafen Louis-Michel Lepeletier de Saint-Fargeau, der als Adliger für den Königsmord gestimmt hatte und einige Monate als „Revolutionsheiliger" verehrt wurde. Die Bewohner von Lyon und Orléans trugen auf die Nachricht von der Ermordung des Königs Trauerkleidung, und an einigen Orten kam es zu Demonstrationen. Jubel gab es in einigen Sektionen von Paris. Dabei drückte die Ruhe im Land nicht Gleichgültigkeit aus, sondern Bestürzung. Mit dem Gesalbten Gottes, der mit Heilkräften begabt war, war eine über tausendjährige Geschichte zugrunde gegangen.

Spürbarer als in Frankreich selbst war die Situation in Europa. Nach der Hinrichtung des Königs erklären England und Holland Frankreich den Krieg, und Friedrich Schiller, der Ehrenbürger von Frankreich war, sagte: „Ich kann keine französische Zeitung mehr lesen." Seit diesem Zeitpunkt hatte sich das Verhältnis des Kontinents zur Revolution geändert.

Von Anfang März bis Ende Mai hielt sich in Paris die Spannung. Die Situation war zum einen von den Misserfolgen an der Nord- und Rheinfront, zum anderen von der wirtschaftlichen Lage und von dem überstarken, neuen Selbstbewusstsein der Sansculotten nach dem Sturm auf die Tuilerien bestimmt. Die *Journées* wurden von Tag zu Tag aktiver, und der Druck der Massen war unverkennbar.

In dieser Situation rückte die Bergpartei immer mehr nach links und übernahm einen Teil der Sansculottenforderungen. Der gleiche Wind, der die Bergpartei näher an die Sansculotten führte, trieb die Plaine der Bergpartei in die Arme. Die politischen und wirtschaftlichen Probleme suchte man durch neue Gesetze zu kanalisieren.

Die Kanalisierung der politischen Probleme

Am 11. März 1793 wurde der Revolutionsgerichtshof zur Verurteilung der „Verdächtigen" eingesetzt. Danton rechtfertigte die Institution mit dem Satz: „Seien wir schrecklich, damit das Volk nicht schrecklich sein muss" (W. Markov/A. Soboul, Die Große Revolution der Franzosen, 1989, S. 241).

Überwachungsausschüsse sollen ab dem 21. März 1793 die Ausländer und Verdächtigen überwachen. Sie werden zu Zulieferern für den Revolutionsgerichtshof.

Die Emigranten werden bei Androhung der Todesstrafe des Landes verwiesen. Ihr Eigentum wird am 28. März eingezogen.

Das Parlament entsendet *Représentants en mission* an die Armeen und in die Départements. Sie werden im Laufe der Zeit zu Vorläufern der Politkommissare der Sowjetunion und sind mit allen Vollmachten ausgestattet. Alle diese Bestimmungen lassen den zukünftigen terroristischen Kurs der Revolutionsregierung ahnen.

Unter dem Einfluss der Sansculotten übernahm die Bergpartei begrenzt die Einschränkung des Eigentumsrechtes. Dazu gehörten ein Zwangskurs für die Assignaten – sie verloren fortnehmend an Wert, und die Bauern wollten das „Affengeld" nicht annehmen – sowie das „kleine Maximum": Festpreise für

Mehl und Brot, womit die freie Wirtschaft teilweise durch eine reglementierte Zwangswirtschaft ersetzt wurde, sowie eine Zwangsanleihe von einer Milliarde Livres. Das Geld wird von den Reichen erhoben.

Letztere Maßnahme konnte aber nur begrenzt durchgeführt werden. In dieser Situation befanden sich die Girondisten in einer unerquicklichen Situation. Sie genossen zwar die Sympathie der Nationalversammlung, wurden aber von den Konventsmitgliedern im Stich gelassen, wenn es um Entscheidungen ging. Von der äußeren Linken, von Robespierre und Marat wurden sie heftig angegriffen, und ihre parlamentarische Existenz wurde in Frage gestellt. Auch Danton, den Madame Roland den Girondisten entfremdete, stellte sich gegen die Partei. So sagte er: „Es gibt fortan keinen Waffenstillstand mehr zwischen dem Berg, zwischen den Patrioten, die den Tod des Tyrannen (gemeint ist der König) gewollt haben, und den Feiglingen, die, nur um ihn zu retten, uns in ganz Frankreich verleumdet haben."

Am 3. April verlangte Robespierre, alle Komplizen des Verräters Dumouriez, vor allem Brissot (den Chef der *Gironde)*, unter Anklage zu stellen. Am 5. April verlangte Marat die Amputation der *Gironde* aus dem Parlament. Alle Deputierten, die Ludwig XVI. durch den Antrag auf Volksbefragung zu retten versucht hatten, sollten aus der Nationalversammlung entfernt werden. Alle diese drei Anträge waren gegen die Meinungsfreiheit in einem demokratisch gewählten Parlament gerichtet und zeigen, wie die Linke den Weg zur Diktatur und zum Totalitarismus beschritt. Aber die *Gironde* wehrte sich schon ihrer Haut. Am 13. April beschloss die Nationalversammlung auf den von Guadet vorgetragenen Antrag der *Gironde,* Marat vor Gericht zu stellen. Das Revolutionsgericht aber sprach Marat frei.

Pétion veröffentlichte einen Brief an die Pariser, in dem es heißt: „Euer Eigentum ist bedroht, und Ihr schließt die Augen vor der Gefahr. Man schürt den Krieg zwischen den Besitzenden und den Nichtbesitzenden, und Ihr tut nichts, um ihn zu verhindern. Ihr wagt es nicht einmal, in einer Sektion aufzutreten" (Furet/Richet, S. 259). Die Gemäßigten bemühten sich in ihren Sektionen, die Mehrheit zu erringen, und in einigen Fällen ist es ihnen sogar gelungen.

Am 18. Mai verlangte Guadet, die Pariser Stadtverwaltung aufzulösen, da es ihr nur um Geld und Macht gehe. Hier stellt sich die Frage, warum die *Gironde* mit ihrem Engagement keinen Erfolg hatte. Sie stellte Anträge, es fehlte ihr aber an innerer Geschlossenheit. Wie kontraproduktiv mancher Redebeitrag war, davon gibt Isnard ein beredtes Beispiel: „Sollte je die Nationalversammlung sich so weit herablassen [und] die Nation in Mitleidenschaft gezogen werden, so erkläre ich im Namen von ganz Frankreich, dass Paris vom Erdboden getilgt werden würde, bald würde man sich beim Anblick der Seineufer fragen, ob es dieses Paris wirklich einmal gegeben hat" (Furet/ Richet, S. 260).

Die Sansculottenjournées

Vom 31. Mai bis zum 2. Juni fanden die Sansculottenjournées statt, die zur Amputation der Girondisten aus dem Konvent und zur Verhaftung der Parteispitze führten. Furet und Richet zitieren zur Charakterisierung der Akteure Michelet heran, der diese Volksführer „namenlose und charakterlose Phantome ohne Vorleben und ohne Nachruhm" nannte (ebd.). Die Berechtigung dieser Aussagen zeigt sich am Leben von François Hanriot, der den Aufstand anführte.

Hanriots Eltern waren Domestiken in einem Vorort von Paris. Seine Ausbildung bekam er in einer Pfarrschule. Er arbeitete zunächst bei einem Staatsanwalt, verlor aber seine Stelle, als er in die Kasse griff. Zeitweise betätigte er sich bei einem Steuerbeamten, musste aber auch diesen Posten aufgeben, als die Pariser Bevölkerung die Zollstellen abbrannte; auch bei der Zerstörung der Zollstellen war er aktiv beteiligt und wurde deswegen inhaftiert. Marat befreite ihn schließlich aus der Haft. Darauf soll er als Kaufmann, Hausierer oder Soldat gearbeitet haben. Die meiste Zeit aber war er arbeitslos. Schließlich betätigte er sich als Redner bei einer lokalen Sektion der Sansculotten. Er setzte sich zugunsten der Einführung der

Steuern von den Adeligen und Reichen ein. Dabei besuchte er die potentiellen Steuerzahler mit einer Rechnung in der einen und einer Pistole in der anderen Hand. Am 10. August 1792 nahm er an der Erstürmung des Königspalastes, den Tuilerien, und einen Monat später an den Septembermorden teil. Einige Quellen werfen ihm vor, dass er sich an der Schändung der Leiche der Prinzessin de Lamballe beteiligt habe. Schließlich leitete er die *Journées* vom 31. Mai und vom 2. Juni. Er umstellte den Konvent mit 80.000 Männern und brachte 150 Kanonen zum Einsatz. Als die Abgeordneten die Versammlung verlassen wollten, ohne die Girondisten ausgestoßen zu haben, gab Hanriot den berühmten Befehl: „Kanoniere, an die Geschütze!" Marat nannte ihn deshalb „Retter des Vaterlandes", wobei die Bezeichnung „Zerstörer der Demokratie" besser gepasst hätte. Hanriot schloss sich den Cordeliers an und war eng mit den Hébertisten verbunden. Als er deshalb von der Verhaftung bedroht war, wurde er von Robespierre geschützt. Seitdem blieb er dem „Unbestechlichen" in sklavischer Treue verbunden. Zur Zeit der Thermidors tat er alles, um seinen Meister zu befreien. Er erlitt dabei eine schwere Kopfverletzung und wurde mit den übrigen Robespierristen guillotiniert.

Die Journée vom 2. Juni 1793 läutete keinen klaren Regierungswechsel ein, sondern brachte einen schweren Schlag für das parlamentarische System. Furet und Richet kommentieren die Ereignisse mit Berufung auf den Historiker Michelet wie folgt: „Der am 2. Juni wirksame Mechanismus enthält Fructidor und Brumaire, also sowohl den antiparlamentarischen Staatsstreich des Direktoriums von 1797 als auch den von Bonaparte von 1799. So gesehen ist dieser Tag nicht nur eine Niederlage der Gironde, sondern eine Niederlage der Revolution und der Demokratie" (S. 265).

Die Führungscrew der Girondisten und die Minister wurden darauf unter Hausarrest gestellt. Einem Teil aber gelang die Flucht, und diese Abgeordneten beteiligten sich an dem Aufstand der Gemäßigten oder führten ihn sogar an. Nach Furet und Richet kann man das Aufstandsgebiet in vier Zonen einteilen: Die erste Zone liegt im Département Eure und umfasst die nördliche und mittlere Normandie und Bretagne.

Die zweite Zone umfasst das Département Calvados mit der Hauptstadt Caen, also die nördliche und westliche Normandie und Bretagne. Die dritte Zone liegt im Südwesten und umfasst Bordeaux und Teile der Gironde. Die vierte Zone: Fast die gesamte Provence ist von dem Aufstand erfasst und ist hier am intensivsten. Er umfasst die Städte Avignon, Lyon, Marseille, Nîmes und Toulon. 60 der 83 Départements haben gegen den übertriebenen Zentralismus der mit diktatorischer Vollmacht ausgestatteten Pariser Regierung mobilgemacht. Ihre Gegner haben dieser Bewegung zu Unrecht die Bezeichnung „Föderalistischer Aufstand“ gegeben, und dieser Name wird bis heute in den Geschichtsbüchern beibehalten. Es ging aber diesen Leuten nicht darum, Frankreich in Einzelrepubliken aufzulösen, sondern sich der Umstrukturierung der Regierung zu widersetzen. Im Westen war dieser Aufstand im Juli größtenteils abgeklungen, im Süden aber ging er bis weit in den Herbst hinein weiter.

Die letzte Nacht und die Hinrichtung der Girondisten

Am Abend vor ihrer Hinrichtung versammelten sich die 21 inhaftierten Girondisten, um vom Leben Abschied zu nehmen. Das Mahl wurde im Kerker aufgetragen, ausgesuchte Speisen, edle Weine, teure Blumen. Die ganze Nacht ertönten Gesänge, und die Männer redeten vom Vaterland. Hin und wieder wurde eine solche Rede von einem Witz Ducos’ unterbrochen. Jean Ducos war einer der wenigen Nichtjuristen bei der *Gironde.* Auch bei den Gegnern war er wegen seiner Offenheit und seines Humors beliebt, und sogar Marat wollte ihn aus der Proskriptionsliste streichen lassen.

Als Ducos fragte: „Was werden wir morgen machen um diese Zeit?“, nahmen die Gespräche eine ernste Wendung. Es ging um die Unsterblichkeit der Seele und um die göttliche Vorsehung. Ein Teil der Girondisten sprach im Sinn von Plato und Sokrates, dass die Seele ewig lebe. Ein größerer Teil bekannte sich zu einem deistischen Gottesbild, zu einer Art Uhrmachergott. Nur ganz wenige standen zu ihrem christlichen Glauben. Fauchet, der frühere Hofprediger des Königs und spätere Bischof von Rennes, hatte bei Abbé Émery, einem großen geistlichen Gestalter der Revolutionszeit, der ebenfalls in der Conciergerie inhaftiert war, gebeichtet und die Lossprechung erhalten und hörte darauf für Jillery die Beichte.

Abbé Émery war 18 Monate inhaftiert. Fouquier-Tinville, der Chefankläger, sagte von ihm: „Diesem Priester verdanken wir, dass die Gefangenen nicht schreien und toben. Wir geben ihm noch einige Zeit" (J.B. Weiß, Weltgeschichte, Bd. 17, S. 408). Émery kam frei, wurde Generalsuperior von Saint-Sulpice und Generalvikar des Erzbischofs von Paris. Man erzählt von ihm, dass er sogar Napoléon, vor dem die Könige zitterten, die Wahrheit sagte.

Die Regierung hatte noch einen weiteren Priester bestellt, Ferdinand Amabilis Lambert, der in der Nähe der Conciergerie wohnte. Von ihm hatte der Historiker Lamartine seine Informationen über den letzten Abend der Girondisten. Beichten wollte jedoch keiner mehr. Dafür waren die meisten Gefangenen zu sehr von der deistischen Doktrin geprägt. Gott ist für Anhänger dieser Lehre „das große Vielleicht", oder wie Goethes Faust sagt: „Wer darf ihn nennen – wer bekennen?"

Am Morgen des 31. Oktober fuhren die Karren zum Schafott. Es war ein regnerischer und eiskalter Tag. Auf den Brücken, den Quais, den Straßen, den Plätzen, in den Fenstern sah man Kopf an Kopf. Schon lange hatte man nicht einen solchen Andrang gesehen. Alle Todeskandidaten schienen heiter. Nur bei Brissot und Fauchet bemerkte man ernsthafte und nachdenkliche Mienen. Die beiden ersten, die aus dem Wagen stiegen, küssten einander. Ihr Beispiel ahmten die anderen nach. Alle stiegen mit Würde und Leichtigkeit auf das Schafott – „Es lebe die Republik!" riefen die Girondisten. „Es lebe die Republik!" riefen die Zuschauer. Ducos scherzte, als er auf das Brett gebunden wurde: „Jetzt ist es an der Zeit, dass der Konvent die Unverletzlichkeit unserer Hälse dekretiert" (Weiß, a.a.O., S. 410). Alle schienen im Enthusiasmus der Freiheit in den Tod zu gehen.

So endete die *Gironde.* Sie hatte einmal über gewaltigen Einfluss verfügt. Ihre Generäle befehligten die Heere. Ihr Minister Roland lenkte die Verwaltung, im Parlament stellten sie die

Mehrheit, und in den meisten Départements hatten sie das Sagen.

Was war der Grund ihres Scheiterns? Zum einen fehlten der *Gironde* die innere Geschlossenheit und die Parteidisziplin. Geschlossener als die Führungsgruppe war die Gesamtpartei. Während die Führungscrew bei der Schlussabstimmung für den Tod des Königs stimmte, sprachen sich fast alle anderen dagegen aus. Charakteristisch für die Girondisten war die Zersplitterung in Gruppen wie die Brissotisten und die Rolandisten. Weiterhin fehlte ein klares Programm. Geistige Höhenflüge und tolle Ideen konnten die Menschen allein nicht überzeugen. Auch fehlte es der Gruppe an politischer Weitsicht. Es war schon ein Abenteuer, den Krieg gegen Österreich und Preußen vom Zaun zu brechen. Dass er in der ersten Phase günstig für Frankreich verlief, ist Danton zu verdanken, dem es gelang, die Massen zu mobilisieren. Statt auf Frieden zu setzen, ließ die *Gironde* den Krieg weiterlaufen und grub sich selbst das Grab. Bei der großen Menge hatten die Girondisten keinen Halt, die Katholiken sahen in ihnen die Voltairianer, und für die Königsanhänger hatten sie sich nicht ausreichend für den König eingesetzt.

Charlotte Corday und Marat

Marie-Anne Charlotte Corday und Jean-Paul Marat waren zwei Persönlichkeiten, wie sie unterschiedlicher nicht sein konnten.

Charlotte Corday wurde am 27. August 1768 in einem kleinen Ort in der Nähe von Caen geboren. Ihr Vater war ein verarmter Adeliger, und das Geld im Haus war manchmal knapp. Ihre Mutter hatte sie schon früh verloren. Charlotte Corday war die Urenkelin des französischen Dramatikers Pierre Corneille.

1781 ging sie in die Klosterschule *De la Trinité* und erfuhr hier eine exzellente Ausbildung. Eine Vorliebe hatte sie für griechische und lateinische Autoren, besonders für Plutarch. Sie war vom Ausbruch der Französischen Revolution begeistert, als aber das Terrorregime sich ankündigte, sah sie ihre Ideale verraten. Im Gegensatz zu ihrem Vater, der Monarchist blieb, war

Charlotte eine begeisterte Anhängerin der *Gironde*. Die Beziehungen zu dieser Partei intensivierten sich, als sie in Caen mit Girondisten zusammentraf, die in die Normandie geflüchtet waren. In Marat sah sie den Hauptübeltäter, der das Volk manipulierte und in seiner Zeitung *L'Ami du Peuple* zu Greueltaten und Massakern aufhetzte. In der Beseitigung Marats sah sie die Rettung Frankreichs. Bei ihrer Tante, bei der sie zu dieser Zeit wohnte, fand sie eine aufgeschlagene Bibel mit einer Stelle aus dem Buch Judith, in der es heißt: „Judith verließ die Stadt, geschmückt mit wunderbarer Schönheit, welche der Herr ihr zum Geschenk gemacht, um Israel zu befreien." Darüber hinaus erregte die Tugend der Griechen und Römer, wie sie Plutarch beschreibt, ihre Begeisterung. Eines Tages wurde sie gefragt, ob sie Republikanerin sei, und antwortete: „Ich wäre es gerne, wenn die Franzosen der Republik würdig wären."

Charlotte war ein stilles, aber auch bildhübsches Mädchen. Sie war schlank und hochgewachsen und besaß kastanienbraunes Haar. Charlotte Corday blieb einfach, und ihre Freundinnen gaben sich vergeblich Mühe, sie für die Mode zu begeistern. Wer aber war dieser Marat, den sie erdolchte?

Die Zeit schrieb 1993: „Nicht Brutus, nicht Nero, weder Robespierre noch Lenin, nicht einmal Adolf Hitler sammelten so viel Wut auf sich wie der Journalist und Modearzt, der Armenfreund und Revolutionär Jean-Paul Marat, der vor 200 Jahren im Bad erstochen wurde" (M. Winter, Wie, er wurde geliebt?, Die Zeit, 9.7.1993, S. 54). Chateaubriand nennt ihn einen Caligula der Straße, Victor Hugo Zusammenbruchsspezialist und der Historiker Louis Blanc ganz einfach Hunnenkönig.

Jean-Paul Marat wurde am 24. Mai 1743 im Kanton Neuchâtel in der Schweiz geboren. Sein Vater Giovanni Marat war ein ehemaliger Priester, der aus Sardinien eingewandert war und Louise Cabral aus Genf geheiratet hatte. Mit Fremdsprachenunterricht versuchte er, die kinderreiche Familie zu ernähren.

Mit 16 Jahren verließ Jean-Paul die Schweiz und wanderte nach Bordeaux aus, um Medizin zu studieren. 1762 zog er nach Paris weiter, wo er drei Jahre lang Vorlesungen in Medizin, Physik und Philosophie besuchte. Danach ging er nach England und praktizierte in London und Dublin als Arzt. Hier schrieb er sein erstes Buch, *Les aventures du jeune Comte Potowski*, und war Mitglied bei verschiedenen Freimaurerlogen. Sein zweites Buch trägt den Titel *The Chains of Slavery*. Er promovierte zum Doktor der Medizin und gewann wissenschaftliche und gesellschaftliche Anerkennung. 1777 kehrte er nach Frankreich zurück und wurde Arzt bei der Leibgarde des Herzogs von Artois, des jüngsten Bruders Ludwigs XVI. Nach 1779 beschäftigte er sich mit Politik, Physik und Philosophie. 1788 fühlte er sich sterbenskrank und machte sein Testament. Als er vom Ausbruch der Revolution hörte, erwachten die Lebensgeister in ihm, und er wurde wieder vollständig gesund. Er gab die Zeitung *L'Ami du Peuple* heraus, die zur gefürchtetsten und radikalsten Zeitung Frankreichs wurde. Für ihn waren alle Gegner der Revolution, Bürgerliche und Girondisten Verräter und Volksfeinde, und er befürwortete die Guillotinierung von möglichst vielen Feinden. Nach dem Sturz der Monarchie schloss er sich den radikalen Jakobinern an und wurde bald ihr Präsident und Mitglied des Nationalkonvents. Schließlich begrüßte er die Septembermorde in den Pariser Gefängnissen, denen drei Bischöfe, etwa 300 Priester und 1.200 andere Gefangene zum Opfer fielen; darunter waren die meisten nicht politische Gefangene, aber auch Kinder und Jugendliche.

Die Persönlichkeit Marats wird durch seine Ideologie und Psychologie verständlich. Eine Darstellung seiner Ideologie findet sich in dem Buch *Terreur. Ideologie und Nomenklatur der revolutionären Gewaltanwendung in Frankreich von 1770 bis 1794* von Helmut Kessler(1973). Marats Theorie von einer gewaltsamen radikalen Veränderung der gesellschaftlichen Verhältnisse findet sich bereits in dem Briefroman *Les aventures du jeune Comte Potowski*. Die Bücher *The Chains of Slavery* und *Plan de legislation* haben die damalige Gesellschaft in Frankreich zum Inhalt. Nach seiner Theorie besteht die Gesellschaft aus zwei Gruppen, *les riches* (die Reichen) und *les pauvres* (die Armen). Das Fundament der Gesellschaft ist *le bonheur de ceux qui la composent* (das Glück aller, die sie bilden). Das wichtigste Gesetz ist die *égalité* (Gleichheit). Sind Gesetze nicht auf *le bien général* (das Allgemeinwohl) ausgerichtet, befindet sich die Gesellschaft in einem *état d'oppression* (Zustand der Unterdrükkung). Die *pauvres* müssen ihre Rechte beanspruchen. Freiheit ist nur dann möglich, wenn alle Menschen den gleichen Besitz haben. In seinem Verfassungswerk tritt er unter anderem für folgende Forderungen ein: Eigentum für alle, gesetzliche Beschränkungen des Eigentums und Teilenteignung der Reichen. Träger der Souveränität ist für ihn das Volk, dennoch ist das Volk von den öffentlichen Angelegenheiten weitgehend fernzuhalten. Die *Sages*, die Weisen, die Philosophen und Aufklärer üben diese Aufgabe für das Volk aus, so dass „die Weisen die eigentlichen Träger der Souveränität sind." Eine kleine Gruppe also, die weiß, was das öffentliche Wohl ist, ist Träger der Souveränität. Ein weiteres Thema ist für Marat die Theorie des spontanen Terrors, und er rechtfertigt ihn uneingeschränkt. Der spontane Terror in Form der *émeutes populaires* (Volkserhebungen) hat zum Ziel *la chute des tyrans* (Sturz der Tyrannen), *le retour de la liberté* (Rückkehr der Freiheit), *l'élévation des petits* (Erhebung der Kleinen) und *l'abaissement des riches* (Erniedrigung der Reichen). In der politischen Situation bedeutet diese krude Mischung aus Platos Staatsutopie und Lobgesang Mariens *(Magnificat,* Lukas 1,52 f.), dass die Nationalversammlung sich von sich selbst reinigen muss, also auch von den Gemäßigten und den Girondisten sowie von denen, die nicht dem Willen der *Sages* entsprechen. Zusammenfassend lässt sich sagen, dass diese Gedanken kommunistisch sind und die Herrschaft einer Partei begründen. Sie werden zur Grundlage des Totalitarismus. Die Sowjetunion wusste, warum sie ein Kriegsschiff nach Marat benannte.

Der Sprachgebrauch verrät vieles über einen Menschen. Marat gerierte sich in seinem *Volksfreund* als Entlarver von Geheimnissen, Aufdecker „höllischer Verschwörungen" und Orakel. Seine Hauptworte lauten: „Komplott", „Verschwörung" und „Säuberung". So forderte er „den Kopf des flüchtigen Capets" (des Königs), „600 gut ausgewählte Köpfe" sowie „200.000 Köpfe der Girondisten".

Das absolute Übel war für ihn nicht die Konterrevolution, sondern „die Verblendung des Volkes", „Leichtgläubigkeit; man gaukelt sich etwas vor, was es nicht gibt", „Lethargie; man sieht nichts, was man sehen sollte". Marat verstand sich als „Auge" und „Wächter“ des Volkes und der Revolution. Dabei kann man Marat als großen Verfolger und großen Kranken deuten.

Die Hautkrankheit des Visionärs Marat hat ganze Bibliotheken hervorgebracht. Charakteristisch für ihn waren sein Turban und sein Liegen in der Badewanne. Die Lösung ist kompliziert oder auch sehr einfach. Die Haut ist das Spiegelbild der Seele, und so gesehen sagt seine Hautkrankheit etwas über die reichen Konflikte aus, die er zu lösen versuchte. Marat war auf der Flucht vor einem problematischen Elternhaus mit einem Priester als Vater: er flieht von Neuchâtel nach Bordeaux, von dort nach Paris, von dort nach England. Selbst die Erfolge in London und die Anerkennung, die er dort erfuhr, haben ihm nicht genügt. Erst in der Revolution sah er die Erfüllung seiner Kindheitswünsche.

Marat sah sich verfolgt und wurde selbst zum Verfolger, zum Verfolger des Königs, der Gemäßigten, der *Gironde* und der Kirche. Marat hat die Flucht des Königs, den Untergang der *Gironde* und die revolutionäre Diktatur vorausgesehen. Ein großer Visionär war er trotzdem nicht, sondern ein guter Beobachter.

Am 9. Juli 1793 fuhr Charlotte Corday von Caen nach Paris mit dem Plan, Jean-Paul Marat beiseitezuschaffen. In ihrem Hotelzimmer schrieb sie einen Brief an die Franzosen mit dem Titel *Aux Français amis des lois et de la paix* (An Frankreichs Freunde von Recht und Frieden). Sie hatte eigentlich den Plan, Marat am 14. Juli, dem Jahrestag des Sturms auf die Bastille, in der Öffentlichkeit zu erstechen. Doch dieser litt an einer Hautkrankheit und verbrachte seine Zeit in der Badewanne. Charlotte hatte Mühe, zu Marat vorzudringen, was ihr aber schließlich gelang. Sie berichtete ihm von verdächtigen Girondisten in Caen. Als Marat einzelne Namen auf eine Tafel schrieb, stach Charlotte zu. Teile der Lunge, die linke Herzkammer und die Aorta waren zerrissen. Marat stieß noch einen Schrei aus und verschied. Charlotte ließ sich ohne Widerstand festnehmen.

Zum Verteidiger im Prozess gegen Charlotte Corday wurde Claude François Chauveau-Legrande bestimmt, der später auch Königin Marie Antoinette verteidigen sollte. Fouquier-Tinville verlangte, er solle im Namen seiner Mandantin auf

Geisteskrankheit plädieren. Der Anwalt tat dies, machte aber durch zweideutige Bemerkungen den Prozess zur Farce. Charlotte Corday betonte, dass sie die Tat allein ausgeführt habe, spielte auf einen Satz von Robespierre im Prozess gegen den König an und sagte: „Ich habe einen Mann getötet, um Hunderttausende zu retten." Den Beistand eines Priesters im Augenblick des Todes verweigerte sie. Ihr Wunsch war es, dass ein Offizier der Nationalgarde ihr Portrait male. Charlotte dankte ihm mit einer Locke von ihrem Haar. Sie heftete einen Zettel daran: „Zur Erinnerung an eine arme, sterbende Frau."

Am 19. Juli 1793 wurde Charlotte Corday in einen scharlachroten Mantel gehüllt zur Hinrichtung geführt. Der Karren rollte durch die Reihen der Zuschauer, die dichtgedrängt standen. „La voilà", schrien die meisten, andere aber waren nicht ohne Bewunderung für die schöne Normannin, die den „Volksfreund" getötet hatte. Aufrecht saß sie auf dem Karren, fast noch ein Kind, und ihre braunen Locken fielen auf das weiße Halstuch. Der Pöbel empfing sie mit Schmährufen und dem Revolutionslied „Ça ira". Gefasst stieg sie die Stufen zur Guillotine empor. Die Heiterkeit verließ sie nicht vor dem Fallbeil, und stolz legte die ihren Hals unter das Messer.

Schon zu der Zeit, als Charlotte Corday unter dem Fallbeil starb, brachten die Dichter André Chénier und der Mainzer Delegierte Adam Lux ihre Bewunderung für diese Heldin zum Ausdruck. In einem Gedicht zu ihren Ehren heißt es, der Tugend einzige Hoffnung sei der Dolch ... Da Lux sich weiter für Charlotte einsetzte und den Kult, der sich um Marat ausbreitete, bekämpfte, wurde er gefangengesetzt und am 25. Juli 1794, zwei Tage vor dem Sturz Robespierres, hingerichtet. Marie-Joseph Chénier, der Bruder des Dichters, ein eingefleischter Jakobiner, erhielt Briefe aus ganz Frankreich, die mit den Worten schlossen: „Kain! Gib uns deinen Bruder wieder!" Adam Lux, ein Doktor der Philosophie und Landwirt aus Mainz, gehörte zu den Revolutionspilgern. Er erlebte Charlotte Corday vor Gericht und begleitete ihren Wagen zur Hinrichtung. „Wie groß war mein Erstaunen", schrieb er, „als ich außer ihrer Unerschrockenheit ihrer unerschütterlichen Gelassenheit gewahr wurde, die sich nicht durch das Gegröle der Menge beirren ließ“ (Weiß, a. a. O., S. 187). In seiner Wohnung schrieb er einen Brief, in dem er den Antrag stellte, der unsterblichen Charlotte einen Statue zu errichten mit der Inschrift: „Größer als Brutus“. Wiederholt griff er die Jakobiner und die *Montagne* an, so dass man ihm vorwarf, er wolle wegen Charlotte Selbstmord begehen. Er erwiderte darauf: „Der Gedanke an Selbstmord ist nicht unsinnig, wenn man dadurch dem Vaterland mehr nützt als mit seinem Leben“ (ebd.). Am 4. November wurde er hingerichtet. Kaltblütig, mit festem Schritt bestieg er das Schafott und lächelte. Seine Bewunderung und Zuneigung für Charlotte war Liebe über den Tod hinaus.

Seither haben Dichter, Schriftsteller und Künstler Charlotte Corday und ihre Tat zum Gegenstand ihrer Werke gemacht, von Klopstock bis Erika Mitterer, vom Opernkomponist Josef Schelb bis zum Dramatiker Peter Weiss. Vor kurzem wurde das Theaterstück von Stefan Zweig *Adam Lux* erst wiederentdeckt.

Der Maler Jacques-Louis David war ein Freund Marats und ein militanter Anhänger Robespierres und der Jakobiner. Er wollte Marats Andenken bewahren, bezahlte sein grandioses Begräbnis und malte sein wohl bedeutendstes Bild für ihn. Beides, das Begräbnis und das Bild, inszenierten, förderten und motivierten den Kult um Marat, der in Kreisen der Sansculotten schon vorhanden war. David hatte Marat am Vortag seiner Ermordung besucht und die Details um den Leichnam gesehen: das Leinentuch, den grünen Teppich und die Kisten des *Volksfreunds,* die er als Schreibpult benutzte. Die Hautkrankheit selbst ist nicht dargestellt, der Körper Marats ist in milchiges Licht getaucht. Auf dem Bild erscheint natürlich auch die Badewanne, in der der Hautkranke lag. Alles andere in dem Werk entsprang der künstlerischen Phantasie Davids. So hat er die Widmung des Bildes an Marat und die Zeit der Entstehung des Gemäldes „l'an deux“, das Jahr 2 nach der Zeitrechnung der Französischen Revolution, auf die Kiste geschrieben. Auch die beiden anderen Papiere entstammen der künstlerischen Phantasie des Malers. David hat auf eine lange ikonographische Tradition, nämlich die der Pietätdarstellung, zurückgegriffen. Die Badewanne wird zum antiken Sarkophag, der Holzklotz zur Grabplatte von Marat, Christus wird mit Marat gleichgesetzt.

Der Maler interpretiert die antike Tradition, die ihm wohlbekannt ist, neu im Dienst der Revolution. Michail W. Alpatow spricht in seinen *Studien zur Geschichte der westeuropäischen Kunst* (1974, S. 289) von der Verehrung des kalten Verstandes, die in dem Bild zu spüren sei und die viele Zeitgenossen begeistert habe.

Die Gleichstellung von Christus und Marat war weit verbreitet. Klaus Lankheit zitiert in seinem Buch *Der Tod des Marat* (1961, S. 31) ein Glaubensbekenntnis: „Ich glaube an Marat, den Allmächtigen, Schöpfer der Freiheit und der Gleichheit, unsere Hoffnung, den Schrecken der Aristokraten, der hervorgegangen ist aus dem Herzen der Nation und offenbart ist in der Revolution, der ermordet ist von den Feinden der Republik, der ausgegossen hat über uns seinen Gleichheitsatem, der niedergefahren ist zu den Elysischen Feldern, von denen er eines Tages kommen wird zu richten und zu verdammen die Aristokraten." Am 16. Juli 1793 wurde Marat im Hof der Cordeliers bestattet. Eine große Prozession zog durch die Straßen von Paris. Ein Trauerchor sang „O cœur de Jésus, o cœur de Marat, o Saint-cœur de Jésus, o Saint-cœur de Marat." Das Herz Marats wurde in einer der schönsten Urnen des Kronschatzes aufbewahrt. Die Herz-Jesu-Verehrung war in Frankreich schon seit vielen Jahrzehnten verbreitet, sie wurde jetzt profanisiert und Marat gewidmet. Bei der Prozession wurden auch gleichsam als Reliquien die Badewanne und das blutbefleckte Hemd Marats mitgetragen. Die zahlreichen Reden, die gehalten wurden, hatten folgenden Tenor: Zum einen wurde Marat mit Christus verglichen, zum anderen erscholl der Ruf nach Rache an den Girondisten, die man für den Mord verantwortlich machte. Der Maratkult verbreitete sich über das ganze Land. Überall errichtete man ihm Statuen, fast so viele, wie er abgeschlagene Köpfe gefordert hatte. Der Montmartre in Paris wurde jetzt zum Mont Marat umgetauft, und Le Havre, das ursprünglich Havre de Grâce hieß, wurde zu Havre de Marat. In vielen Départements wurden Straßen nach ihm benannt.

Seine Panthéonisierung erfolgte später, aber er blieb nicht lange im Panthéon, da am 8. Februar 1796 seine Überreste dort entehrt wurden. Schon früh in der Thermidorzeit zerstörte die

Jeunesse dorée die Maratlüster in Paris, und das Aufstellen weiterer Bilder wurde darauf verboten. Auch der Maratkult hielt sich nicht mehr lange. Das einzige, was von ihm blieb, war ein Kriegsschiff, das Lenin nach ihm benannte. Die Quasiidentifikation zwischen Christus und Marat stammt nicht, wie man vermuten könnte, von Jacques-Louis David, sondern von Marat selbst, der sich durch seine Zeitung *L'Ami du Peuple* zum Volksfreund stilisiert hatte. Das arme Volk von Paris hat nicht mehr an Christus, um so inniger an Marat geglaubt. Jean-Paul Marat war ein Mann des Wortes, Charlotte Corday war eine Frau der Tat. Wie Graf Stauffenberg konnte sie sich mit dem Terrorregime, das ein „Volksfreund" verbreitete, nicht abfinden.

Viertes Kapitel – Leben unter dem Terror und auf dem Weg zur totalitären Diktatur

Der sogenannte „Große Terror" bzw, die Schreckensherrschaft von Juni 1793 bis Juli 1794 war lange Zeit Gegenstand der Debatten zwischen den Historikern. Mit ihren bis zu 40.000 Opfern stellt die *Terreur* eine der umstrittensten und am leidenschaftlichsten diskutierten Episoden der Geschichte Frankreichs dar. Die Diskussionen betreffen das Ausmaß, die Gründe sowie die Verantwortung für die Schreckensherrschaft der Revolutionszeit.

Die Leser von Marats *Volksfreund* und Héberts *Père Duchesne* waren begeistert über das, was in der Schreckenszeit geschah. Sie notierten mit Genugtuung den Bericht aus Nantes von der Vernichtung der „Räuber": „Die Zahl der hierher gebrachten Räuber ist nicht abzuschätzen. Jeden Augenblick kommen neue an. Weil die Guillotine zu langsam ist, und das Erschießen auch zu lange dauert und Pulver und Kugeln vergeudet, hat man sich entschlossen, je eine gewisse Anzahl in große Boote zu bringen, in die Mitte des Flusses etwa eine halbe Meile vor die Stadt zu fahren, und das Boot dort zu versenken, so wird unablässig verfahren" (Le Moniteur, 2. Januar 1794). Die Anhänger der Revolution in Europa dagegen waren bestürzt über die Nachrichten, die von Frankreich kamen.

Der Heilige Stuhl, der bereits energisch die Septembermassaker von 1792 angeprangert hatte, denen 1.200 Personen zum Opfer gefallen waren, darunter viele eidverweigernde Priester, verurteilte entschieden die neuerliche Christenverfolgung, die die Verfolgung unter Kaiser Diokletian noch übertraf. Gute Katholiken standen auf der Seite der glaubensstarken Vendée und nicht auf der der Schlägertrupps der Sansculotten. Die Liberalen, die ihre Hoffnung auf das revolutionäre Frankreich gesetzt hatten, waren bestürzt über die gewalttätigen und willkürlichen Methoden des Wohlfahrtssausschusses.

Die Nachwelt ist sich in der Bewertung der Schreckensherrschaft nicht einig. In der Zeit der Romantik war Chateaubriand, der von der Revolution begeistert war, bestürzt über ihre Exzesse. Joseph de Maistre sprach von einer Katastrophe metaphysischer Ordnung. Madame de Staël und Benjamin Constant schätzten die Zeit des Terrors als Vorspiel für eine notwendige Wiedergeburt Frankreichs. Victor Hugo und Honoré de Balzac sahen in der revolutionären Gewalt den Ausdruck einer radikalen Wertekrise, die Frankreich betroffen habe.

Stereotype Deutungsmuster des revolutionären Terrors sehen seine Ursachen in den äußeren Umständen der Revolution; die *Terreur* sei die tragische Lage gewesen, in der sich die Revolution 1793 befunde habe; die Revolution habe keine andere Wahl gehabt als die allgemeine Mobilisierung für die Armee und die Furcht vor der Guillotine.

Diese Deutung findet sich noch heute in den meisten Schulbüchern. Sie bietet psychologische Entlastung von der terroristischen Epoche und kann die Ursache für den Terror den Feinden und Gegnern zuschieben. Mit diesem Deutungsmuster braucht man diese Epoche nicht zu leugnen. Das Deutungsmuster geht auf Albert Soboul und auf seine marxistischen Vorgänger zurück. So gesehen kann diese Deutung den revolutionären, aber auch in gleicher Weise den leninistischen und stalinistischen Terror entlasten.

Der zweite Deutungstyp besagt, der Terror sei von den plebejischen Unterschichten und nicht vom liberalen Bürgertum ausgegangen. Die Schuld trage das Ancien Régime, das den Unterschichten nicht die notwendige Bildung habe angedeihen lassen. Dagegen spricht, dass Bauern und Arbeiter jeweils 30 % der an die 17.000 zum Tode Verurteilten stellten, Adlige und Kleriker dagegen mit 8,5 und 6,5 % weit weniger Opfer.

Die Revolution hat unaufhörlich mit dieser Begrifflichkeit jongliert. Auf die Tagesordnung kam der Terror durch den Druck, den die Sansculotten auf den Konvent und die Öffentlichkeit ausübten. Weder die politischen Umstände, die missliche militärische Lage und innere Konflikte noch der politische Druck der Unterschichten reichen zur Erklärung des Phänomens Terror aus. Gegen dieses Erklärungsmuster spricht die

Chronologie, die François Furet erarbeitet hat: Im Sommer 1793, als die Republik von allen Seiten bedroht war, kam es vor dem Revolutionsgericht zu relativ wenigen Todesurteilen und zu einer ganzen Reihe Freisprüche. Der Terror intensivierte sich im Winter 1793/94, als die Aufstände niedergeschlagen waren und die Truppen wieder außerhalb der Grenzen kämpften.

Nach dem Historiker Quinet trat der Terror überall nach der Beendigung der Bürgerkriege ins Leben. Der Terror war kein Instrument, das den Bürgerkrieg beendete, sondern eines, das ihn fortsetzte.

Wie steht es nun mit dem Deutungsmuster Volksmentalität? Der Druck zu der Errichtung einer terroristischen Diktatur ging von den unterschichtigen Volksschichten aus. Aber die Grenzen zwischen Volk und politischer Eliten sind fließend. Welcher Schicht gehörte Marat an, der Freund der Unterschichten und der reinste Ideologe der Schreckensherrschaft, der seit 1789 nach der Guillotine verlangte? Wie verhält es sich mit Hébert und den Hébertisten, die eine so bedeutende Rolle bei der Unterdrückung der Vendée spielten? Eine Beziehung zum Terror findet man auch bei solchen, die keine Beziehung zu den Sansculotten hatten, wie Barère, der die Totalvernichtung der Vendée forderte. Nach Mona Ozouf „verlässt die Terreur das vom Krieg bedingte Terrain". Ende März 1794 führt sie zur Liquidation der Hébertisten und Dantonisten und wird schließlich zum Instrument des Clans von Robespierre und zur Stütze seiner Macht.

Die *Terreur* wird zum Gegenstand einer philosophischen Rationalisierung. Mit seinem teilweise missverstandenen militanten Rousseauismus will Robespierre die Bürger seiner Stadt zur Tugend, zur *Vertu* erziehen. Das Ziel ist die Schaffung eines neuen Menschen, eine neue Welt. Es ist eine Ideologie, die quasireligiöse Züge trägt. Der Gesellschaftsvertrag muss nach dieser Doktrin immer wieder erneuert werden. Er ist immer wieder neu in der Geschichte zu realisieren. Der neue Mensch wird durch den Terror neu geschaffen. In diesem Sinne schickte Robespierre Menschen im Namen ihrer eigenen Freiheit aufs Schafott.

Nach dieser Lehre kann die Politik alles. Nach Karl Marx war die Französische Revolution der Ort, wo sich der Voluntarismus der Moderne in Reinheit entfaltete. Die unumschränkte Kompetenz, die der menschlichen Handlung zukommt, eröffnet dem Terrorismus Tür und Tor. Jeder Mensch kann sich das Monopol zur Schaffung einer neuen Welt aneignen. Wenn sich ein Hindernis entgegenstellt, liegt das an der Perversität gegnerischen Wollens. Die Terreur wird dem ein Ende setzen.

Nach dem vulgären Rousseauismus, dem Robespierre huldigt, hat sich das Volk als allgemeiner Wille *(Volonté générale)* an die Stelle gesetzt, die vom König usurpiert wurde; dieser Platz ist die Souveränität. Das Volk ist jetzt der Souverän, und seine Souveränität ist unbegrenzt. Gefährlich an diesem Gedanken ist, dass es keine Gewaltenteilung zuließ, wie es sie damals schon in Amerika gab.

Die Revolution geht von einer absoluten und unteilbaren Souveränität des Volkes aus. Da die Einheit des Volkes nicht existiert, muss sie immer wieder neu hergestellt werden, notfalls durch den Terror. Es kann in diesem System keine legitime gegenteilige Meinung geben. Wer eine andere Meinung hat, ist kein Gegner, sondern ein Feind, der eliminiert werden muss. Sieyès sieht den Ursprung der *Terreur* in einem falschen Verständnis der Souveränität, ebenso auch Constant und Madame de Staël.

Im Ancien Régime herrschte eine Pathologie der Ungleichheit. Sie wurde in der Revolution nicht aufgehoben, sondern durch den egalitären Rousseauismus ersetzt. François Furet, auf den diese Gedanken zurückgehen, spricht deshalb von einem *Dérapage,* einem Entgleisen der Revolution.

Die Zusammensetzung des Konvents

Der eigentliche Name der Nationalversammlung lautet *Convention Nationale* (Nationalkonvent). Der Name stammt aus dem Englischen und hängt mit der amerikanischen Unabhängigkeitsbewegung zusammen. Ihre Aufgabe soll in der Schaffung einer Verfassung und der Ausübung der Souveränität bestehen. Das neue Parlament kam durch das allgemeine Wahlrecht, bei dem Frauen ausgeschlossen waren, zustande. Von dem Wahlrecht haben aber nur 10 % der Bevölkerung Gebrauch gemacht, sei es weil die Leute Bedenken hatten oder weil sie sich unsicher fühlten.

Interessant ist die soziologische Zusammensetzung des Nationalkonvents: 250 Abgeordnete waren Juristen, 96 gehörten schon der Verfassunggebenden und 189 der Gesetzgebenden Nationalversammlung an. Ein Abgeordneter war Arbeiter. Die Bauern, die 75 % der Bevölkerung ausmachten, stellten keinen einzigen Deputierten. In den großen Städten im Süden, im Norden und Nordwesten wurden vor allem girondistische Abgeordnete gewählt, in Paris dagegen Danton, Robespierre und Marat, das Dreigestirn der *Montagne,* die äußerst radikal gesinnt waren, Billaud-Varenne und Collot d'Herbois sowie Desmoulins, Fabre d'Églantine und der Herzog von Orléans, der Cousin des Königs, der sich jetzt Philippe Égalité nannte.

Die *Feuillants,* die Gemäßigten, die noch in der Legislative die Mehrheit gestellt hatten, waren gar nicht mehr vertreten, und die Girondisten, die im frühen Parlament zusammen mit den *Montagnards* auf der linken Seite saßen, nahmen jetzt mit 200 Abgeordneten den rechten Flügel des Parlaments ein. Die *Montagne* (der Berg) saß mit etwa 100 Abgeordneten links (seitdem hat sich die Bezeichnung „links" für die Radikalen erhalten). Der Platz der *Plaine* (die Ebene) oder des *Marais* (der Sumpf, wie er verächtlich genannt wurde), saßen mit 430 Deputierten in der Mitte.

In den ersten Monaten dominierten die Girondisten, die durch die kriegerischen Erfolge an Ansehen gewonnen hatten, die Nationalversammlung. Sie machten sich aber immer unbeliebter, weil sie ihre Ansprüche überbetonten und dadurch der Riss zwischen *Gironde* und *Plaine* immer tiefer wurde.

Durch die *Journée* der Sansculotten kam es, wie schon aufgezeigt wurde, zur Amputation der *Gironde* aus dem Parlament. Mit der Schaffung des Wohlfahrtsausschusses verlor die Nationalversammlung immer mehr an Bedeutung. Das gilt erst recht für die Zeit der Einmanndiktatur Robespierres. Das Parlament entsann sich erst wieder seiner Aufgabe, als alle eingeschüchtert waren und den Diktator Robespierre und seinen Anhang stürzten, weil sie um ihr eigenes Leben fürchteten.

Der Wohlfahrtsausschuss

Der Wohlfahrtsausschuss wurde am 6. April 1793 gegründet. Es war die Zeit, da die französischen Truppen begannen, sich hinter ihre eigenen Grenzen zurückzuziehen, und der Vendéeaufstand sich immer weiter ausbreitete. Er war als Exekutivorgan geplant, um die Regierungsarbeit zu forcieren und zu zentrieren.

Ursprünglich hatte der Ausschuss 25 Mitglieder, später trennte man den Sicherheitsausschuss ab. Es gab jetzt zwei Ausschüsse, den *Comité de Salut public* (Wohlfahrtsausschuss) und den *Comité de Sûreté générale* (Sicherheitsausschuss), der aber dem ersteren Ausschuss unterstand. Letzterer hatte zunächst neun Mitglieder, später zwölf.

Nachdem Danton aus dem Gremium ausgetreten war, trat Saint-Just in den Ausschuss ein, und ihm und vor allem Robespierre gelang es, den Wohlfahrtsausschuss unter Kontrolle zu bringen. Die beiden, aber auch Lazare Carnot, bauten den Ausschuss zur zentralen Stelle der Macht aus. Am 10. Oktober 1793 wurde dem Gremium alle Macht übertragen, und der Wohlfahrtsausschuss wurde zum Zentralorgan der jakobinischen *Terreur*.

Im Ausschuss setzte sich eine Aufgabenteilung durch, die wie folgt aussah:

- Robespierre und Couthon waren für die Politik im allgemeinen zuständig;
- Saint-Just für die Staatspolizei und die innere Führung des Heeres;
- Billaud-Varenne und Collot d'Herbois kontrollierten die Politkommissare;
- Hérault und Barère waren mit den auswärtigen Angelegenheiten befasst;
- Carnot, Lindet und Prieur de la Côte d'Or waren mit der Kriegsführung befasst.

Dabei ergab sich noch eine Unterteilung: Zuständig für militärische Operationen ist Carnot, zuständig für den Nachschub ist Lindet und zuständig für die Materialbeschaffung Prieur de la Côte d'Or. Jeanbon Saint-André, der zunächst Kapitän war und dann evangelischer Pfarrer wurde, ist für die Marine verantwortlich.

Eine radikale Gruppe in diesem Kreis, die nur noch von Robespierre und Saint-Just übertroffen wurden, bildeten Barère, Billaud-Varenne und Collot d'Herbois. Barère war zu Beginn seiner Karriere relativ gemäßigt und neigte der *Gironde* zu. Er setzte sich für die Verteidigung des Privateigentums ein und bekämpfte linke Ausschreitungen. Eine erste Wendung ist bei dem Prozess gegen den König zu beobachten. Barère plädiert für das Todesurteil gegen den Monarchen und bringt das Parlament hinter sich. Im Sommer 1793 – es ist Krieg – prägt er das Bild von Frankreich als belagerter Stadt. Im Konvent trägt er den Beschluss von der systematischen Zerstörung der Vendée vor und verlangt, alle adligen Offiziere aus der Armee zu entfernen. Barère ist es schließlich auch, der die Hinrichtung der Königin Marie Antoinette und die Verwüstung der Königsgruft von Saint-Denis beantragt.

Eine wahrhaft terroristische Vergangenheit haben auch die beiden anderen Figuren dieser Gruppe, Billaud-Varenne und Collot d'Herbois. Billaud stammte aus einem angesehenen Elternhaus; sein Vater war Anwalt. Da er selbst in diesem Beruf wenig Erfolg hatte, trat er in die Ordensgemeinschaft der Oratorianer ein, wo er zwei Jahre blieb. In der ersten Phase der Revolution war er eng mit Danton, Marat und Robespierre verbunden. Er gilt als einer der Hauptinitiatoren des Sturms auf die Tuilerien und die Septembermorde.

In der Schreckenszeit forderte er die Hinrichtung von Generälen, die militärische Niederlagen erlitten hatten, wie die von Custine und Houchard sowie des Herzogs von Orléans, der eng mit der Revolution verbunden war. Der Grund war wohl, dass sein Sohn zusammen mit General Dumouriez zu den Österreichern übergelaufen war. Immer wieder forderte er, „nur keine Köpfe zu schonen".

Er und Collot d'Herbois gehörten dem extremen Flügel der *Montagnards* an, und beide hatten enge Verbindungen zur Pariser Commune und den Sansculotten, welche Billaud und Collot protegierten, so dass sie in den Wohlfahrtsausschuss aufgenommen wurden. Beide versuchten dann ihrerseits, das Bündnis zwischen den Jakobinern und den Cordeliers (Hébertgruppe) zu retten. Bei dem Prozess gegen die mehr rechts gerichtete Gruppe um Danton erklärte Collot: „Danton zu retten bedeutet, das Volk gegen die Regierung aufzubringen".

Collot ließ in Lyon schubweise Verdächtige zu Tausenden hinrichten. Lyon hatte 1793 die Partei der Girondisten ergriffen und sich gegen den Konvent aufgelehnt. Die Stadt wurde zwei Monate lang belagert, bevor sie sich am 9. Oktober 1793 ergab. Die Repression seitens des Konvents war grausam: etwa 2.000 Einwohner wurden guillotiniert oder erschossen. Robespierre musste im Sicherheitsausschuss auf Billaud und Collot Rücksicht nehmen, auf zwei Männer, die auf den revolutionären Krieg und das Schreckensregiment festgelegt waren.

In der Zeit vor dem 9. Thermidor, der Hinrichtung von Robespierre, stand Collot wegen schamloser Bereicherung durch die Terrorprozesse bei Robespierre in Verdacht. Wie viele andere befürchteten die beiden die Rache des „Unbestechlichen" und nahmen an der Verschwörung und dem Sturz des Diktators teil. Bei der letzten Konventssitzung, an der Robespierre teilnahm, entzog ihm Collot d'Herbois das Wort.

Gegenüber den Ideologen und Technikern der Macht sind Lazare Carnot, Robert Lindet und Prieur de la Côte d'Or die Fachleute im Wohlfahrtssausschuss. Sie absolvieren Tag für Tag ein gewaltiges Arbeitspensum von etwa 16 bis 18 Stunden. Morgens finden die Sitzungen statt, und nachmittags sitzen sie über den Akten, schreiben Berichte und geben Anordnungen heraus, und das ist schon einiges für eine Mannschaft, die im Durchschnitt etwas über 30 Jahre alt ist. Der älteste, Carnot, ist 47, Saint-Just, der jüngste, gerade einmal 27.

Der Bedeutendste in dieser Gruppe ist zweifellos Lazare Carnot. Über seiner Jugend leuchtete kein glücklicher Stern. Der Sohn kleinbürgerlicher Eltern, die zudem viele Kinder hatten, machte ein glänzendes Examen. Er wurde Leutnant und 1783 Hauptmann, aber damit war seine berufliche Karriere schon zu Ende. Nicht besser ging es ihm in seinem privaten Leben; er verliebte sich in ein Mädchen, durfte sie aber nicht heiraten, weil er nicht dem Adel angehörte. So kann man wohl verstehen, dass Carnot bezüglich der Bedingungen, die das Ancien Régime einem aufstrebenden jungen Mann bot, mehr als frustriert war.

Lazare war die vornehmste Gestalt des Wohlfahrtssausschusses (vgl. Octave Aubry, Die Französische Revolution, 1948, S. 32) und wurde bekannt durch sein Essay *Sur les machines.* Auch von seiner Tätigkeit als Politkommissar gibt es nur Gutes zu berichten. Er war mit einer Mission bei der Armee betraut und lernte hier die Not der Soldaten kennen. Furet nennt ihn kenntnisreich und geistreich, einen Mann, der nicht viele Worte verlor und der auch bissig und witzig sein konnte. Er arbeitete wie vor ihm nur Colbert und nach ihm nur Bonaparte (S. 143). Wissenschaftliche Tätigkeit spielte für ihn eine große Rolle. Sein Buch über den Festungsbaumeister war noch Jahrzehnte später ein Standardwerk. Er führte die *Levée en masse,* die allgemeine Mobilmachung ein, und die französischen Heere verdankten ihm zahlreiche Siege.

Carnot nahm am Sturz Robespierres teil, wurde danach Mitglied des Ältestenrates und Mitglied des Direktoriums. 1799 ernannte ihn Napoléon zum Kriegsminister. Während der Restauration unter Ludwig XVIII. musste er Frankreich verlassen und starb 1823 in Magdeburg. Sein Leben setzte sich in dem seines Sohnes Marie-François Sadi Carnot, einem bedeutenden Physiker, und in dem Leben seines Enkels, der ein begabter Mathematiker, Physiker und Staatspräsident war, fort. Der Cosinussatz in der Geometrie heißt Satz von Carnot. Den Namen des älteren Carnot trägt eine der zwölf Straßen, die in Paris auf den Platz Charles-de-Gaulle münden. Mit 71 anderen ist er auf dem Eiffelturm verewigt.

Bei weitem nicht so bedeutend wie Carnot waren zwei andere Männer, die in der gleichen Sparte arbeiteten: Robert Lindet und Prieur de la Côte d'Or. Robert und sein Bruder Thomas gehörten im Konvent der Plaine an. Robert Lindet verfocht wie sein Bruder Thomas, der konstitutioneller Bischof des Départements Eure wurde, aber bald aus dem Amt schied und heiratete, eine gemäßigte Richtung. Thomas Lindet war im Département Gironde und Politkommissar tätig, und zu dieser Zeit – das ist ein Seltenheitsfall – kam es zu keinen Todesurteilen. Als einziges Mitglied des *Comité du Salut public* sprach er sich gegen die Todesurteile gegen Danton und die Dantonisten aus.

Prieur de la Côte d'Or – sein eigentlicher Name war Claude-Antoine Prieur Duvernois – war vor der Revolution durch seine wissenschaftlichen Arbeiten bekannt. Bei seiner Arbeit im Wohlfahrtsausschuss umgab er sich mit Gelehrten und schloss sich eng an Carnot an. Er widmete sich der Produktion von Kriegsgerät, der Herstellung von Salpeter für die Schießpulverfabrikation und dem Sanitätswesen. In politischen Fragen folgte er blind den Anweisungen von Carnot. Dies war auch der Fall im Prozess gegen Danton und die Dantonisten. Nach dem 9. Thermidor widmete er sich der Gründung einer Hochschule für Polytechnik, zog sich ins Privatleben zurück und starb unverheiratet mit 70 Jahren. Napoléon ernannte ihn zum *Comte d'Empire*.

Zwei Mitglieder des Wohlfahrtsausschusses sind nicht so leicht in eine Gruppe einzuordnen, nämlich Pierre Louis Prieur, genannt Prieur de la Marne, und André Jeanbon, genannt Jeanbon de Saint-André. Prieur de la Marne war Anwalt und wurde in die Generalstände gewählt. Wegen seiner scharfen Reden gegen das Ancien Régime erhielt er den Spitznamen *Crieur de la Marne* (Schreihals von der Marne). Als Politkommissar in der Normandie ging er aggressiv gegen die geflüchteten Girondisten vor. Ebenfalls als Politkommissar etablierte er eine Terrorherrschaft gegen die Chouans in der Bretagne und unterstützte die *Colonnes infernales* in der Vendée. Wegen seiner engen Verbindung zu Robespierre wurde er aus dem *Comité du Salut public* ausgeschlossen. Während des Direktoriums des Konsulats und des Kaiserreiches beteiligte er sich nicht am politischen Leben. Ludwig XVIII. verbannte ihn als *Régicide* – Königsmörder. Er starb 1816 in großer Armut.

Jeanbon Saint-André führte schon vor der Revolution ein bewegtes Leben. Er war Kapitän der Handelsmarine und überlebte dabei drei Schiffbrüche. Weil er bei der letzten Schiffskatastrophe in der Karibik am Leben blieb, beschloss er, evangelische Theologie zu studieren und Pfarrer zu werden. Nach mehreren anderen Stationen wurde er Pfarrer in Montauban, wo er in die Gesetzgebende Versammlung gewählt wurde. Als Politkommissar war er in militärischer Funktion eingesetzt. Exzesse an der Zivilbevölkerung und auch im militärischen Bereich sind ihm nicht nachzuweisen. Äußerst eng dagegen war seine Verbindung zu Robespierre, wozu man gegenüber dem Theologen und Pfarrer durchaus Fragen haben könnte, gerade in einer Zeit, wo die Guillotine in Paris nicht stillstand und in den Städten des Südens Tausende und in der Vendée Zehntausende massakriert wurden. Jeanbon Saint-André hatte Glück, dass er am 9. Thermidor nicht in Paris war, sonst wäre er mit Robespierre und den Seinen zur Guillotine gekarrt worden. Zehn Jahre später begann für den Pfarrer von Montauban die große Karriere. Jeanbon wurde unter Napoléon Präfekt des neugeschaffenen Départements *Mont Tonnerre* (Donnersberg) mit der Hauptstadt Mayence (Mainz). Und Jeanbon hat sich wirtschaftlich und kulturell um die Stadt verdient gemacht. Für die Mainzer Bevölkerung war er eine geachtete und geschätzte Persönlichkeit. Wie in Mainz üblich bekam er auch bald einen Spitznamen. Sein Name Jeanbon wurde in Jambon (Schinken) verballhornt, und der Präfekt hieß nun „Schinkenandres". Auch der Schlachtruf der Mainzer Fastnacht „Rizombeau" soll auf eine Verballhornung des Namens von Jeanbon de Saint-André zurückgehen. Nach der Völkerschlacht bei Leipzig 1813 flüchteten die napoleonischen Truppen nach Mainz zurück. Sie brachten eine Seuche, den „Typhus de Mayence" mit, an der 16.000 französische Soldaten und über 2.000 Mainzer starben, darunter auch der Präfekt Jeanbon de Saint-André. An ihn erinnert ein Grabmal auf dem Mainzer Hauptfriedhof.

Das *Comité du Salut public* war nicht nur ein Organ, das die Politik des Landes steuerte und Frankreich durch die Revolution führte; es war vor allem das Zentralorgan des revolutionären Terrors. Alle, die im Wohlfahrtsausschuss saßen, wussten, was im Land los war. Sie sahen täglich die Henkerskarren, die zum Schafott fuhren; in den Berichten, die sie bekamen, erfuhren sie von den Massakern, die in der Vendée, in Lyon, in Marseille, in Bordeaux und Toulon geschahen. Vergeblich suchten sie Kollegen im Konvent. Vergeblich – sie waren längst in Massengräbern verscharrt.

Lazare Carnot, Claude Antoine Prieur und Robert Lindet haben selbst keine Exzesse begangen, aber sie und vielleicht noch einige andere haben zu den Mordorgien geschwiegen, zu den Hinrichtungsbefehlen, unter denen oft auch ihre Namen standen; dennoch gab es in diesem System, das angeblich der Wohlfahrt des Landes dienen sollte, eine Spitze, eine Mitte, von der der Terror ausging. Und dieses Zentrum hatte zwei Namen: Maximilien Robespierre und Louis-Antoine Saint-Just. Die anderen haben sich nicht an sie herangewagt, solange die Angst in Paris und im Konvent die Kehlen verschnürte. Als aber die Angst an sie selber herankroch, wurden sie wach. Sie hatten Glück, dass unter ihnen ein Mann war, der keine Angst hatte – und das, weil er kein Gewissen besaß: Joseph Fouché, und er hat die Terroristen, die Halbterroristen und Saubermänner angeführt, sich gegen die Meister des Terrors, gegen Robespierre und Saint-Just, zu wehren.

Außer diesen beiden fehlen noch zwei weitere Männer des Wohlfahrtsausschusses. Marie-Jean Hérault de Séchelles und Georges Couthon, der Lahme aus der Auvergne in seinem Invalidenwägelchen. Robespierre und Saint-Just werden auf anderen Blättern dieses Buches stehen.

Hérault de Séchelles gehörte nicht lange dem Wohlfahrtsausschuss an. Er war Dantonist und wurde mit Danton und seinen Freunden guillotiniert. Wer aber war dieser Georges Couthon? Er konnte schon als junger Mann, wahrscheinlich wegen Kinderlähmung, seine Beine nicht gebrauchen und musste ein Invalidenwägelchen benutzen. Er liebte zärtlich seine Kinder und spielte liebevoll mit seinen weißen Kaninchen. Von allen wird er als friedfertig und duldsam beschrieben. Als Prokonsul von Lyon musste er abgelöst werden, weil er nicht brutal und rigoros genug gegen die Aufständischen vorging. Aber der gleiche Couthon stellt den Antrag, die Girondisten unter Hausarrest zu stellen, und trägt am 16. Juni die Prairialgesetze vor, die alle Rechtsgarantien abschaffen und es erlauben, jeden zu verdächtigen, was erst die *Grande Terreur* eröffnen sollte. Falls ich Georges Couthon einmal in einer anderen Welt begegnen sollte, werde ich ihn fragen, wie diese beiden Seiten zusammenpassen.

Die Instrumente der Schreckensherrschaft

In der Zeit der Französischen Revolution war ein *Représentant en mission* zunächst noch kein reiner Agent des Terrors, sondern ein Sondergesandter der Nationalversammlung. Das Institut nahm in der Gesetzgebenden Versammlung (1. 10. 1791–20. 9. 1792) seinen Anfang. Es handelte sich zumeist um Abgeordnete, die von der Nationalversammlung beauftragt waren, die Aufrechterhaltung der Ordnung zu überwachen und die Anwendung der Gesetze in den Départements und der Armee zu gewährleisten.

In der Zeit der *Terreur* wurden sie mit allen Vorrechten und Machtmitteln ausgestattet. Sie heißen darum auch Prokonsuln, da sie eine wahrhafte Diktatur ausübten. Sie werden in diesem Abschnitt darum Politkommissare genannt, weil sie zum Teil wie die Politoffiziere in der Sowjetunion oder in anderen totalitären Staaten agierten.

Zu Massentötungen und unmenschlichen Grausamkeiten kam es vor allem in den Aufstandsgebieten im Süden und Westen Frankreichs. Zunächst wurde Couthon nach Beendigung des Aufstandes nach Lyon gesandt. Da er relativ maßvoll handelte, wurde er durch Joseph Fouché und Collot d'Herbois ersetzt. Collot d'Herbois war einmal als Schauspieler in Lyon ausgepfiffen worden und sah die Gelegenheit gekommen, Rache zu nehmen. Fouché und Collot d'Herbois ließen nicht durch die Guillotine, sondern durch Kanonen hinrichten. Am 4. Dezember wurden auf der Ebene von Brotteaux 64 junge Leute zu zweit aneinander gefesselt und mit Kartätschen zusammengeschossen. Da viele danach noch lebten, wurden sie mit Säbelhieben umgebracht. Am folgenden Tag wurden 209 Menschen auf die gleiche Weise massakriert. Wieder mussten die Soldaten mit Beilen und Hacken auf die von Kanonenkugeln verstümmelten Sterbenden einschlagen.

Einer der Gehilfen Fouchés schrieb begeistert einem Freund: „Immer und jeden Tag fallen Köpfe! Welche Wonnen hättest Du gekostet, wenn Du vorgestern dieses nationale Gericht erlebt hättest! Welche Majestät! Welcher imposante Ton! Alles war erhaben! Wie viele Halunken haben an diesem Tag auf der Ebene von Brotteaux ins Gras gebissen! Welcher Mörtel für die Republik!" (Friedrich Sieburg, Frankreich 1789–1848. Im Licht und Schatten der Freiheit, 1982).

Ähnlich, aber nicht ganz so brutal handelten Barras und Fréron in Marseille und Toulon. In Marseille ließen sie 400 Menschen vom Revolutionsgericht zum Tod verurteilen. Nach der Rückeroberung Toulons wurden die französischen Truppen mit Musikkapellen und einem Spalier der ganzen Bevölkerung empfangen. Am gleichen Tag aber wurden 800 Einwohner zusammengetrieben und niederkartätscht.

Der Höhepunkt dieser Massaker spielte sich in Nantes unter Carrier ab. Man zählt über 20.000 Opfer, die durch die Guillotine, Massenerschießungen und durch das von Carrier neu geschaffene Eliminierungsinstrument, die *Noyaden,* elend umkamen. Neben dieser Hinrichtungsmethode mittels einer Falltür in den Booten ist auch Carriers „vertikale Deportation" erwähnenswert, die als „republikanische Hochzeit" berühmt geworden ist: Ein Mann und eine Frau werden – zum Gaudium des Publikums natürlich nackt – zusammengebunden und ertränken sich gegenseitig.

Auch Tallien, der in Bordeaux als Politkommissar eingesetzt war, leitete mit übertriebener Härte und Grausamkeit die Verfolgung der nach Bordeaux geflohenen Girondisten und ließ zahlreiche Gegner der Revolution hinrichten.

Aber auch die übrigen *Représentants en mission* sind nicht frei von Exzessen und Greueltaten. Lequinio rief Freiwillige auf, Hinrichtungen durchzuführen. Einer, der sich meldete, rief aus: „Ich strebe nach der Ehre, die Köpfe der Mörder meines Vaterlands abzuschlagen" (Sieburg, a. a. O., S. 131). Die Einwohner von Rochefort und Morlaix klagten ihn zur Zeit des Thermidors wegen der Tötung von Unschuldigen an.

Als Dortigoyte in einem Jakobinerklub eine Rede hielt, fiel ein Ziegelstein vor seine Füße. Er ließ unbeteiligte Bürger wegen einer Verschwörung anklagen und hinrichten. Ähnlich handelte Bourdon, der in Orléans in eine Schlägerei hineingeraten war und ein paar Schrammen davongetragen hatte. Auch er machte aus einer privaten Sache eine politische und veranlasste Hinrichtungen.

Noch brutaler gingen Javoques und Maignet vor. Javoques ließ Adlige ohne Urteil von piemontesischen Kriegsgefangenen erschießen. Er neigte außerdem zu verbalem Radikalismus und rief den Bewohnern von Montbrison, die den Freiheitskampf von Lyon unterstützt hatten, zu: „Das Blut soll wie Wasser in den Straßen fließen, und die Stadt soll ab jetzt Montbrisé (vom Blut besudelter Berg) heißen." In einem Brief sagte er: „Der Wohlstand könne nur durch Zerstörung und das Leiden ehrlicher Bürger konsolidiert werden".

Maignet war in den Départements Vaucluse und Bouches-du Rhône tätig. Als die Bewohner des Marktfleckens Béodain den „Freiheitsbaum" umgehauen hatten, ließ er Militär kommen, die Häuser anzünden und die Bevölkerung aus ihrem Dorf vertreiben. 130 Personen ließ er festnehmen, 16 davon starben unter der Guillotine und 47 wurden erschossen. Maignet begründete außerdem das einzige Revolutionsgericht außerhalb von Paris, nämlich das von Orange, dem 332 Menschen zum Opfer fielen, darunter 32 Nonnen und etwa ebensoviele Priester aus der Region. Das Gericht sprach auch – und das ist eine Seltenheit – einige Freisprüche aus und verurteilte zu Gefängnisstrafen.

Unter dem *Représentant en mission* von Arras wurden ca. 400 Frauen und Männer zum Tode verurteilt. Le Bon wurde bei diesen Verfahren seinem „guten" Namen nicht gerecht. Oft diente ein Todesurteil seinen persönlichen Rachegefühlen. Einen Richter ließ er hinrichten, weil er ihn einmal zu 10 Livres Strafe verurteilt hatte. Ein schönes Mädchen ließ er an den Schandpfahl binden, weil sie sich weigerte, mit einem Sansculotten zu tanzen. Ein Arzt wurde mit dem Tod bedroht, weil er einen Gefangenen gepflegt hatte. Guillotiniert wurde auch ein Bürger, weil sein Papagei „Vive le roi" rief. Seine Frau entging dem gleichen Schicksal, weil sie versprach, den Papagei „Vive la république" zu lehren. Seine Grausamkeit und sein Zynismus zeigten sich in den Ausdrücken, die er für die Hinrichtung durch die Guillotine gebrauchte: „Die Maschine ist in gutem Zug"; „Die Herzöge, die Herren Vettern und Freunde der Emigranten und die eidverweigernden Priester nehmen jetzt die Guillotine in Beschlag"; „Herzöge, Marquise, Barone, Männlein und Weiblein fallen wie Hagel". Le Bon blieb aber nicht bei verbalen Entgleisungen stehen, seinen Sadismus praktizierte er auch: Der Marquis de Welfort lag schon gebunden unter der Guillotine, als Le Bon die Hinrichtung zehn Minuten unterbrechen ließ, um Siegesnachrichten von der republikanischen Seite verlesen zu lassen. Er begründete dies dadurch: „Der Feind des Vaterlandes solle in Verzweiflung über den Fortschritt der Republik sterben". Hinter all diesen Handlungen stand maßloser Ehrgeiz und Profilierungssucht, wie folgendes Beispiel zeigt: Le Bon kam in das Dorf, wo er Pfarrer gewesen war, den Hut mit dem dreifarbigen Federbund auf dem Kopf, die Schärpe um die Schultern, den Säbel an der Seite und sagte: „Wer hätte je gedacht, dass ich als Volksvertreter mit unumschränkter Vollmacht zurückkehren würde. Ein Konventskommissar ist mehr als ein König".

Raub und Erpressung kamen sicher nicht bei wenigen Politkommissaren vor, vornehmlich bei Bourdon, Dortigoyte und Lequinio; Fréron und Tallien waren Meister darin. So soll Bourdon Gefangene in den Gefängnissen ausgeplündert und sich persönlich bereichert haben, und die Einwohner von Rochefort klagten Dortigoyte wegen räuberischer Erpressung an. Tallien war Kommissar in der Gironde und in Bordeaux. Obgleich in der Stadt große Not herrschte, lebte er in selbstherrlichem Luxus. Er erpresste Familien von zum Tod Verurteilten und begnadigte sie, nachdem er reiche Geldgeschenke erhalten hatte. Barras und Fréron gingen auf gleiche Weise in Lyon vor und strichen hohe Geldsummen für ihre privaten Zwecke ein.

Bei Dortigoyte zeigte sich ein Anflug von Cäsarenwahnsinn, zumindest ein äußerst seltsames Verhalten. Bei Dienstfahrten war er häufig betrunken und er liebte es, in der Kutsche mit leichten Frauen durch die Stadt zu fahren. Es kam auch vor, dass er sich im Rausch seiner Kleider entledigte und völlig nackt im Theater erschien. Der Abgeordnete gab sich grausam, zynisch und großsprecherisch, vor allem dann, wenn er zuviel Wein getrunken hatte. Als er einmal versuchte, ein 16jähriges Mädchen zu verführen, und man ihm diese Tätlichkeiten vorwarf, versuchte er sich in der Kathedrale, die zu einem Tempel der Vernunft umgeweiht worden war, zu rechtfertigen.

Auch der Politkommissar Javoques zeigte sich, wie er sagte, „zur Bekämpfung der Vorurteile der Bevölkerung" völlig nackt. Während der Hinrichtungen von Gefangenen saß er neben zwei barbusigen „Göttinnen der Vernunft".

Acht der zehn Politkommissare nahmen aktiv an der Dechristianisierungskampagne teil. Joseph Lequinio beteiligte sich mit übertriebenem Eifer daran und zwang auf dem Weg nach Vannes die Bevölkerung, an atheistischen Predigten teilzunehmen. Claude Javoques tilgte in den Städten zwischen Rhône und Loire das „Saint" (Sankt) aus den Ortsnamen.

Vehemente Verfolger des katholischen Glaubens waren Pierre-Arnaud Dortigoyte und Etienne Christophe Maignet. Dortigoyte bekämpfte den katholischen Glauben, machte Jagd auf Priester und ließ Kultgeräte öffentlich verbrennen. Maignet, der in den Départements Vaucluse und Bouches-du-Rhône agierte, ließ aus den Friedhöfen alle Figuren, Bildtafeln und Inschriften wegnehmen. Zu dieser Maßnahme bemerkte er: „Der Mensch ist ohne Vorurteile auf die Erde gekommen und soll ohne Vorurteile von der Erde weggehen. Alles andere unterstützt nur den Fanatismus".

Leonard Bourdon und Barras zeigten die damals übliche Feindschaft gegen die Priester und die konstitutionelle Kirche. Carrier, Fouché und Le Bon waren die doktrinärsten und heftigsten Dechristianisatoren. Sie haben eines gemeinsam: Sie waren alle drei Schüler bei den Oratorianern gewesen. Fouché empfing bei ihnen die niederen Weihen, und Le Bon war Ordenspriester in dieser Gemeinschaft.

Carrier ließ als erster die Priesternoyaden durchführen, wobei bei den ersten 90 Priester in den Fluten der Loire umkamen, bei den zweiten 58. Von ihm ist der Ausspruch überliefert, dass ihm nichts so große Freude gemacht habe, wie das schreckenverzerrte Gesicht der Priester vor der Hinrichtung zu sehen. Die Persönlichkeit und die Ideologie von Carrier ist an einer anderen Stelle dieses Buches beschrieben.

Fouché ließ in der Kathedrale von Nevers die Heiligenfiguren entfernen und Statuen von Brutus und anderen Helden aufstellen. Auf den Friedhöfen wurden Schilder aufgestellt, auf denen stand: „Der Tod ist ein ewiger Schlaf". Sein atheistisch gefärbter Dechristianisierungskurs schwappte nach Paris über und verbreitete sich von dort in ganz Frankreich.

Friedrich Sieburg schreibt über Le Bon: Er war nicht lasterhaft wie Barras noch gottlos wie Fouché. Er war beinahe ein guter Kerl, der mit seiner Frau Mimi glücklich und zufrieden lebte und dem guten Essen zugetan war. Aber dieser scheinbar gemütliche Mann ließ unschuldige Menschen dahinmetzeln. Er feierte mit den Richtern und Geschworenen, aber auch mit den Gefängniswärtern und Henkersknechten. Bei dem Essen fragte seine Mimi „Wie viele Kalbsköpfe haben wir heute abend?“ (Sieburg, a. a. O., S. 131). Le Bon, Mimi und ihre Freunde betrachteten die Hinrichtungen von ihrem Balkon aus. Dabei fiel auch der Satz von Mimi: „Von hier aus kann man am besten die Aprikosen fallen sehen.“ Das Schafott wird von Kindern umrahmt, die mit den dreifarbigen Bändern der Trikolore geschmückt sind. Die Laune dabei ist immer hervorragend. Er kennt die meisten Verurteilten mit Vornamen, öfters macht sich der Expriester einen Spaß über sie. Und so schreibt Sieburg weiter: „Seine gemütlichen, patriarchalischen Hinmetzeleien unschuldiger Menschen sind schlimmer als die fanatischen Missetaten von Carrier, als die methodische Grausamkeit von Fouché und die feierliche Tyrannei von Tallien!“

Das Lebensende der zehn Politkommissare sah ganz verschieden aus. Drei von ihnen wurden hingerichtet. Carrier wurde vom Revolutionsgericht zu Paris und Le Bon vom Gericht zu Amiens zum Tode verurteilt und guillotiniert. Javoques beteiligte sich an der Verschwörung Gracchus Babeufs und wurde am 10. Oktober 1796 erschossen. Drei weitere Politkommissare zogen sich ins Privatleben zurück. Leonard Bourdon heiratete eine reiche Adlige und zog sich mit ihr in die *Landes* zurück, wo er seine Vergangenheit zu vergessen suchte. Joseph Lequinio wurde Mitglied der 500 und Vizekonsul in den USA. In seinen letzten Jahren widmete er sich landwirtschaftlichen Projekten und dem Plan eines Kanalbaus. Etienne Christophe Maignet kam in den Genuss der Amnestie von 1796. Danach arbeitete er als Rechtsanwalt in Nolay/Zentralmassiv. Als er zur Zeit der Restauration als *Régicide* (Königsmörder) verbannt werden sollte, versteckte er sich und nahm einige Jahre später seine berufliche Tätigkeit wieder auf. Die vier übrigen waren echte Wendehälse, die zum Teil eine glänzende politische Karriere vor sich hatten. Barras war der führende Politiker zur Zeit des Thermidors bis zum Konsulat von Napoléon Bonaparte. Fouché war Polizeiminister unter dem Direktorium, in der Kaiserzeit und zeitweise noch unter Ludwig XVIII. Unter Napoléon wurde er zum Herzog von Otranto ernannt, schließlich aber wurde er als *Régicide,* Königsmörder nach Linz verbannt. Der Priester, der ihm die Sterbesakramente spendete, sagte, man habe die Dämonen förmlich durch die Luft des Sterbezimmers fliegen sehen.

Das Verdächtigengesetz und die Überwachungsausschüsse

Das Verdächtigengesetz, das am 17. September 1793 erlassen wurde, ermöglichte den totalitären Terror der Jakobiner. Ziel des Gesetzes und der Ausschüsse war es, die revolutionäre Gesinnung der Bevölkerung zu erforschen und zu überwachen. Dies war nicht nur die Aufgabe der Überwachungs- und Revolutionsausschüsse, sondern eines jeden Bürgers, wobei sich hier die Sansculotten als unverzichtbare Helfer erwiesen: Nachdem es keine Versammlung mehr gab, die sie terrorisieren konnten, und ihnen die letzten *Journées* schlecht bekommen waren, fiel ihnen zuletzt ein, sich beim Denunzieren besonders hervorzutun, woraufhin die Polizei und die Tribunale von ihrer Seite täglich neue Namen von möglichen Verrätern und vermutlichen Verschwörern erhielten. In der Erforschung der Gesinnung sah man keinen Eingriff in das Privatleben, sondern eine revolutionäre Pflicht. Und weil „Petzen" am besten vor „Verpetztwerden" schützte, wurde der Bürger in die Rolle des Spitzels hineingezwungen.

Das Verdächtigengesetz ist in zwei Artikel unterteilt: Artikel 1 schreibt die Verhaftung der Verdächtigen vor. Artikel 2 beschreibt die einzelnen Arten des „Vergehens" und das sind im einzelnen: mündliche oder schriftliche Äußerungen zugunsten „der Tyrannen"; „verdächtig" sind alle, die sich über ihre Existenzmittel und die Erfüllung ihrer Bürgerpflicht nicht rechtfertigen können; alle, denen das Bürgerzeugnis verweigert wurde; alle früheren Adligen und ihre Verwandten; die Emigranten.

Die Überwachungsausschüsse hatten die Aufgabe, die Gesinnung der Bürger zu kontrollieren. In Frankreich gab es 21.000 von solchen Ausschüssen, deren Mitglieder sich zumeist aus den Jakobinern rekrutierten. Hausbesitzer, Pförtner und Gastwirte mussten ihre Arbeit unterstützen und Listen führen, die die Namen, das Alter und den Beruf aller Hausbewohner und Besucher enthielten.

Jeder Bürger musste ein *Certificat de civisme* (Bürgerausweis) bei sich tragen, der seine republikanische Gesinnung bezeugte. Für die Ausstellung des Bürgerausweises war der Generalrat der Commune zuständig. Wer das *Certificat de civisme* nicht vorweisen konnte, wurde verhaftet. Aristokraten erhielten diesen Ausweis grundsätzlich nicht. Für den Kauf von Lebensmitteln und für bestimmte Berufe war das Bürgerzeugnis unerlässlich.

Das Ganze war ein vollendetes Aushorchsystem, das eine riesengroße Angst auslöste, ein Überwachungssystem, wie es das bisher nicht in der Geschichte gab und das erst im Faschismus und im Kommunismus eine Neuauflage fand. Es ging nicht darum, Verbrecher dingfest zu machen und Verbrecher aufzudecken, sondern um Gesinnungsschnüffelei. Alle Spitzel wurden belobigt und ausgezeichnet. Man nahm ihnen die Gewissensbisse, indem man ihnen sagte: „Gut ist alles, was der Republik nützt. Böse ist alles, was der Republik schadet." Durch das Spionagesystem wurden die Geselligkeit und die Gespräche, die die Franzosen so lieben, gestört. Man konnte ja ein unbedachtes Wort fallenlassen. Betroffen war auch das Familienleben. Wenn zum Beispiel der Vater sich gegen die neumodischen Ansichten des Sohnes äußerte oder die Mutter gegen die Gewohnheit der Tochter, Hinrichtungen anzuschauen, Einspruch erhob. Der Politkommissar Javoques sagte: „Ich erkenne nur diejenigen als Patrioten an, die notfalls ihren Vater, ihre Mutter, ihre Schwester anzeigen und auf dem Schafott ein Glas von ihrem Blut trinken würden".

Dieser moralische Zerfall führte zu einer sprachlichen Begriffsverwirrung. An die Stelle des Begriffes „Sünde" tritt

„Verschwörung". Ein schlechter Mensch ist ein Verräter. Der negativste Begriff lautete „Aristokrat". Aus dem politisch Zweckmäßigen wurden das philosophisch Wahre und das sittlich Richtige.

Aus der Angst aufzufallen, passt man sich an. Die Anrede mit „Sie" entfällt, sie wird durch das „Du" ersetzt. An Stelle von „Bonjour Monsieur" sagt man jetzt „Salut citoyen". Einen Identitätsverlust gab es auch bezüglich der Kleidung. Sansculottentracht war angesagt. Die meisten richteten sich nach dem neuen Diktat der Mode, außer Robespierre, der sich demonstrativ nach dem Stil des Ancien Régime kleidete. Das Tragen von Kokarden war vorgeschrieben. Phrygische Mützen und das Tragen von Piken waren beliebt.

Die Jungen nannte man jetzt Brutus anstelle von Ludwig. Beim Schachspiel entfielen der König, die Königin und die Bauern; Freiheit, Gleichheit und Brüderlichkeit traten auf ihren Platz. Die gleichen Symbole mussten auch beim Skatspiel entfallen. Die Königsstatuen wurden gestürzt, und die Lilien von den Wänden der Kirchen und Schlösser gerissen.

Thesen von Robespierre sagen, worum es geht: Wer gegen die Revolution ist, ist verloren. Wer nicht für die Revolution ist, ist schuldig. Für das Private gibt es keinen Schlupfwinkel mehr.

Für die Einhaltung und Hütung der revolutionären Gesinnung sind die Jakobiner, die Überwachungsausschüsse und das Revolutionstribunal zuständig.

Das Revolutionstribunal

Ein weiteres Instrument des revolutionären Terrors war das Revolutionstribunal. Nach der französischen Niederlage im März 1793 bei Neerwinden, und nachdem General Dumouriez am 4. März zu den Österreichern übergelaufen war, geriet der Konvent unter den Druck der Sansculotten, und man musste einen Aufstand befürchten. Um einen solchen zu verhindern, schlug Danton die Installation eines außerordentlichen Strafgerichts vor. Es erhielt am 20. Oktober 1793 den offiziellen Namen *Tribunal révolutionnaire* (Revolutionstribunal).

Es bestand aus einer Jury, einem Staatsanwalt und zwei Vertretern; auf seine Urteile war keine Berufung möglich. Präsident war M.J.A. Hermann, und Staatsanwalt war der berüchtigte Antoine Quentin Fouquier-Tinville. Er stammte aus einer Familie des alten französischen Adels der Picardie, und sein eigentlicher Name lautete Antoine Quentin Fouquier de Tinville. Da er einen großen Teil seines Vermögens verschleudert hatte, musste er sich mit Gelegenheitsjobs bei der Polizei und der Staatsanwaltschaft durchschlagen. Durch die Unterstützung seines Cousins Camille Desmoulins wurde er zum öffentlichen Ankläger *(Accusateur public)* beim Revolutionsgericht ernannt.

Als Robespierre die Vormachtsstellung im Wohlfahrtsausschuss erhalten hatte, wurden die Prozesse mehr und mehr zur Eliminierung seiner Gegner eingesetzt. Die prominentesten Opfer des Tribunals sind die Königin Marie Antoinette, die Girondistin Madame Roland, die Führungscrew der Girondisten, die Hébertisten und die Dantonisten. Insgesamt wurden zwischen dem 10. März 1793 und dem 10. Juni 1794 1.220 Todesurteile gefällt. In der Zeit vom 10. Juni bis zum 9. Thermidor, also in nur sechs Wochen, dagegen 1.280. 7.800 Menschen saßen im Gefängnis und warteten auf ihre Hinrichtung.

Die Germinalprozesse

Der Germinal ist nach dem französischen Revolutionskalender der erste Frühlingsmonat und läutet den Frühling ein. Vom Wonnemonat war in Paris in diesen Tagen wenig zu spüren, sondern es herrschte Streit– Streit zwischen Hébert, Robespierre und Danton. Die äußeren Feinde standen nicht mehr innerhalb der Grenzen, und die Aufstände in der Vendée und in den großen Städten des Südens waren niedergeschlagen.

Bei diesem Streit ging es nicht um den Schutz Frankreichs vor dem Feind, sondern darum, wer in dem Land selbst das Sagen hatte. Hébert stand für die radikalen Kräfte, für die Sansculotten, für die Cordeliers, wie sie jetzt hießen, und für das, was sie durchsetzen wollten: billigere Brotpreise, Fortsetzung der Entchristianisierungskampagne und die Fortsetzung der Revolution. Zu lange hatten sie im Schatten der Jakobiner gestanden, und nun beanspruchten sie die Macht für ihre Gruppe. Sie waren die *Ultras*, die auf die Volksaufstände und ihre Piken setzten.

Danton und Desmoulins hatten andere Ziele. Sie peilten Friedensverhandlungen an, sie liebten nicht die antireligiösen Exzesse und wollten die Revolution konsolidieren. Sie waren die *Citras* oder die *Indulgents*, die Nachsichtigen. Robespierre stand zwischen ihnen, und er brauchte sie beide, um seine Mehrheit im Konvent zu erhalten, um die Revolution fortzusetzen, um seine rousseauistischen Ideale zu realisieren.

Das Ideal Montesquieus von der Gewaltenteilung wurde gerühmt, aber nicht realisiert. Politische Gegner waren keine Gegner, sondern Feinde, die man eliminieren musste, notfalls durch das Medium von Prozessen, wo alle Rechtssicherungen beseitigt waren.

Der Prozess gegen die *Ultras*

Ausgang des Prozesses gegen die *Ultras* oder *Exagérés* ist der Mythos von der Verschwörung des Auslands, die dem royalistischen Agenten Baron Batz zugeschrieben wurde, aber kein Fundament in der Sache hatte. Ernst zu nehmen ist allerdings die Ausländerproblematik im damaligen Paris. Es waren zwei Gruppen, die nach Paris geströmt waren, Revolutionspilger, die von der Revolution begeistert, aber bald enttäuscht waren; die anderen waren Geschäftsleute, die Kriegsgewinn erhofften. Zu der ersten Gruppe zählten Graf Schlabrendorf, Alexander von Humboldt, Heinrich Campe, Georg Forster und Johann Georg Kerner. Sie standen zumeist den Girondisten nahe, verehrten die Revolution, aber verabscheuten die Revolutionäre. Adam Lux war so über die Revolution verzweifelt, dass er mit einem Suizid dem Konvent ein Zeichen des Protestes setzen wollte.

Zu den Revolutionsbegeisterten zählten auch Personen wie Jean-Baptiste Cloots, ein Baron aus Gnadental bei Kleve. Er war ein militanter Atheist und unterschrieb seine Briefe mit „erklärter Feind Gottes“. Cloots wurde französischer Bürger und in den Konvent berufen. Robespierre verzieh ihm nie seinen militanten

Atheismus und ließ ihn am 24. März mit den Hébertisten hinrichten.

Die anderen Ausländer waren Geschäftsleute, die sich für die Ziele der Hébertisten hervorgetan hatten. Sie setzten sich für unbegrenzte Kriegsführung, weil es ihnen selbst durch die Heereslieferungen hohe Gewinne brachte, und für den Kampf gegen das Christentum ein. Manche waren auch in die Affäre der *Compagnie des Indes* verstrickt. Das Verfahren gegen sie und auch gegen die Hébertisten lief unter dem Titel „Verschwörung des Auslands".

Schon seit Dezember 1793 nahmen die Spannungen zwischen dem Wohlfahrtsausschuss und den Hébertisten zu. Vincent, Ronsin und Héron wurden verhaftet, aber bald wieder freigelassen. Saint-Just kam den Ultras durch die Ventôsedekrete entgegen, nach denen die beschlagnahmten Güter der Verdächtigen den Bedürftigen zukommen sollen. Billaud-Varenne und Collot d'Herbois intervenieren immer von neuem zugunsten der radikalen Linken. Ein von den Cordeliers geplanter Volksaufstand kommt nicht zustande.

Robespierre wirft den Cordeliers Übertreibung vor und dass es ihnen vor allem um Posten geht und nicht um die Lösung sozialer Probleme. Tatsächlich hat diese Gruppe das Kriegsministerium durchsetzt und zur Filiale ihrer Macht ausgebaut. Die Spannung drängt zur Lösung, und am 14. März 1794 werden Hébert und seine Anhänger hingerichtet. Charakteristisch für diesen, aber auch für den folgenden und weiter folgende Prozesse ist das Prinzip des Amalgam, das heißt, dass andere, wie zum Beispiel ausländische Geschäftsleute und Personen, die sich unbeliebt gemacht haben, dem Verfahren beigemischt werden, später wurden auch die Frauen von Hébert und Desmoulins oder der ehemalige Bischof Göbel von Paris hingerichtet.

Es gab „Verschwörer", die blind, taub, gelähmt oder geistesschwach waren, und die man dennoch „dem Rächer des Volkes", der Guillotine, auslieferte. Wie kommentiert der Urheber der Prairialdekrete selbst diese Verfahren? Couthon, der seinen Sohn und sein weißes Kaninchen so sehr liebte, sagte: „Es handelt sich weniger darum, diese Personen zu bestrafen, als sie zu vernichten". Saint-Just kommentierte: „Das Gesetz schafft die

Gespenster ab“. Durch diese Verfahren wurde die Justiz als Revolutionsorgan bloßgestellt. Warum gab es überhaupt Richter und Geschworene, wenn das Urteil von vornherein feststand? Eine Antwort dazu gibt der *Accusateur général,* der Generalankläger, der eine Marienmedaille unter dem Hemd trug. Er herrschte die Geschworenen an und sagte: „Ich brauche jede Woche 250 Todesurteile, und ich bekomme sie!“

Was er und die Seinen ausübten, war ein Geschäft, ein Geschäft, das gut laufen musste. Fouquier-Tinville schien redlich und unbestechlich, und tatsächlich sind ihm keine persönlichen Bereicherungen nachzuweisen. Unbewegt erließ er seine Urteile, ob sie Danton, mit dem er befreundet war, seinen Cousin Camille Desmoulins oder die Königin betrafen. Gewissenlos, charakterlos und ohne Gefühl erließ er die Urteile, die Robespierre und Genossen ihm vorgaben; weder Herkunft, Alter oder Geschlecht fanden Rücksicht. Nach einem der längsten Prozesse der Revolutionsgeschichte wurde er am 7. Mai 1795 unter großem Beifall des Volkes hingerichtet. In seinem Prozess hatte er immer wieder betont, dass er auf Befehl der Regierung gehandelt habe. Nach den Nürnberger Prozessen kommt einem ein solcher Satz nicht ganz unbekannt vor.

Die Ratifizierung der Urteile des Revolutionsgerichts geschah auf dem Schafott der Guillotine. Die Guillotine entstand aus dem Geist der Aufklärung, um die Hinrichtung schnell und schmerzlos zu vollstrecken. Sie wurde danach zum Symbol der Schreckensherrschaft und der Verbindung von Tugendwahn und Terror. Der Arzt Joseph Ignace Guillotin, nach dem die Hinrichtungsmaschine benannt ist, wäre wohl froh gewesen, wenn sein Name an die Erfindung der Pockenimpfung erinnern würde, die wir diesem großen Mann verdanken. Guillotins Familie stellte nach seinem Tod den Antrag, den Namen der Hinrichtungsmaschine zu ändern. Da die Regierung dies ablehnte, änderten die Angehörigen ihren Familiennamen.

Das Symbol der Guillotine, und das, was es repräsentierte, war wirkungskräftiger als ein anderes Symbol, das Symbol der Bastille, das erst nach dem Deutsch-französischen Krieg 1870/71 wiederentdeckt wurde, was zum französischen Nationalfeiertag führte.

Das Symbol der Guillotine hat eine doppelte Wirkungsgeschichte. Die erste Republik unter Robespierre war durch ihren Terror derart in Verruf geraten, dass sie den Liberalen Furcht einflößte und die Monarchisten stützte. Es gelang der Republik lange nicht, ihr Image von dem Blut zu trennen, das in ihrem Namen geflossen war. Doch nicht nur auf die französische Geschichte hat die Erinnerung an den Terror eine Wirkung ausgelöst, sondern auch auf den Stalinismus und auf andere kommunistische Systeme wie das Pol-Pot-Regime. Der Despotismus der Freiheit gegen die „Tyrannei" spielte für das Jakobinertum dieselbe Rolle wie „die Diktatur des Proletariats" in der marxistischen Revolutionstheorie. Lenin wusste wohl, warum er ein Kriegsschiff nach Robespierre und ein anderes nach Marat benannte. Von Maximilien, dem Meister der *Terreur,* wird ein eigenes Kapitel handeln.

Am 10. Juni 1794 wurde das berüchtigte Gesetz vom 22. Prairial erlassen. Das Triumvirat Robespierre, Saint-Just und Couthon hatten das Gesetz erarbeitet, und Couthon trug es dem Konvent vor. Das Gesetz schuf alle Rechtssicherheiten bei den Prozessen ab und räumte die Normen der Gerichtsverfahren zur Seite. Dem Gericht blieb eigentlich nur, die Identität der Person, die zum Tode verurteilt werden sollte, zu bestätigen. Jeder Bürger hatte das Recht, ja sogar die Pflicht, Gegenrevolutionäre dem Tribunal zu überführen. Die Voruntersuchung entfiel, und Zeugen wurden nicht geduldet. Verteidiger gab es nicht. Richtschnur des Urteils war das Gewissen der durch die Liebe zum Vaterland erleuchteten Geschworenen. Als ausreichende Beweise galten alle Auskünfte, welcher Art auch immer, die einen vernünftigen Menschen und Freunde der Freiheit überzeugen konnten.

Die Prairialgesetze brachten eine Neuorganisation der Revolutionsgerichte mit sich. Nur am Revolutionsgericht in Paris und dem in Orange waren solche vereinfachten Verfahren erlaubt. In Orange wurden 31 Nonnen und ebensoviele Priester verurteilt. Das Pariser Sektionsgericht, das ursprünglich aus zwei Sektionen bestand, wurde um zwei erweitert, und die Zahl der Richter wurde dementsprechend erhöht. Robespierre kümmerte sich selbst um die Auswahl der Schöffen. Sie waren zumeist Handwerker und Mitglieder des Jakobinerklubs. Der Vater Duplay, bei dem Robespierre wohnte und mit dessen Familie er befreundet war, stand als erster auf der Liste, sowie Bürger, die mit Duplay befreundet waren. Auch die Sekretäre und Mitarbeiter von Robespierre fehlten nicht. Ein idealer Schöffe war Monsieur Leney, denn er war taub!

Wie nun lief ein Verfahren ab? Es umfasste: die Anfertigung der Vorführungsbefehle; die Anfertigung der Anklageschrift; die Instruktionen für den Henker.

Am meisten hatten bei diesen „Prozessen" die Schreiber zu tun, am wenigsten die Geschworenen. Die Maler unter ihnen zeichneten Skizzen von den Angeklagten. Verfahren gegen Gruppen verliefen wie am Fließband. In weniger als einer halben Stunde wurden oft über 50 Menschen verurteilt. Ein Geschworener namens Prieur sagte: „Es kommt gar nicht darauf an, dass die Angeklagten der Handlungen, die man ihnen zur Last legt, überführt werden. Ausschlaggebend ist, dass sie Adlige, Priester oder mit einem Wort: keine guten Republikaner sind". Eine Gruppe von Geschworenen antwortete auf die Frage eines Beamten, wessen die heute Verurteilten schuldig seien: „Lieber Gott, wir haben keine Ahnung. Aber wenn Sie es wissen wollen, brauchen Sie den Herren nur hinterherzulaufen. Sie sind gerade weggefahren".

Den Rechtsbruch bei diesen Prozessen zeigen auch eine ganze Reihe Einzelurteile und grobe Verfahrensfehler. Eines Tages war eine Anklage gegen 158 Personen angesetzt. Später wurden sie in drei Schübe unterteilt. Fouquier-Tinville aber hatte die Verurteilungen für den zweiten und den dritten Schub im voraus unterzeichnet. Am 1. Thermidor wurde der 17 Jahre alte Saint-Rémi vorgeführt. Er wurde mit seinem 55jährigen Vater verwechselt. Dennoch wurde das Urteil auf ihn ausgedehnt. Madame Maille wurde als Madame de Mayer angesehen. Das Gericht verurteilte sie dennoch, weil sie nun einmal da war. Der Bürger Déreillé wurde gefragt, was er von der Verschwörung in den Gefängnissen wisse. Als er die Frage verneinte, fragte der Richter: „Warst du nicht einmal Graf?" Er sagte: „Man gab mir diesen Titel." „Der nächste bitte", sagte der Richter, und schon war ein Leben ausgelöscht.

Der Prozess gegen die *Citras* oder die *Indulgents*

Am 20. November 1793 kehrte Danton wieder in die Politik zurück. Die Flitterwochen mit seiner blutjungen Frau waren zu Ende. Viele waren erstaunt, dass ein eidverweigernder Priester die Trauung der beiden vorgenommen hatte. Die junge Frau hatte es gewünscht, und Danton war zu liberal, um ihr diesen Wunsch zu versagen, auch wenn das möglicherweise politische Probleme mit sich brachte.

Danton kam nicht ohne politisches Programm von seinem Heiratsurlaub. Dazu zählten: Beendigung der Dechristianisierungskampagne; Friedensverhandlungen mit dem Kompromissangebot der Übergabe der Königin und der Königskinder an Österreich; Kampf gegen die Extremisten im Umkreis der Commune und der Sansculotten.

Danton verlangte Milde und hoffte, Robespierre von den Extremisten Billaud-Varenne und Collot d'Herbois trennen zu können. Ein Satz, den er in dieser Zeit sprach, lautet: „Ich verlange, dass mit Menschenblut sparsamer umgegangen wird!"

Unterstützung findet Danton bei seinem Freund Camille Desmoulins, der eine neue Zeitschrift herausgibt: *Le Vieux Cordelier*. Der Name versteht sich als Programm. Desmoulins setzt sich mit dem Titel seiner neuen Zeitung von den Hébertisten ab, die sich als die neuen Cordeliers verstehen, und sagt damit, dass diese von dem alten Kurs der Revolution, von dem der alten Cordeliers, abgewichen sind.

Aber nicht nur der Name seiner Zeitung ist Programm, sondern vor allem, was er zu sagen hat und fordert: In der ersten Nummer klagt er die Extremisten an, Agenten Pitts zu sein, die die englischen Interessen in Frankreich vertreten. Gleich in der nächsten Nummer klagt er die Dechristianisierungskampagne und vor allem Anarchasis Clootes, den Exbaron vom Niederrhein an, der sich als der persönliche Feind Gottes bezeichnet. In der darauf folgenden Nummer bestreitet er der Revolutionsregierung die Existenzberechtigung. In einer neuen Nummer legte Camille Desmoulins gleich nach und forderte die Freilassung von zweihunderttausend gefangenen Verdächtigen und die Schaffung eines Begnadigungsausschusses.

Georges Jacques Danton und Camille Desmoulins standen in ihrem Kampf nicht allein. Eng verbunden mit ihnen waren Jean-Francois Delacroix und Pierre Philippeaux. Delacroix ging den normalen Weg eines *Montagnard.* Er forderte Maßnahmen gegen den König, die Kirche und die *Feuillants* und später gegen die *Gironde.* Vergeblich hatte er zusammen mit Danton versucht, General Dumouriez von seinem Abfall und seiner Flucht zum Feind abzuhalten. Pierre Philippeaux war Politkommissar in der Vendée und zeichnete sich hier durch Mäßigung aus. Nach seiner Rückkehr nach Paris klagte er die Fahrlässigkeit der Sansculottengeneräle Ronsin und Rossignol an und brachte schwere Beschuldigungen gegen die Sendlinge von Kriegsminister Boudotte vor. All das brachte ihn in Spannung zu den radikalsten Extremisten Barère, Billaud-Varenne und Collot d'Herbois, zumal er deren Verbrechen in Lyon anklagte.

In einem Manifest forderte er für die ausgeblutete Vendée echte Befriedung. Aus diesem Grund forderte Barère, Philippeaux den Gemäßigten der Dantongruppe zuzuordnen und ihn zusammen mit den Dantonisten am 5. April 1794 hinrichten zu lassen.

Andere, wie Hérault de Séchelles und Fabre d'Églantine, die mit Danton verbunden waren, standen ihm in dieser Situation im Weg; da sie durch ihre Verbindung zur Affäre der *Compagnie des Indes* korrumpiert waren, brachten sie Danton selbst in Verdacht.

Zu dieser Zeit kam es zu einer Annäherung zwischen Danton und Robespierre. Für eine Wendung in Richtung Danton und Desmoulins sprach, dass die Entchristianisierung immer weniger akzeptiert wurde und Robespierre mehr für Friedensgespräche zu haben war. Vor allem fürchtete er, durch einen zu engen Schulterschluss an die extremen Kräfte die Mehrheit im Konvent zu verlieren. Andererseits musste er auch das linke Spektrum seiner Partner fürchten, die Männer, die sich im Schreckenssystem hervorgetan hatten. Barère und Collot d'Herbois waren in ihren Warnungen überdeutlich.

Prekär für Danton war, dass einige Personen, die ihm politisch nahestanden, wie Fabre d'Églantine (der Schöpfer des

Kinderliedes *Il pleut, il pleut, Bergère* und der poetischen Monatsnamen des Revolutionskalenders), der Schwerenöter und Intrigant Francois Chabot, der gemäßigte Claude Basire, Delaunay und der Adelsspross Hérault de Séchelles in die Affäre der *Compagnie des Indes* verstrickt waren. Die Aktien der Gesellschaft hatten im Juli/August Spitzenwerte erreicht, und die Leute dachten daran, sie in die Baisse zu treiben, um sie mit Höchstgewinnen verkaufen zu können. Da Danton schon oft in den Geruch der Bestechlichkeit geraten war, schien es verlockend, ihm auch in dieser Angelegenheit den gleichen Schuh anzuziehen. Seine Beteiligung an der Affäre der *Compagnie des Indes* ist allerdings nicht ganz klar.

Die übrigen Angeklagten im Prozess gegen die Dantonisten sind Bankiers, Börsenspekulanten, die mit der Westindienkompanie befasst waren. Fast alle sind Ausländer, wie der Heereslieferant Junius Frey, ein österreichischer Jude, dessen Schwester den Exkapuziner Chabot geheiratet hatte. Wie im Prozess gegen die *Citras* zeigt sich auch hier eine gewisse Ausländerfeindschaft von Robespierre und Teilen des Wohlfahrtsausschusses. Nicht zu diesem Kreis gehört der General François-Joseph Westermann, der als Schlächter der Vendée bekannt war. Westermann gehörte zu den Generälen, die unter Dumouriez in Belgien gedient hatten und die man verdächtigte, am Verrat des Heerführers nicht unbeteiligt gewesen zu sein. Robespierre, der den Wohlfahrtsausschuss dominierte, schreibt man ja eine gewisse Rachesucht zu, und das schien zur Verurteilung des Elsässers Westermann geführt zu haben.

Der Prozess gegen Danton und die Seinen entbehrte nicht einer gewissen Dramatik und Theatralik. Literaturkritiker meinen, Büchner habe seinem Theaterstück *Dantons Tod* nicht sehr viel Eigenes hinzufügen müssen. Stephan Lobert meint, dass die Prozesse gegen die *Ultras* und *Citras* Flügelkämpfe gewesen seien, die eine konsequente, auf Stabilisierung und Frieden ausgerichtete Politik ersetzten und letzthin Robespierre entmachtet hätten (Französische Revolution, S. 135.)

Fünftes Kapitel –
Robespierre und Saint-Just

Die Französische Revolution kennt keine Persönlichkeit, die während der ganzen Periode dominierte. Immer neue repräsentative Personen wurden an die Oberfläche gespült und verschwanden bald in der Versenkung. Robespierre wurde von 1793 bis 1794 für einige Monate zur bestimmenden Persönlichkeit. Er gehört wie Mirabeau und Danton zu den Symbolfiguren der Revolution. Besonders die Zeit der *Terreur* hat sein Bild geprägt. Er bestimmte die blutigste, aber auch paradoxeste Phase der Französischen Revolution. Wie wurden Freiheit und Gleichheit so hoch geschätzt? In der Realität waren sie völlig aufgehoben. Zwei Bilder von ihm blieben erhalten. Das Bild vom unbestechlichen Tribun des kleinen Volkes und das Bild vom blutdürstigen Tyrannen.

Was bei Robespierre zunächst auffällt, ist das, was Friedrich Sieburg „die Abwesenheit störender Leidenschaften" nennt. An sich kannte er nur zwei Schwächen. Er liebte über alles Apfelsinen und seine Kleidung. Er konnte Orangen mit einer Hand schälen, und die Teller waren immer mit Orangenschalen gefüllt. Gutes Essen mochte er nicht, und auch nicht den Alkohol. Zu Desmoulins, der ihn zum Essen eingeladen hatte, sagte er: „Champagner ist Gift für die Freiheit!" Nie besuchte er eines der zahlreichen Kaffeehäuser, die gerade in Paris im Entstehen waren. Er hetzte die Polizei auf die Spielhöllen und Bordelle, auf die armen Freudenmädchen und die reichen Hetären.

Die heitere Sicherheit hat Maximilien, so lange sie noch Freunde waren, geärgert. Danton durchschaute ihn und meinte: „Dieser Robespierre kann ja nicht einmal mit einer Frau ...!" „Der hat ja Angst vor dem Geld!" Nach Sieburg ist sein Verhältnis durch Furcht oder zeremonielle Gemessenheit bestimmt. Seine Briefe zu Frauen waren äußerst galant, aber umständlich. Seine Höflichkeit war nicht werbend, sondern distanzierend und kühl.

Nähere Beziehungen hatte er nur zur Marquise de Calabre und Eléonore Duplay. Die Marquise gehört zu den Frauen, die die Sache der Freiheit als eine neue Mode betrachten. Im Jakobinerklub sitzen sie in der ersten Reihe und himmeln den „Unbestechlichen" an. Auf Robespierre üben solche Frauen eine besondere Anziehungskraft aus. Eléonore Duplay, die Frau seines Wirts und Freundes, gilt als die Braut von Maximilien. Manchmal begleitete sie ihn bei Spaziergängen im Wald von Boulogne. „Die Natur ist gütig, sie beschämt nicht; das ist das, was der ‚Unbestechliche' braucht", schreibt Sieburg. Man weiß nicht, worüber sie gesprochen haben, über die „Volonté générale", über das „Höchste Wesen", sicher nicht über Zuneigung und Liebe, denn Robespierre ist Priester, ein Priester, der Gott werden will.

Was Robespierre außer Apfelsinen noch liebt, das ist seine Kleidung. In einer Zeit, wo für Revolutionäre die Sansculottenkleidung, die lange bunte Hose, die *Carmagnole,* die Weste und die phrygische Mütze à la mode sind, kleidet er sich wie ein Mann von Stand des Ancien Régime. Er liebt kühne Farbzusammenstellungen seiner Kleider, und seine Eleganz ist berühmt. Seine Halsbinden sind immer blütenweiß. Er trägt Spitzenmanschetten, obgleich sie aus der Mode gekommen sind, und seine Frisur wird jeden Morgen in *Cordonettes* gelegt und schneeweiß gepudert. Manche Leute gehen in dieser Zeit in Sansculottentracht und bewusst verlumpt. Robespierre mag das nicht, denn er hasst Schmutz, Unordnung und Pöbelhaftigkeit.

Was Sieburg bei Robespierre noch auffällt, ist sein Misstrauen. Er zuckt zusammen, wenn ein Mitbürger ihm auf den Rücken klopft, wie es damals üblich war. Auch die Neigung, Bruderküsse auszutauschen, bereitet ihm Qual. Das patriotische „Du" geht ihm nie leicht von den Lippen. Nach Danton „zieht er dabei das Gesicht einer Katze, die Essig getrunken hat". Von seiner ausgesuchten Höflichkeit sagt eine Frau, er benehme sich wie ein Tanzmeister des Ancien Régime.

Ihm fehlt die Unbefangenheit, und das Leben ist für ihn voll von Gefahren. Er ist steif, und deshalb klammert er sich an Regeln und Gewohnheiten. Ihm fehlt die innere und äußere Sicherheit.

Max Gallo stellt in seinem Buch *L'homme Robespierre – Histoire d'une Solitude* die Frage, wie eine so gehemmte und blasse Persönlichkeit soviel Sympathie in der Öffentlichkeit erringen konnte. Gallo erklärt es mit seinem Talent zur Inszenierung und Selbstinszenierung. Und das geschah durch das Medium der Rhetorik. Er sieht die Rhetorik als das Geheimnis seines Erfolges. Die Bewegungen bei seiner Rede sind sparsam. Nur selten fährt sein Zeigefinger wie eine elegante, aber furchtbare Waffe hoch. Seine Argumente sind dann von einer bis zur Vernichtung gehenden Konsequenz.

Bei seinen Ansprachen machen sich aber auch nervöse Störungen breit. Sie zeigen sich in einem nervösen Zucken, das sich manchmal in den Augenwinkeln, bald in den Mundwinkeln bemerkbar macht und sich in den Fingern, die auf das Pult trommeln, wiederholt. Robespierre spricht langsam mit einer durchdringenden, aber niemals mit einer verführerischen Stimme. Was er zu sagen hat, ist sorgfältig aufgeschrieben. Seine Reden ähneln einer Predigt und sind mit klassischen Floskeln durchsetzt.

Doch Robespierre kann auch großartige Formeln und Wendungen gebrauchen, wie im Prozess gegen den König im Konvent. Trotz seiner mittelmäßigen Rhetorik antworten die Zuhörer mit Schluchzen und Rührung, mit Schreien der Erschütterung, so dass der Saal bebt.

Billaud-Varenne, ein radikaler und militanter Revolutionär und ein Feind Robespierres, drückt aus, woraus sein Erfolg resultiert: „Robespierre war bald der Einzige, der in der Nationalversammlung die Blicke auf sich zog und ein solches Vertrauen erwarb, dass er das Übergewicht gewann. Bei seinem Eintritt in den Wohlfahrtsausschuss war er die wichtigste Persönlichkeit Frankreichs. Wie hat er das alles fertiggebracht und die öffentliche Meinung für sich gewonnen? Dadurch, dass er die strengsten Tugenden und die unbeschränkte Hingabe und die reinsten Grundsätze zur Schau gestellt hat" (Sieburg, a. a. O., S. 68).

Den Leuten, die an den Bäckerläden nach einem Laib Brot anstehen, gefällt, was er sagt, und es imponiert ihnen die Art und Weise, wie er für die *Egalité,* die Gleichheit, eintritt. Sie verstehen aber nicht, dass er lediglich die rechtliche Gleichheit meint und nicht die Gleichheit der Besitzer. Für die Menschen in den Elendsgebieten von Paris ist Robespierre einer, der die Spitzhacke an das Fundament der Klassenunterschiede legt, was der „Unbestechliche“ keineswegs vorhat.

Ein weiterer Grund für seinen Erfolg ist seine fanatische Verehrung des Volkes. „Das Volk kann nicht unrecht sein“, das ist ein Satz, den Robespierre dauernd seinen Zuhörern einhämmert. Für den „Unbestechlichen“ ist das Volk lediglich eine Idee, eine Idee, die sich im Jakobinerklub realisiert. Die Zuhörer aber halten sich selbst für das Volk, das Robespierre so vergöttert. Robespierre ist der große Schriftgelehrte, der mit dem Evangelium Rousseaus vor das Volk tritt und sagt: „Du bist der Herr“, aber gar nicht das reale Volk meint, sondern lediglich das Volk, das sich im Jakobinerklub versammelt.

Bei Robespierre ist auch in seinen Reden immer etwas von dem Rachedurst zu spüren gegen die Menschen, die glücklich sind. Sieburg spricht deshalb von einer unreinen demokratischen Mystik (S. 86).

Nach Max Gallo versuchte Robespierre, die Traumatisierung seiner Kindheit durch Zuwendung und die zugefügten Verletzungen durch den Terror zu kompensieren. Die Rachegefühle, die Robespierre hegte, fanden ihren Ausdruck oft im Hass. Ziel seines Hasses waren die Dantongruppe und die Girondisten, weil die gepflegten Herren den düsteren Asketen aus der fernen Provinz komisch fanden und weil alle diese Personen ihn die Trostlosigkeit des Lebens spüren ließen.

Weiterhin hasste er auch die Offiziere und den Krieg. Gegenüber einer Waffe empfand er fast eine körperliche Furcht. Die Körperbeherrschung, der Mut und die Männlichkeit der Offiziere erregten seine Missgunst. Als Carnot, der wie er dem Wohlfahrtsausschuss angehörte, ihm das Empfehlungsschreiben des jungen Generals Lazare Hoche, des Friedensstifters in der Vendée, überreichte und in ihm den großen Heerführer witterte, sagte Robespierre: „Das scheint ein höchst gefährlicher Mann zu sein!“

Die Wissenschaft, die sich wie die Revolution auf „absolute Wahrheit“ beruft, brachte den „Unbestechlichen“ in Verlegenheit. Robespierre machte sich nichts aus Wissenschaft. Sie war ihm gleichgültig. Aber er wendet sich wohl gegen die in dieser Zeit übliche Zerstörungswut. So ist er gegen den Vorschlag, die Nationalbibliothek zu verbrennen; gegen die Zerstörung der Kathedrale von Clermont-Ferrand, weil sie ein Schlupfwinkel des Fanatismus sei; gegen den Vorschlag, in Marseille die gelehrten Bücher zu verbrennen.

Negative Urteile hat der „Unbestechliche" gegen einzelne Wissenschaftszweige, gegen die Theologie, weil sie Fanatismus lebe, die Geschichte, weil sie Lügen enthalte, die anderen Wissenschaften, weil man sie nicht brauche.

Auf den Antrag von Bischof Grégoire für die Rettung der nationalen Bücherschätze entgegnete der Wohlfahrtsausschuss: „Es ist nur ein Buch notwendig, das der Natur".

Zur Zeit Robespierres starben zwei große, international bekannte Wissenschaftler auf dem Schafott der Guillotine. Dies waren der Astronom Jean-Sylvain Bailly und der Chemiker Antoine Laurent de Lavoisier. Die Wissenschaft verdankt Bailly die Berechnung des Halleyschen Kometen und die Erforschung der vier damals bekannten Jupitermonde. Er war übrigens der erste Bürgermeister von Paris und wurde als Königsfreund und Unterdrücker der Sansculotten am 11. November 1793 hingerichtet. Lavoisier entdeckte den Sauerstoff und untersuchte das Verhalten der Körper im gasförmigen Zustand. Lavoisier hatte sich als Steuerpächter beworben, um Geld für seine Experimente zu gewinnen. Das war auch der Grund für seine Hinrichtung. Der Vorsitzende des Revolutionsgerichtes erklärte: „Die Republik braucht weder Gelehrte noch Chemiker". Robespierre sagte: „Die Republik braucht Republikaner und sonst nichts!" (Sieburg, a. a. O., S. 94 ff.).

Auch Carnot, dem Frankreich zahlreiche Siege verdankte, geriet in Konflikt mit Robespierre. Robespierre lehnte das Leistungsprinzip beim Militär ab. Carnot vertraute auf die Tüchtigkeit seiner Generäle und lehnte die Gesinnungsschnüffelei ab.

Friedrich Sieburg hat sich in seinem Werk über Robespierre intensiv mit der Persönlichkeit des „Unbestechlichen" beschäftigt. Untersucht hat er die Lieblingsworte Robespierres: „Verschwörung", „Verrat", „Deckmantel", „Entlarvung", „Schurkerei". Robespierre liebt Andeutungen, um andere in Schrecken zu versetzen, zum Beispiel: „Wer zittert, ist schuldig"; „Ich habe Bourdon nicht genannt"; „Wehe dem, der sich selbst nennt". (Bourdon hatte sich als Politkommissar schuldig gemacht. Er führte später mit einer Truppenabteilung die Verhaftung Robespierres durch.) Warum es schwer war, Robespierre alles recht zu machen: Trägt man revolutionäre Gewohnheiten zur Schau, ist man ein Aristokrat. Ist man gleichgültig, ist man ein Feind der großen Sache. Rät man zur Milde, hat man das Gericht zu fürchten.

Auf dem Weg zur Tugendrepublik

Rousseau wurde das Idol von Robespierre. In der *Volonté générale* sieht er das Reich Gottes auf Erden, das Kommen einer neuen Welt und eines neuen Menschen. Für ihn persönlich bedeutet es die Erfüllung seiner unerfüllten Kinderwünsche, das Glück, nach dem er sich immer gesehnt, das er aber nie bei einem Menschen gesucht hat. Er hat nur ein Ziel, die *Societas perfecta,* darauf richtet er sein ganzes Streben. Dazu ist er auch in der Lage, weil er störende Leidenschaften wie Freude am Leben oder die Freundschaft und erst recht die Liebe nicht zulässt. Nicht in der Liebe zum Leben oder der Liebe zu einem Menschen sucht er seine Erfüllung, sondern in der Liebe zu einer Ideologie.

So versucht er, eine Utopie quasireligiösen Ursprungs in Politik zu verwandeln. Er will eine vollkommene Gesellschaft, das Reich Gottes auf Erden gründen. All das, was er auf diesem Weg tut, hat gewisse Ähnlichkeit mit der katholischen Kirche. Robespierre selbst ist der Papst, und seine Kirche, das sind die Jakobiner. Die Jakobiner wirken von oben nach unten. Sie besetzen die Überwachungsausschüsse und kontrollieren die Körperschaften bei der Stadtverwaltung und in der Nationalgarde. Jede wichtige Rede vor der Nationalversammlung muss vor dem Jakobinerklub wiederholt werden, und jeder wichtige Beschluss des Konvents wird dem Klub vorgelegt. Jeder Abgeordnete, der von einer Dienstreise zurückkehrt, muss dem Klub Bericht erstatten. Wie der Papst nicht ohne Kirche leben kann, so kann auch Robespierre nicht ohne den Jakobinerklub leben.

Die Gesellschaft der Jakobiner ist das eigentliche Volk Robespierres und übt in seinem Namen die Kontrolle aus. Sie haben die meisten Ämter inne, was zur Korruption und Politisierung der Institutionen führt. Dem Klub im ganzen Land werden hohe Summen überwiesen, die aus beschlagnahmten Vermögenswerten oder aus Kontributionen stammen.

In Frankreich gibt es keine Demokratie mehr, wenigstens nicht im Sinne der Gewaltenteilung von Montesquieu. Diese indirekte Demokratie, in der das Volk seine Abgeordneten wählt, die über die Gesetze entscheiden, ist jetzt eine bloße Fiktion. Das Gesetz des Handelns ergibt sich aus der *Volonté générale,* über die der Papst (Robespierre) und seine Kirche (der Jakobinerklub) verfügen. An die Stelle der indirekten Souveränität ist die direkte Souveränität getreten. Nur das absolute und legitime Volk, der Jakobinerklub, ist Träger der Souveränität.

In seinen Reden spricht „der Unbestechliche" immer wieder von Tugend, aber auch von der *Terreur.* Was ist hier mit Tugend gemeint?

Tugend im Sinne von Robespierre hat nichts mit dem allgemeinen Sittengesetz oder der Stimme des Gewissens zu tun. Auch Begriffe wie „gut" und „böse" erfahren hier eine Einschränkung. Die Tugend steht immer im Bezug zur *Volonté générale.* Nur dort, wo sie herrscht, wie zum Beispiel bei den Jakobinern, kann es Tugend geben. Weil Tugend nichts Persönliches und Individuelles ist, gibt es außerhalb der Revolution keine Tugend. Zu den Abgeordneten im Konvent sagt Robespierre: „Diejenigen unter Euch, die keine Jakobiner sind, sind auch nicht richtig tugendhaft. Nicht tugendhaft sind die Aristokraten, nicht wegen ihrer Herkunft, sondern wegen ihrer Gesinnung" (Sieburg, S. 74).

Robespierres Erfindung: Die Überführung der religiösen Intoleranz in das politische Leben

Rousseaus bzw. Robespierres Lehre ist eine Nachäffung des katholischen Dogmas. Seine Politik wird zur Religion ohne Gott, wobei zu beachten ist, dass das „göttliche Wesen", an das er glaubt, kaum etwas mit dem Gott, der sich in Jesus Christus offenbart hat, zu tun hat. Die *Volonté générale* schreibt er groß wie den Namen Gottes.

Robespierre und Saint-Just glauben, die Kenntnis der *Volonté générale* durch ein mystisches Erlebnis erfahren zu haben. Sie sind gleichsam der Kern dieser neuen religiösen, politischen Lehre. Um diese Mitte und dieses Heiligtum bildet sich die Kirche, der Jakobinerklub, dessen Oberhaupt, deren Papst Robespierre ist. Er hat das Recht, alle die zu eliminieren und auszurotten, die nicht zu dieser Kirche gehören. Daraus folgt auch das Recht, die Menschen nicht nur auf ihre Existenzberechtigung zu untersuchen, sondern auch die Einrichtungen zu eliminieren, die sich zwischen die *Volonté générale* und die Menschen stellen, wie die christliche Kirche.

Robespierre ist so der Erfinder der praktisch geübten Gesinnungspolitik. Sie ist die Übertragung der religiösen Intoleranz, wie sie sich im Mittelalter bei den Inquisitionsprozessen zeigte, auf das politische Gebiet, und zwar umfassender und radikaler.

Am 24. März und am 5. April 1794 schlug der Wohlfahrtsausschuss unter Führung Robespierres noch einmal zu mit der Hinrichtung der *Ultras* um Hébert und der *Citras* um Danton, den Gruppen auf dem linken und rechten Spektrum, die eine andere Meinung hatten als „der Unbestechliche".

Nach den Germinalprozessen gegen die Hébertisten und die Dantonisten dienten die Prairialverfahren in den sechs Wochen vor der Hinrichtung Robespierres, die 1.285 Opfer forderten, der bloßen Machterhaltung des „unbestechlichen" Diktators.

Der Satz Robespierres „Wer zittert, ist schuldig" erklärt die unaufhaltsame Gewalt des Terrors, vor dem das ganze Land zittert. Außer den Jakobinern versteht niemand den Sinn des Terrorregimes. Sein Ziel soll es sein, die Menschen zur Tugend zu führen. Auch Robespierre ist traurig, weil die Menschen die Tugend nicht wollen. Er versteht es nicht, dass die Menschen leben und glücklich sein wollen, was im Widerspruch zu seinem Tugendverständnis steht. Immer wieder neu spricht er die zwei Sätze: „Die Menschen wollen nicht gut sein, sie wollen leben" und „Mein Verstand, nicht mein Herz, ist so weit gekommen, an dieser Republik, die ich mir vorgenommen habe, zu zweifeln"

(Sieburg, S. 126). Er ist nicht in der Lage einzusehen, dass er sich auf einem Holzweg befindet. Nur der Tod kann ihn noch retten.

Seine Schwäche liegt darin, dass er zum zweckfreien Denken nicht in der Lage ist. Er will alles, was er für Recht erkannt zu haben glaubt, politisch umsetzen. Er kann den Terror nicht kanalisieren, weil er nicht nur diejenigen bekämpft, die Gesetze brechen, sondern vor allem die, die eine „falsche" Gesinnung haben und „die sich nicht genug" für seine Idee engagieren.

Die Rache der Republik an den aufständischen Provinzen stellt die Greuel in Paris in den Schatten. Robespierre verachtet die Prokonsuln, die in Gold und Blut schwelgen. Er lässt sie aber gewähren.

Louis-Antoine-Léon de Saint-Just

Saint-Just wurde am 29. August 1767 als Sohn eines Kavalleriehauptmanns geboren. Seine Prägung erhielt er auf dem Oratorianerkolleg in Soissons. Wesentlich waren für ihn die Wertkategorien, die er dort lernte, und die Verachtung der Welt, in der er lebte. Die Welt der Antike war der zentrale Inhalt des Lehrprogramms an dieser Schule. Latein bekam Priorität gegenüber der französischen Sprache, und Plutarch und Tacitus waren die bevorzugte Lektüre. Die antiken Helden wurden als Beispiel charakterlicher Größe und staatsbürgerlicher Tugend vermittelt. Sie sollten den Schülern zeigen, dass Selbstdisziplin, Bescheidenheit und Hingabe an den Staat den antiken Helden ihre historische Größe verliehen haben. Demgegenüber erschienen dem jungen Saint-Just die Verhältnisse in der Monarchie und der Kirche als nichtswürdig. Beides, die Liebe zur Antike und die Verachtung der Welt, in der er lebte, haben in ihm den radikalen Willen zur Veränderung erzeugt.

Eine weitere Jugenderfahrung wurde prägend für ihn, nämlich die Liebe zu Louise Thérèse Gellé. Saint-Just hatte das Mädchen schon vor seinem Eintritt in das Kolleg kennengelernt, und aus den zahllosen Begegnungen mit ihr in den Semesterferien erwuchsen eine Romanze und eine tiefe Zuneigung. Die Liebe zwischen Louis-Antoine und ihr ging in die Brüche, weil der Vater von Thérèse, der auf materielle und soziale Vorteile bedacht war, eine bessere Partie für seine Tochter vorgesehen hatte.

Im Alter von 19 Jahren verlässt Saint-Just seine Familie, um in Paris sein Glück zu finden. Dabei nimmt er das Familiensilber mit. Er wird jedoch verhaftet und verbringt ein Jahr in einer „Maison de Santé", einer Mischung aus Gefängnis und Irrenanstalt. Hier schreibt er sein ironisches Gedicht *Organt,* in dem er seine Erfahrungen bei den Oratorianern und seine unglückliche Liebe zu Louise Thérèse verarbeitet.

In der Zwischenzeit hat die Revolution begonnen. Saint-Just nimmt an den Sitzungen der Jakobiner und der Nationalversammlung teil. Am 23. September wendet er sich in einem Brief an sein Vorbild Robespierre, der die Karriere des 23jährigen fortan protegiert. Das Schreiben schließt mit dem Satz: „Die Wunder, die wir von Gott erwarten, vollbringst Du für Frankreich". Im gleichen Jahr veröffentlicht er ein Pamphlet, in dem er für einen kompromisslosen Republikanismus und Tugendenthusiasmus eintritt. Im Herbst 1792 wird Saint-Just in den Konvent gewählt. Im Prozess gegen Ludwig XVI. setzt er sich mit scharfen Worten für die Verurteilung des Königs zum Tode ein: „Ich sage, dass der König als Feind behandelt werden muss; wir haben ihn weniger zu verurteilen als zu bekämpfen. Welche Gerechtigkeitsbeziehung könnte es zwischen der Menschheit und einem König geben?" (Furet/Richet, S. 132).

Am 30. Mai 1793 wird Saint-Just Mitglied des Wohlfahrtsausschusses der revolutionären Regierung. In einer eloquenten, aber widersprüchlichen Rede setzt er sich für die Verurteilung der Girondisten ein, und am 10. Oktober verkündet er: „Le gouvernement de la France est revolutionnaire jusqu'à la paix" (Die Regierung Frankreichs ist revolutionär bis zum Frieden). Als Mitglied des Wohlfahrtsausschusses ist Saint-Just bei der Rhein- und Nordarmee und im Elsass tätig. Er, der für Plutarch und die römischen und griechischen Helden schwärmt, kann hier das, was er über Soldatentum und den Heroismus empfindet, realisieren. Und er zeigt kein geringes Geschick und Talent.

Wenn Saint-Just an die Front kommt, sagt Friedrich Sieburg, ist es, als ob ein stählerner Wind hereinbricht, der in die zerfetzten Fahnen bläst, an den Zelten der Offiziere rüttelt und die Generäle erzittern lässt (Robespierre, S. 106). Was macht der junge Politkommissar beim Heer? Er schießt die Fragen wie Pfeile ab und macht sich Notizen. Danach hört er die Beschwerden der Soldaten an, prüft das Brot in seiner Konsistenz und untersucht ihre Unterkünfte. Der Prokonsul aus Paris bemerkt alles, ob die Pferde schlecht gepflegt sind, ob sich Betrunkene oder Dirnen im Lager herumtreiben. Jeder fürchtet ihn, vom kleinen Trommler bis hin zum General. Er ist überall, bei den Pferden, den Depots, den Lazaretten, in den Laufgräben, der Artillerie und den Kartentischen der Offiziere.

Saint-Just fühlt sich bei der Armee wie ein Fisch im Wasser. Hier gehen ihm alle Jugendträume in Erfüllung, die er bei der Lektüre von Plutarch und anderen Autoren gehabt hat. Der 26jährige erlebt hier dauernde Bewegung, Spannung und Härte. Der Volksvertreter ist ein Stück wandernde Zentralgewalt; er kann alle Maßnahmen sofort in Kraft setzen und ist Herr über Leben und Tod. Zugleich aber hat er ein Herz für seine Soldaten. Er will ihnen Vater und Freund sein. Deshalb schläft er mit ihnen im Zelt und hört sie an, wenn sie Probleme haben. Sein Verhältnis zu den Offizieren ist nicht zu eng, und sein Essen ist frugal. Er hält sich an den Satz, den er einmal gesprochen hat: „Diejenigen, die Revolution in der Welt machen und sie gut machen wollen, dürfen erst im Grab schlafen!"

Saint-Just ist aber nicht nur der Vater und Freund der Soldaten. Er kann von unerbittlicher Härte sein. Seine erbarmungslose Strenge hat er in Straßburg gezeigt; die Stadt ist aber nur ein Beispiel unter vielen: Die Straßburger Verwaltung wird aufgeräumt, und bald werden über 10.000 Bürger verhaftet. „Zehntausend Männer in der Armee sind barfuß. Ihr werdet noch heute allen Aristokraten die Schuhe ausziehen, und morgen um 10 Uhr sind 10.000 Paar Schuhe auf dem Weg zum Hauptquartier", sagt Saint-Just, und er verlangt weiter: „Die Bürgerinnen von Straßburg werden aufgefordert, die deutsche Kleidertracht abzulegen, da ihre Herzen französisch sind".

Wie er den Generalankläger beim Revolutionsgericht von Straßburg behandelt hat, kann man auf einer anderen Seite dieses Buches lesen. Am gleichen Tag wird der Kommandant des 15. Bataillons degradiert, Soldaten, aber vor allem Offiziere, werden ins Gefängnis geworfen. Saint-Just hat seit seiner Kindheit und Jugend von Kleinsparta geträumt. Hier beim Heer wird der Traum Wirklichkeit; ein Traum, der von dem Mut, dem Engagement des Helden zeugt, zugleich aber auch von seiner Härte und Unerbittlichkeit, ja auch von der Unmenschlichkeit des Möchtegern-Helden.

Die Nähe zum spartanischen Ideal zeigt sich vor allem in den Vorstellungen, die Saint-Just vom zukünftigen Frankreich hat. Frankreich soll ein Bauernvolk werden. Nach seiner Meinung ist ein Mensch dazu geschaffen, die Waffe in der Hand oder den Pflug zu führen. Die Erwerbslosigkeit ist dadurch zu beseitigen, dass die Nationalgüter an die Erwerbslosen verteilt werden. Nach der Meinung von Saint-Just ist der Mensch nicht dazu geschaffen, für die Werkstätten und Fabriken zu arbeiten. Die Einführung dieser landwirtschaftlichen Strukturen sieht auch eine Beschränkung des Geldumlaufes und das Verbot der Thesaurierung vor.

Die von Saint-Just geplante Spartanisierung des Landes setzt vor allem die Einführung neuer Strukturen voraus: Die Kinder gehören bis zum fünften Lebensjahr der Mutter und danach dem Staat. Vom zehnten bis zum 16. Lebensjahr soll die Erziehung sich militärischen und landwirtschaftlichen Themen zuwenden. Die Jugendlichen sollen dazu in Kompanien von etwa 60 Individuen eingeteilt werden. Sechs Kompanien bilden ein Bataillon. Zur Erntezeit werden die jungen Leute zur Erntearbeit eingezogen. Alle Jugendlichen sollen die gleiche Kleidung tragen, von 16 bis 21 Arbeitskleidung und dann bis 25 Uniform. Wer im Zustand der Trunkenheit etwas Unrechtes sagt oder tut, wird verbannt. Mörder müssen bis zum Ende ihres Lebens schwarze Kleidung tragen; wer sie ablegt, wird umgebracht. Wer bis zum 60. Lebensjahr untadelig lebt, erhält die weiße Schärpe. Folgende Vorschriften gelten für das Militär: Ein Soldat, der feige war, darf niemals in seine Heimat zurückkehren; die gleiche Strafe gilt für die Verletzung der Manneszucht; Frauen dürfen sich, bei Androhung der Todesstrafe, nicht im Lager aufhalten.

Nach heutiger Sicht ruft die Institutionalisierung die Versklavung aller hervor. Sie schafft einen Staat nach dem Muster Orwells. Das gesamte menschliche Leben bis in die Schlupfwinkel seiner privaten Existenz soll ihr unterliegen. Der Mensch wird zu einem gläsernen, durchschaubaren Produkt. Er braucht sein Leben nicht mehr selbst zu ordnen; das geschieht durch die Institution und wird vom Staat übernommen. Institutionalisierung des menschlichen Lebens kann deshalb definiert werden als Formung der Rechtgesinnten und als Terror, als Jagd auf die Falschgesinnten.

Die Einhaltung der Vorschriften, die durch die Institutionalisierung geschaffen werden sollen, setzt Aufpasser, das Amt von Zensoren voraus. Die Zensoren sollen den Volkswillen verkörpern. Sie haben die Aufgabe der Überwachung. Grundlage des Staats aber ist nicht das Gesetz, sondern die rechte Gesinnung der Bürger, und diese sollen die Beamten vor allem überwachen. Von Saint-Just stammt der Satz: „Jede Revolution braucht eine Diktatur, um den Staat zu retten, und Zensoren, um die Tugend zu retten".

Saint-Just lässt sich auch näher über das Amt der Zensoren aus. Ein Zensor muss nach ihm als Tugenden Bescheidenheit und Ernst besitzen. Ihre Aufgabe besteht vor allem darin, die Missbräuche der Regierenden aufzuzeigen. Sein eigenes Vorbild ist Lykurg, der Sparta die Gesetze gegeben hat. Wie der große Lykurg meinte auch Saint-Just, keine Zweifel, keine Ungewissheit, kein Streben nach persönlichem Glück zu kennen. Der spartanische Gesetzesgeber ist sein Vorbild, weil dieser sich mit unerbittlicher Strenge für sein Volk einsetzte und dann in die freiwillig gewählte Verbannung ging.

Genauso wie er will Saint-Just das frei gewählte Paradies verlassen, das er erbarmungslos schaffen will. Für Friedrich Sieburg ist er der Todesengel, der schweigend am Tor der Revolution steht und in die Zukunft schaut. Die Zukunft in der alle Rechnungen aufgehen, alle Rätsel ihre Antwort finden, alle Früchte reifen. Die Welt ist für ihn ein Reißbrett, das er gestalten und planen kann. Woher hat er diese Sicherheit? Die Antwort gibt er sich selbst: „Ich verachte den Staub, aus dem ich gemacht bin" (Sieburg, S. 112).

„Diejenigen, die die Revolution halb machen wollen, schaufeln sich ihr eigenes Grab", lautet ein Leitsatz von Saint-Just. Dieser

Satz und die bisherigen Ausführungen zeigen seine überbordende Radikalität und terroristische Praxis. Sie ist wesentlich radikaler als die Forderungen der Sansculotten, sie geht über die Postulate der radikalsten Gruppen, der *Enragés* und der Hébertisten hinaus.

Vier Zitate dokumentieren die bisher kaum dagewesene Radikalität von Saint-Just: „Es liegt etwas Schreckliches in der geheiligten Liebe zum Vaterland; sie ist derart ausschließlich, dass sie alles dem öffentlichen Interesse zum Opfer bringen kann." „Man macht keine Republik mit Schonung, sondern mit wilder unbeugsamer Härte." „Jeder ist ein Verräter, so lange er nicht Menschenblut für das Vaterland vergossen hat." „Die Ausrottung aller, die anders gesinnt sind, ist das Ziel meiner Politik."

Saint-Just fühlte sich als Chirurg der Gesellschaft, der kranke Glieder wegschneidet. Beängstigend sind Sätze wie diese: „Alle, die nicht zur Revolution gehören, sollen die Bürgerrechte verlieren und eine Kugel an die Beine geschmiedet bekommen". Zu Füßen der Republikaner, auch das ist recht spartanisch, soll ein Helotenvolk entstehen. Ehemalige Adlige, Priester, Reiche sollen Sträflingskleidung anziehen und das Siegel der Schande tragen. Dass es sich bei all diesen Forderungen nicht nur um Verbalradikalismus handelte, zeigen die Prairialdekrete, die von Robespierre, Saint-Just und Couthon stammen und die weit über tausend Opfer allein in Paris forderten.

Friedrich Sieburg charakterisiert Saint-Just wie folgt: „Er ist Licht und Schatten, Soldat und Gesetzesgeber. Sein Erscheinen ruft scheue Bewunderung wegen seiner Größe und Entsetzen gegenüber seiner Unmenschlichkeit hervor. Robespierre war der Zeitlose, der unfruchtbar, weder jung noch alt war; Saint-Just war der Geheimnisvolle".

Für Robespierre empfand Saint-Just schwärmerische Verehrung. Er schrieb ihm: „Sie, den ich nur wie Gott, nämlich aus seinen Wundern kenne". Ihre Beziehung ist nicht nur die zwei Freunde, sondern die des bösen Geistes über einen Besessenen.

Saint Just ist der *Archange de la mort,* der Todesengel, der den Kopf des Königs fordert, den Tod der Girondisten, die Köpfe von Hébert und den Hébertisten, von Danton und den Dantonisten und den seines Freundes Desmoulins.

Totalitaristische Tendenzen finden sich bei den *Montagnards,* bei den Jakobinern und verstärkt bei den linken Gruppen, bei den Exagérés, den Sansculotten und den Hébertisten, in ausufernder Form aber bei Saint-Just. In keiner Gruppe sonst wird das antike Sparta als das Idealbild der französischen Republik gesehen, wird eine vormilitärische, alle Lebensbereiche umfassende Ausbildung vorgeschlagen, gibt es ein Überwachungssystem für alle, herrscht ein solcher ungebremster Militarismus.

All das hat schon vor 50 Jahren André Malraux den Satz sprechen lassen: „Saint-Just hat die Kommunisten angekündigt, aber auch die Faschisten und die eine mächtige Einheitspartei".

„Saint-Just fasciste?"

War Saint-Just ein Faschist? Diese Frage wurde auch in Deutschland heftig diskutiert, nachdem Martin Mosebach anlässlich der Entgegennahme des Büchnerpreises 2007 eine Parallele zwischen dem Reichsführer SS Heinrich Himmler und dem französischen Revolutionär Saint-Just, einem der Hauptverantwortlichen für den Großen Terror von 1794, gezogen hatte. Eine weiterführende Antwort zu dieser Frage findet sich in dem Aufsatz „Saint-Just fasciste?" von Frédéric Rouvillois im *Schwarzbuch der Französischen Revolution* (2008), das in Deutschland bislang kaum beachtet wurde. Auch für den ideen- und motivgeschichtlichen Weg von der Französischen Revolution zur Oktoberrevolution, den der Totalitarimusexperte Stéphane Courtois nachzeichnet, sei auf dieses Werk verwiesen.

Sechstes Kapitel – Sie kämpften für ihren Glauben

François Furet nannte den Vendéekrieg „die längste und die blutigste der bürgerkriegsähnlichen Unruhen der Französischen Revolution". „Das Blutbad der Vendéebevölkerung, verbunden mit der Verwüstung der Vendée, ist das größte kollektive Massaker des revolutionären Terrors, ohne dass es in die berühmte Absolution entleihende Sparte der ‚Umstände' (Bürgerkrieg) eingereiht werden könnte" (François Furet, a.a.O., S. 269 f.). Reynald Secher nennt die Niederschlagung des Aufstandes einen Völkermord, den „Génocide franco-français".

Der Aufstand in der Vendée erstreckte sich auf vier Départements im Westen Frankreichs: die Départements Loire-Atlantique, Maine et Loire, Deux-Sèvres und auf das Département Vendée. Vor der Gliederung in Départements gehörten die Gebiete den Generalitäten Poitou, Angou und der Bretagne an.

Der Begriff „Vendéekrieg" kam in der Nationalversammlung in Gebrauch. Man vermutet, dass die anderen beteiligten Départements sich wegen ihrer Doppelnamen nicht gut zur Benennung eigneten. Darüber hinaus war die Vendée auch das größte der vier Gebiete. Man unterscheidet daher zwischen der *Vendée départementale* und der *Vendée militaire,* dem eigentlichen Gebiet des Aufstandes. Hauptzentren des Aufstandes waren im Westen die Bocages, der Marais und im Osten die Mauges.

Forschungsstand

Die Geschichte der Vendée wird im 19. Jahrhundert verschieden bewertet, denn das Land ist zwischen den Anhängern des Ancien Régimes und denen der Revolution geteilt. „Die Franzosen des 19. Jahrhunderts können die beiden Teile ihrer Vergangenheit nicht als Gesamtheit lieben. Die, welche die Revolution lieben, verabscheuen das Ancien Régime und die, die dem Ancien Régime nachtrauern, verabscheuen die Revolution" (Furet, a.a.O., S. 276f.). Die Vendée spielt eine zentrale Rolle in dieser Auseinandersetzung.

Für die letztere, traditionalistische, von der Romantik bestimmte Richtung stellt die Vendée die Welt der Bauern, der Priester und der Adeligen dar, welche die frühere Gesellschaft verkörpern. Der Aufstand in der Vendée wird so als Aufbegehren gegen die jakobinische Diktatur gesehen. Nach dieser Sicht wäre ohne die Begeisterung und die Tapferkeit der Vendéer dem Ancien Régime ein ruhmloser Untergang beschieden gewesen.

Diese Position wird vor allem durch die Marquise von Rochjaquelein vertreten, die an der Seite ihres Gatten, des Grafen Lescure, den Krieg mitgemacht hat und später den Bruder des letzten Generalissimus der Vendéer, Henri de Rochjaquelein, heiratete. Nach der Marquise verkörperte die Vendée ein glückliches Ancien Régime: eine Gesellschaft von Bauern und Grundherren, die in außergewöhnlicher Weise mit dem Glauben und der Kirche verbunden waren. „Jeden Tag zeigten sie sich unzufriedener mit der Neuordnung der Dinge durch die Revolution." Diese Unzufriedenheit wurde durch die Zivilkonstitution des Klerus und durch die Hinrichtung des Königs noch verstärkt und mündete infolge der Massenaushebung von 300.000 jungen Männern in einen großen Aufstand und in den Vendéekrieg. Ihre Memoiren waren bestimmend für die legitimistische, klerikale und royalistische Geschichtsschreibung des 19. Jahrhunderts. Talent, Einfühlungsvermögen und poetischer Charme werden der Marquise auch von Kritikern nicht abgesprochen.

Ganz anders sieht die der Revolution verpflichtete Geschichtsschreibung das Phänomen. Es ist die *inexplicable Vendée* (Barère), die unerklärliche Vendée, die dort beschrieben wird. Die Historiker republikanischer Couleur vermuten im Vendéeaufstand das Resultat unbewusster adeliger Unterdrükkung und klerikalen Obskurantismus, der das in einen engen Horizont eingespannte Volk zum Aufstand geführt habe.

Ein bedeutender Historiker des 19. Jahrhunderts, Michelet, meint im Hass der Landbevölkerung gegen die erstarkte Bourgeoisie in den Städten und in der Wühlarbeit der Priester den Grund des Aufstandes finden zu können. Er schreibt: „Der Bauer der Vendée ist ein abhängiges Wesen, ein Halbwilder, durch die Kirche fanatisiert. Zwischen dem Beichtstuhl und dem Ehebett entsteht die große Verschwörung, welche die Männer, und oft auch ihre Frauen, in die Arme der katholischen und königlichen Armee der Vendée trieben."

Auch die Geschichtsschreibung des frühen 20. Jahrhunderts sieht den Aufstand durch den Adel und Klerus bedingt. Furet vermutet darin eine Expolation des Konfliktes der Vergangenheit in das frühe 20. Jahrhundert, das von der Spannung zwischen dem linken und dem rechten Spektrum bestimmt war. Man denke hier an die katholisch-reaktionäre *Action française* und an den radikalen Sozialismus.

Das ist der Hintergrund der Arbeiten von Claude-Louis Chassin und Quinet. André Siegfried leitete das politische und moralische Porträt der Vendée von der geographischen Isolation der Landschaft ab, die sich äußeren Einflüssen verschlossen habe. Nach diesem Autor standen sie restlos unter dem Einfluss der Pfarrer und Vikare. Die Priester waren die wahren Führer der Bauern und der Adel stellte die Verbindung zur irdischen Hierarchie her.

Die moderne Geschichtsschreibung bestreitet die Besonderheit des Vendéeaufstandes. Es gibt keine Determination, weder durch die Geographie noch durch andere Gegebenheiten: das wesentlich Neue ist der sozial-ökonomische Aspekt, den man in die Forschung einbringt. Die Vendée hat nicht unter der Fuchtel der Adeligen und Priester gestanden und hing nicht dem alten Regime an. Der Aufstand in der Vendée war ein Volksaufstand, der zudem relativ spät – erst vier Jahre nach dem Beginn der Revolution – ausbrach. Zu Beginn wurde die Revolution begeistert von den Bauern begrüßt.

Als Gründe für den Aufstand werden die Spannungen zwischen der städtischen Bourgeoisie und der Landbevölkerung, die Neugliederung des Territoriums, die Zerstörung der geschichtlich gewachsenen Gegebenheiten und Traditionen und vor allem die beginnende Dechristianisierung und die zeitnahe Affäre der Zivilverfassung des Klerus genannt.

Eine ganze Reihe von Autoren hat sich in neuer und neuester Zeit mit dem Aufstand in der Vendée befasst: Von Reynald Secher, der übrigens auch Comics über die meisten Epochen der französischen Geschichte geschrieben hat, liegen vier geschichtliche Werke sowie ein Roman über diese Epoche vor. *La Chapelle Basse-Mer, village vendéen* ist eine Feldstudie über sein Heimatdorf, die das Verhalten der Bevölkerung vor und während des Aufstandes beschreibt und aufzeigt, dass das Verhältnis zu der Erhebung in diesem Dorf differierte. Seine beiden Hauptwerke *Le Génocide franco-français* und *Juifs et Vendéens* enthalten die These, dass es sich bei der Verfolgung um einen Völkermord gehandelt habe. Außerdem werden die Ursachen der Verfolgung analysiert und das Verhalten der konstitutionellen und eidverweigernden Priester bei der Verfolgung dargestellt. Interessant ist auch sein Buch *La Guerre de Vendée et le système de la dépopulation,* das 1987 erschien. Der Autor und ein Universitätskollege setzen sich hier mit Gracchus Babeuf, dem Urvater der kommunistischen Partei Frankreichs, auseinander, der – man höre und staune – sich eindeutig auf die Seite der Vendée stellte und die Verfolgung als systematische Entvölkerungspolitik beschrieb. Secher verfolgt engagiert, fast fanatisch, seine These vom Völkermord an den Vendéern, erschließt aber zugleich eine ganze Reihe unbekannter Quellen und beleuchtet den vorliegenden Befund kritisch.

Eine Gesamtdarstellung des Vendéekrieges gibt Jean-Clément Martin in seinem 1987 erschienenen Werk *La Vendée et la France.* Martin beschreibt genau, dass es auch im Aufstandsgebiet „blaue republikanische Flecken“ gab, in denen eine antifeudale und eine antiklerikale Gesinnung herrschten – so beispielsweise im Süden der Vendée, der Plaine (der Ebene) – und hebt die Stärken und Schwächen der *Armée Catholique et Royale* hervor. Der religiöse Aspekt des Aufstandes kommt bei ihm allerdings etwas zu kurz. Martin versucht sogar, den Henker von Nantes, Carrier, in vielen Punkten zu entschuldigen, nicht aber zu rehabilitieren. Das Unwesen der *Colonnes infernales* unter General Turreau, die das Land verwüsteten und etwa 100.000 Menschen ermordeten, wird nur en passant erwähnt. Das Buch, das zwei Jahre vor der Zweihundertjahrfeier der

Französischen Revolution erschien, versucht, bei allen Sympathien für die Vendée, auf die für ihn weiße Weste Frankreichs keine dunklen Flecken fallen zu lassen.

Wohl das bedeutendste und reichste Werk stellt das 1999 erschienene Buch von Alain Gérard *Par principe d'humanité, La Terreur et la Vendée* dar. Besonders faszinierend an diesem Buch ist die Parallelschau der Ereignisse in der Vendée und in Paris. Nach diesem Autor ist der Vendéekrieg für die *Montagnards* und Robespierre ein Mittel zum Zweck und soll der Beseitigung ihrer innenpolitischen Gegner, den Girondisten, den *Enragés* oder Hébertisten und den *Indulgents* um Danton, dienen. Gérard zeigt auf, dass eine Reihe adeliger Generäle wie Bonchamp, Lescure und auch der spätere Generalissimus d'Elbée zunächst eng mit der Revolution liiert sind, und dass der konstituierte Oberste Rat wegen seines reaktionären Programms an der aufgeklärten Haltung der Vendée scheitert. D'Elbée erklärt beim Verhör nach seiner Gefangennahme, die Absetzung des Königs habe er noch toleriert, nicht aber die Maßnahmen gegen die Religion. Ein Hauptziel seiner Arbeit ist es, die Ursache für die Entstehung des Terrorismus zu finden. Er gelangt aber nur zu Antworten, die ihn selbst nur halb zufriedenstellen. Darum nimmt etwa die Hälfte des Werkes das Wüten des *Représentant en mission* in Nantes, Carrier, ein, der Zehntausende - zumeist ohne Urteil - durch Guillotinieren, Füsilieren und Noyaden umbringen ließ und auch die *Terreur,* die die *Colonnes infernales* durch ihre Taktik der verbrannten Erde ausübten, mit unbeschreiblichen Grausamkeiten an schwangeren Frauen, Kindern und ausnahmslos auch an Republikanern.

Ursache und Anlass des Vendéekrieges

Die der Revolution zuneigende Geschichtsschreibung des 19. Jahrhunderts sieht in den Ereignissen in der Vendée einen Royalistenaufstand und einen Adelskomplott. Dagegen ist die neuere Forschung sich einig, dass es der Vendée keineswegs darum ging, das Ancien Régime wiederherzustellen. So erklärte der Generalissimus d'Elbée nach seiner Gefangennahme: „Ich schwöre auf meine Ehre, obwohl ich mich nach einem kräftigen und erleuchteten monarchischen Regiment sehnte, so hätte ich friedlich und als Bürger unter jeder Regierung gelebt, die mir Ruhe und freie Übung meiner Religion gestattet hätte" (Mémoires de Madame La Rochjaquelein, S. 403). Was den Adel betrifft, so waren der Marquis Charles Melchior Arthus de Bonchamps und der Baron d'Elbée in der ersten Phase im Sinne der Revolution tätig. So kauften sie Nationalgüter und ließen sich zu Deputierten wählen. Im übrigen hat der Adel nicht zum Aufstand gedrängt, sondern wurde von der Bevölkerung regelrecht dazu gezwungen teilzunehmen, weil man militärisch erfahrene Führer benötigte. Weiterhin waren die ersten Anführer des Aufstandes, der Generalissimus Jaques Cathelineau und der Elsässer Stofflet, Nichtadelige.

Die Güter der Edelleute waren relativ bescheiden. Man lebte von dem Herrengut, das man selbst bewirtschaftete, und von den Pachterträgen der zahlreichen Meiereien. Der Adel der Vendée war landsässig, und in Übertragung eines Begriffes kann man hier von Land- oder Krautjunkern sprechen.

Nach Martin waren die feudalen Abgaben in der Vendée mehr als bescheiden. Das idyllische Verhältnis zwischen dem Adel und der Landbevölkerung, das die Marquise von Rochjaquelein beschreibt – dass sich beispielsweise die adeligen Familien am Sonntag mit den Bauersleuten zum Tanz im Schlosshof trafen oder die Bauernfamilien ihre Taufpaten aus den Herrenfamilien wählten –, entspringt also nicht einer romantisch verklärten Phantasie, sondern ist erlebte Wirklichkeit.

Eine Gegnerschaft zwischen dem Adel und der Landbevölkerung bestand also nicht, wohl aber ein Konflikt des Adels, der Bauern und Weber mit der reichen Stadtbevölkerung. Es waren wirtschaftliche, politische und ideologische Gründe, die zu diesen Spannungen führten.

Zum einen wurden sowohl die Edelleute als auch die Bauern beim Verkauf der Nationalgüter zugunsten der Bourgeoisie übervorteilt. Zum anderen mussten die Pächter anstelle des Zehnten den reichen Städtern eine wesentlich höhere Pacht und noch eine zusätzliche Steuer zahlen.

Betroffen von der Umwandlung waren auch die Weber, die

ein starkes Kontingent der Landbevölkerung darstellten. Sie gerieten in eine immer stärkere Abhängigkeit von den städtischen Unternehmern. Dazu kam noch eine starke wirtschaftliche Rezession auf dem Textilsektor. Die „katholische und königliche Armee“ der Vendée setzte sich also nicht nur aus Bauern, sondern auch zu einem nicht unerheblichen Anteil aus Webern zusammen.

Stellte bisher der Adel die Führungskräfte in der Verwaltung und beim Militär, so wurde er durch die revolutionäre Entwicklung vom reichen Bürgertum abgelöst, aus dem die Offiziere der Nationalgarde und die Beamten der städtischen Institutionen kamen. Nicht zu übersehen ist vor allem der ideologische Gegensatz, der zwischen den genannten Gruppen und der neuen städtischen Führungsschicht herrschte. Während die Edelleute, Bauern und Weber treu ihrem überlieferten Glauben anhingen, waren die städtischen Eliten zumeist Sympathisanten der Enzyklopädisten und der Freimaurerei, welche in der angestammten Religion nur Aberglauben und das Produkt des Fanatismus sahen.

Darüber hinaus litten die stark heimatgebundenen Vendéer an der Neugliederung ihres Gebietes, welche die geschichtlich gewachsene Verbindungen zerstörte.

Der Hauptgrund für den Aufstand war jedoch – wie schon angedeutet wurde – die Frage der Religion. Das Land war von einem starken Volksglauben geprägt, auf dem die Mulotins, ein von Grignon de Montfort gegründeter Orden, aufbauten und für die Bevölkerung adäquate religiöse Strukturen formten. Saint Florent, der Sitz der von Grignon de Montfort gegründeten Priester- und Schwesterngemeinschaft, war und bleibt bis heute zentrales Heiligtum des Landes, von dem die glaubensmäßigen Impulse ausgehen.

Die schon 1792 in Frankreich einsetzende Dechristianisierung, die Septembermorde 1792 in Paris, denen zahlreiche Priester zum Opfer fielen, und der neue revolutionäre Kalender von 1793, der die Revolution anstelle von Jesus Christus zur Mitte der Geschichte erklärte, wurden in der Vendée und nicht nur dort als Kampfansage gegen Kirche und Glauben verstanden. Vor allem aber stießen die revolutionäre Kirchenpolitik, die Zivilkonstitution des Klerus vom 12. Juli 1790 und der geforderte Treueeid der Priester auf die Verfassung auf starke Ablehnung bei der gläubigen Bevölkerung und sind als der Hauptgrund für die Erhebung anzusehen.

Es waren auch nicht primär dogmatische oder kirchenrechtliche Gründe, die den Widerstand der Bevölkerung im Westen Frankreichs heraufbeschworen, sondern die engen Bindungen, die zwischen den Gemeinden und ihren Pfarrern dort bestanden, und die religiös indifferente Haltung der Institutionen, welche die zukünftigen Pfarrer wählen sollten.

Die Priester nämlich, die sich weigerten, den Eid auf die Verfassung zu leisten, mussten ihre Pfarreien verlassen und sollten kaserniert oder deportiert werden. Sie entzogen sich aber zumeist den staatlichen Zwangsmaßnahmen und fanden bei Verwandten oder im Schoße ihrer Gemeinden Unterschlupf. Kleriker dagegen, die den Eid geleistet hatten und neu in die Pfarreien kamen, wurden schikaniert und als *Intrus,* Eindringlinge, beschimpft. Ihre Gottesdienste wurden boykottiert. Man besuchte jetzt die Eucharistie bei den *bons prêtres,* bei den guten alten Pfarrern in den Wäldern und Einöden.

Die Wahl der neuen konstitutionellen Pfarrer erfolgte auf der Verwaltungsebene der Arrondissements und Kantone. Der Bischof wurde von den Wahlmännern des Départements gewählt. Da diese Gremien häufig von kirchenfremden und religiös gleichgültigen Personen besetzt waren, war die Wahl eines gläubigen und kirchentreuen Pfarrers nicht gewährleistet.

Die beginnende Dechristianisierungskampagne, das Verbot von Wallfahrten und religiösen Volksbräuchen sowie die Auswirkungen des vom Klerus geforderten Zivileides führten schließlich zu Spannungen, die zu einer Entladung drängten. Schon im Sommer 1792 kam es in den Mauges in vielen Orten zu *processions diurnes et nocturnes* zu Marienerscheinungsorten, die von der Nationalgarde brutal unterdrückt wurden. Politkommissare meldeten von der Bocage, dass die Bevölkerung wegen der Änderung der religiösen Verhältnisse verzweifelt sei. Zwischen dem 22. und dem 24. August 1792 kam es in der Gegend um Bressuire zu Protesten und Unruhen, die 200 Opfer forderten. In Cholet, der bedeutendsten Stadt der Region, kam es ebenfalls zu religiös motivierten Unruhen, bei denen etwa 150 Menschen umkamen.

Alle diese Vorkommnisse zeigen eine starke Traumatisierung der Bevölkerung. Das Pulverfass lag bereit. Es fehlte nur die Lunte, es zu entzünden.

In Paris tat man die Erhebung in der Vendée als Adelskomplott ab und die religiösen Gefühle der Bevölkerung als Fanatismus. Der Krieg der „Giganten" (Napoléon) konnte beginnen, weil keiner in die Speichen des anlaufenden Wagens griff.

Unmittelbarer Auslöser des Aufstandes in der Vendée war schließlich die Aushebung von 300.000 Wehrpflichtigen, die am 24. Februar von der Nationalversammlung beschlossen wurde. Solche Rekrutierungen, die meist durch das Losverfahren erfolgten und bei denen die Söhne der Beamten ausgeschlossen waren, waren schon im Ancien Régime unbeliebt und führten in vielen Teilen Frankreichs zu Unruhen. Zum Steppenbrand konnte sich der Aufstand in der Vendée vor allem deshalb entwickeln, weil die Französische Revolution – die vor allem eine Revolution des Großbürgertums war – die Situation der Arbeiter (Weber) und Bauern falsch einschätzte und die religiösen Empfindungen des Volkes als Fanatismus abtat.

Eine von ausländischen Mächten, den Emigranten und dem Adel geschürte Bewegung ist der Vendéeaufstand wenigstens nicht gewesen. Auch die Hinrichtung des Königs bewegte die Menschen nicht so sehr, dass sie zu den Waffen gegriffen hätten. Zum Ancien Régime wollte man nicht zurück.

Ein Kirchenfenster in der Vendée zeigt deutlich, worum es ging: Ein Soldat bedroht einen jungen Mann mit dem Bajonett und fordert ihn auf: „Rends-toi" (Ergib dich), und der junge Mann erwidert: „Rends-moi mon Dieu" (Gib mir meinen Gott zurück).

Der Aufstand

Am 10. März 1793 sollte in den Départements des Westens die Ziehung zum Militärdienst erfolgen. In Challons im Nieder-Poitou und in Saint Florent im Angou protestierten die Rekruten und verlangten Befreiung vom Kriegsdienst. Als die Beamten drohten und eine Kanone abzuschießen begannen, trieben die jungen Leute die Beamten, die Nationalgarde und die Polizisten in die Flucht und zerrissen die Papiere und Protokolle. In allen Départements kam es zu ähnlichen Szenen. Vor allem im Bocage, den Mauges und im Marais Breton läuteten bald in über 700 Pfarrgemeinden die Sturmglocken und riefen zum Aufstand auf.

Die Bewegung erfolgte in den Gemeinden unabhängig voneinander, und sie war nicht im voraus geplant. Die ersten, die Ordnung in diese Massenbewegung brachten, waren der Fuhrunternehmer Jaques Cathelineau und der Jagdhüter Jean Nicolas Stofflet, ein Elsässer, der Französisch mit einem deutschen Akzent sprach. Und schließlich war da noch Forêt, der Sohn eines Schuhmachers.

Als die Unruhen sich zu einem Aufstand ausweiteten, sah man ein, dass man militärisch versierte Führer benötigte, und klopfte an die Tore der Schlösser. Von den Bauern derartig bedrängt, stellten sich die Schlossherren nur zögerlich an die Spitze des Aufstandes. Es waren Charles Artus de Bonchamps, François Athanase de Charette, Marie Louis Gigot d'Elbée, Louis Marie Lescure und Henri de la Rochjaquelein. Die Autorität der Anführer war begrenzt, und besonders Charette verfolgte seine eigenen Pläne zum Nachteil der gemeinsamen Sache. Eine ausgesprochen royalistische Haltung ist lediglich bei ihm festzustellen. Er ließ sogar in seinem Einflussgebiet im Marais ein schlossähnliches Gebäude für den zukünftigen König Ludwig XVII. errichten. Auch die Milde und Verschonung gegenüber den republikanischen Gefangenen, durch die die anderen Heerführer sich auszeichneten, ist bei ihm nicht zu finden. Aus dieser Sicht werden auch die Ereignisse in dem Marktflecken Marchcoul verständlich, die von der revolutionären Kriegspropaganda weidlich ausgeschlachtet wurden, und die sich im Einflussgebiet von Charette abspielten. Nach Gérard und anderen Autoren fielen etwa 90 Angehörige der Nationalgarde und fünf Polizisten bei dem Gefecht. Der Deputierte Maupaissant, der Friedensrichter und der konstitutionelle Pfarrer wurden erschossen, weil sie sich weigerten, „Es lebe der König!" zu rufen. Der Mord ging übrigens nicht von den Bauern aus, sondern von dem Steuereinnehmer Souchu, der im Dienst eines Vetters von Charette stand. Die Propaganda der Revolutionäre sprach dagegen von mehreren hundert Toten, die massakriert und von Frauen zerfleischt worden seien.

Weiteren Stoff für die Kriegspropaganda lieferte übrigens der Tod des 13jährigen Offiziersburschen Josef Bara, der bei einem Gefecht auf der Insel Noirmoutiers umkam. Der junge Bara wurde zum bevorzugten Objekt der Greuelpropaganda, und noch 1883 malte der Künstler Jean Joseph Weerts ein grausiges Bild von diesem Ereignis. Kinder der Vendéer dagegen, die bei den Gefechten umkamen, werden nur selten in den Geschichtsbüchern erwähnt.

Bis zum April gelang es den Aufständischen, das Zentrum der Erhebung in den Landschaften der Mauges und des Bocage unter ihre Kontrolle zu bringen. Bis zum Sommer 1793 eroberten sie die größeren Städte der Region: am 17. April Cholet, am 25. Mai Fontenay-le-Comte, etwa zur gleichen Zeit Parthenay, am 25. Juni Saumur und am 19. Juni Angers.

Die Vendéer nannten sich nun „die große katholische und königliche Armee", und es wurden Pläne laut, bis nach Paris zu marschieren. Die Armee zählte ein festes Truppenkontingent von etwa 10.000 Soldaten und 60.000 bis 70.000 Bewaffneten, die ihrem Beruf nachgingen, aber bei Bedarf zu einer größeren Schlacht herangezogen werden konnten. Der Spruch „Nous devons rentrer à la maison pour changer les chemises" war für diese Soldaten ein stehender Ausdruck nach der Schlacht.

Zu Beginn der Erhebung waren die Aufständischen lediglich mit Dreschflegeln, Sensen und Jagdgewehren bewaffnet. Den Mangel an Bewaffnung und Waffen konnten sie leicht ausgleichen, da ihnen die Waffen und die Munition der Besiegten in die Hände fielen: Bei der Eroberung von Fontenay waren es 40, in Saumur 80 und in Angers 110 Kanonen sowie jeweils Tausende Gewehre. Nicht wesentlich geringer war die Ausbeute aus den anderen gewonnenen Schlachten. Ähnlich hoch war auch der Gewinn an Pulver und Munition. Jean Nicolas Stofflet schuf an verborgenen Orten in den dichten Wäldern Werkstätten, in denen man zusätzlich Munition herstellte.

Gut war auch die Organisation der Truppe. Rückte ein feindliches Heer heran, signalisierte man durch die Stellung der Flügel an den Windmühlen die drohende Gefahr. Man ließ die Sturmglocken läuten, und der Pfarrer verkündete von der Kanzel: „Im Namen Gottes und im Auftrag des Königs wird die Pfarrei aufgefordert, so viele Mannschaften wie möglich an den Ort auf den Tag zu der Stunde zu senden."

Dagegen war die Militärführung der „Weißen" weniger geschlossen. Relativ eng arbeitete die Armee von Angou zusammen. Schon weniger einheitlich war die Armee des Zentrums, und die Truppen des Marais unter Charette gingen fast immer eigene Wege.

Der Armee „catholique et royale" gehörte eine ganze Anzahl Schweizer und Deutscher an. Wegen des Massakers an den Schweizer Söldnern beim Sturm auf die Bastille und bei der Erstürmung der Tuilerien fand die Französische Revolution in der Schweiz kaum Sympathien, und so wurden die verfolgten, eidverweigernden Priester äußerst freundlich in den Kantonen des Landes aufgenommen – eingeschlossen sind hierbei die protestantischen Bezirke. Die Teilnahme mehrerer hundert Deutscher am Vendéekrieg wird in der Literatur verschieden gedeutet. Ältere Autoren führen den höheren Sold als Grund an, welche die Generäle der Aufständischen zahlten. Neuere Autoren sehen die Sympathie mit dem Aufstand als Grund für die Teilnahme. Franzosen aus allen Landesteilen kamen in die Vendée, um den Kampf der Aufständischen gegen die Jakobiner zu unterstützen; doch ihre Zahl war äußerst begrenzt. Dagegen nahmen Tausende von Bretonen auf der Seite der Vendée am Aufstand teil.

Zu der Teilnahme von Frauen an dem Aufstand und dem Krieg bleibt zu sagen, dass ihre Zahl offensichtlich äußerst häufig zu gering veranschlagt wurde. Allerdings nahmen nur wenige Frauen aktiv an den Kämpfen teil wie Renée Borderau, die den Spitznamen „Die tapfere Frau von Angou" bekam und die in ihren Memoiren bekannte, 21 „Blaue" in der Schlacht von Pont-de-Cé getötet zu haben.

In der Armee des Marais Breton und des Pay de Retz, d.h. unter Charette, ist der Platz, den die Frauen eingenommen haben, ein anderer. Charette war von jungen Frauen umgeben, die nach Lucas de la Championnière, den Martin hier zitiert, mehr einer Venus glichen als einer Minerva. Friedrich Sieburg charakterisiert sie in der 1931 erschienenen Novelle *Vendée* wie folgt:

Sie waren keine Theaterfiguren, die von Gott, Königstreue und Wolllust erfüllten Wesen. Sie ritten beim Kampf in der ersten Reihe, sie nahmen den nackten Säbel zwischen ihre kleinen, weißen Zähne, um mit beiden Händen ihre Pistolen auf republikanische Offiziere abschießen zu können. Besonders Frau von Fief liebte den Angriff mit der blanken Waffe, und als Chef der Vorhutkavallerie war sie unvergleichlich.

Sicher ist, dass die Frauen in dem Konflikt, der die dörfliche Gesellschaft zwischen „Weißen“ und „Blauen“ entzweischnitt, nicht unbeteiligt geblieben waren. Eine Witwe von Angou wurde von den Patrioten eines Marktfleckens angeklagt, und man verlangte ihr Blut, weil sie sich an den Kämpfen beteiligt hatte. Ein ehemaliges Dienstmädchen wurde zum Tode verurteilt, weil sie mit einem Bratspieß bewaffnet losgezogen sei, um die Patrioten zu bekämpfen. In den Memoiren der Marquise de la Rochjaquelein kann man lesen, dass Bäuerinnen die in den Hohlwegen verirrten Freiwilligen erschlagen hätten. Frauen übernahmen seit den ersten Auseinandersetzungen den organisierten Kurierdienst. Da sie die Repressalien fürchteten, die in entsprechendem Maße von den Truppen Westermanns ausgeübt wurden, warfen sie sich im September ihren flüchtenden Männern entgegen und trieben sie zum Kampf zurück. Der Erfolg gab ihnen recht. Die Truppen erfochten den großen Sieg bei Torfou.

Die Anwesenheit von jungen Burschen in der Armee war in der damaligen Zeit üblich, sowohl bei den Republikanern als auch bei den Vendéern. Sie schlugen die Trommeln und sicherten die Verbindungen. Sie wurden auch für Spionagezwecke eingesetzt. Da der Krieg sich für die Vendéer in ihrer Heimat abspielte, waren sie über alle Operationen der Gegner informiert. Dagegen beklagten die republikanischen Heeresberichte, dass sich in diesem Land keine Spione für ihre Zwecke finden ließen.

Die Weiße und die Blaue Armee

Die Erfolgsserie der Vendée reichte bis in den Sommer. In dieser Zeit blieben die Zentren des Aufstandes, der Bocage und die Mauge, fest in der Hand der *Armée catholique et royale.* Nationalgarden sowie auch Linientruppen wurden in den Schlachten bei Coron am 16. März und bei Saint-Vincent-Sterlanges geschlagen. Die Stärke der Armee bestand in ihrer Taktik und in der Fähigkeit der Plänkler, Freischützen, die aus dem Bocage und den Pays du Retz kamen. Der Wohlfahrtsausschuss, die Regierung in Paris, zog daraus Konsequenzen. Man nahm Teile der Kavallerie zurück, da sie in diesem Gebiet nicht von Nutzen war, und stellte Plänkler auf. Ihre Taktik nannten die Vendéer *choc.* Man näherte sich in lockeren Abteilungen dem Feind, indem man hinter Sträuchern und Büschen Deckung suchte und erst auf den Feind losging, nachdem die feindliche Artillerie ihre Geschosse abgefeuert hatte. Das erste Ziel war die Erstürmung der feindlichen Batterien und die Unschädlichmachung der feindlichen Kanoniere. Obwohl das französische Heer mit einer derartigen Guerillataktik im amerikanischen Unabhängigkeitskrieg und im Kolonialkrieg in Indien Erfahrungen gesammelt hatte, wandte sie diese unverständlicherweise im Vendéekrieg nicht an. Erst später, im Krieg gegen Spanien, griff man auf die in der Vendée gesammelten Erfahrungen zurück.

Die Schwäche der *Armée catholique et royale* bestand in der geringen Zahl der stehenden Truppen und in der mangelnden Kooperationsbereitschaft der militärischen Führung. Darum scheiterten auch die Eroberung von Nantes, die nach Napoléon den Verlauf der französischen Geschichte verändert hätte, und die wiederholten Angriffe auf Luçon. Auch die im Westen und Süden eroberten Städte Saumur, Angers, Parthenay und Fontenay wechselten häufig den Besitzer.

Es stellt sich natürlich die Frage, warum Frankreich, das siegreich die Koalition der europäischen Armeen zurückwies und in kürzester Zeit alle innerfranzösischen Aufstände bezwingen konnte, so viele Monate lang gegen die *Vendée militaire* keine Chancen hatte. Die vom Wohlfahrtsausschuss für den Kampf gegen die Aufständischen aufgebotenen Truppen betrugen

75.000, also eine Zahl, die weit über die der Vendéer hinausging. Martin und andere Historiker sprechen von der Mittelmäßigkeit der Armeen und der Mehrzahl der republikanischen Führer. Genau genommen kann man von einer „Patchwork-Armee“ auf republikanischer Seite reden. Die Linientruppen, die noch die weißen Uniformen aus der königlichen Zeit trugen, waren die einzig kampfstarke Formation und machten gerade einmal 12.000 Männer aus. Dazu kamen die Nationalgarden, die häufig aus der Region stammten und sehr oft zum Gegner überliefen. Den Hauptteil der Armeen bildeten Freiwillige, die aus dem Pas de Calais, aus der Normandie, aus Paris, aus der Corrèze, aus Marseille – kurz gesagt aus ganz Frankreich kamen. Dazu kam noch ein Rotationssystem, das Truppen an andere Kriegsschauplätze brachte und durch junge unerfahrene Soldaten ergänzte. Revolutionsgeneräle, die schon in der königlichen Armee gedient hatten, versuchten „das Mosaik zusammenzufügen“. Vielfach musste man Polizisten hinter die Reihen der Soldaten stellen, die nicht wussten, wie man die Gewehre lud. Beim ersten Feuerstoß waren sie so erstaunt, dass sie die Flucht ergriffen.

Auch die Logistik war äußerst mangelhaft. Für das Jahr 1793 fehlten 7.000 Paar Stiefel, die Magazine enthielten nur 1.600. In allem hatte die Marine Vorrang. Die tägliche Brot- und Fleischration war nur ungenügend gesichert; denn die tägliche Verteilung von 734 Gramm Brot pro Kopf für 50.000 bis 70.000 Menschen stellte ein kaum lösbares Problem dar. Was die sanitäre Versorgung anbelangt, so war diese auch bei den Armeen an den Grenzen nicht besser als in der Vendée. Die Freiwilligen kamen mit ähnlichen Vorstellungen in den Krieg wie das Gros der Vendéer: Sie hofften schnell einen Aufstand niederzuschlagen und dann nach Hause zurückkehren zu können. Das bedeutete, dass die Moral in der Truppe schnell zusammenbrach. Man verkaufte Uniformen, Waffen und Militärpferde. Ein Pferdehändler zog mit diesen Pferden quer durch den Bocage und verkaufte sie auf der anderen Seite der Front den Vorposten der Aufständischen. Die Feldlager nahmen freizügige, liederliche Frauen auf, zum großen Spaß der Soldaten. Die *Chasseurs du midi* wären nach dem Geständnis ihrer Chefs verloren durch die Syphilis und zernagt von der Krätze. Die Pariser Bataillone waren von einer erstaunlichen Menge von als Männer verkleideten Mädchen umgeben. „Es ist nicht nötig hinzuzufügen", schreibt Martin, „dass die Trunksucht an der Tagesordnung war". Die militärischen Operationen dienten oft als Vorwand, um die leeren Kassen aufzufüllen, sowie Frauen und Mädchen zu vergewaltigen. Alle diese Dinge trugen dazu bei, die Bevölkerung – gleich welche politische Meinung sie vertrat – gegen die republikanischen Truppen aufzubringen.

Generäle wie Boulard mussten dauernd mit Hinrichtungen drohen, um die Truppe bei der Stange zu halten und Plünderungen zu verhindern. Die beiden feindlichen Heere, die Blauen und die Weißen, standen so vor einem doppelten Dilemma: Die Weißen konnten die Städte nicht auf Dauer halten, die Blauen konnten nicht auf das flache Land vordringen.

Der Mangel an Disziplin und die Unfähigkeit der republikanischen Armee resultieren vor allem aber auch aus der Personenführung. Die Armee der Republik war in der Tat eine Mischung aus Kadern der früheren königlichen Armee und Offizieren, die aus dem Sansculottenmilieu hervorgegangen waren. Überhaupt waren die republikanischen Armeen durch persönliche und politische Rivalitäten zwischen den Anhängern der *Gironde,* den *Montagnards* und den Sansculotten geteilt, was jeden Zusammenhalt zerstörte und verhinderte, die Realitäten des Krieges wahrzunehmen.

Eine übermächtige Rolle übten die *Représentants en mission,* die Politkommissare, aus, die fast alle dem Milieu der Sansculotten angehörten. Die Beziehung zwischen ihnen und der Generalität war dauerhaft gespannt. Von ihnen hing es jedoch ab, ob ein General seine Funktion behalten konnte oder abberufen wurde. Für eine Reihe von fähigen Generälen wie Marcé, Quétineau, Tuncque und Beysser spielten sie Schicksal und sorgten für ihre Abberufung, was letzthin für diese die Guillotine bedeutete.

Die Politkommissare konnten sich voll auf die *Montagnards* sowie auf die Sansculotten in Paris stützen, aber auch auf die örtlichen Jakobinerclubs, die im ganzen Land verteilt waren und eifrig untereinander und mit der Zentrale kommunizierten. Das erklärt die einzigartige Macht, die sie ausübten, aber auch die Konfusion, die sie im Heer anrichteten.

Diese Haltung und dieses Verhalten der *Représentants en mission* ließen Männer in die militärische Führung eintreten, die hier vor allem die Befriedigung ihres politischen Ehrgeizes suchten, wie z.B. der Bierbrauer Santerre, der den Sturm auf die Bastille geleitet hatte. Er führte die Pariser Nationalgarde, die in die Vendée entsandt worden war, und wurde hier von Turreau zum Brigadegeneral ernannt. Turreau, der spätere Obergeneral der Armee der Küsten, sagte von ihm: „Er sei ein guter Husarenhauptmann. Er kämpfe gut und trinke noch besser. Jetzt könne er sogar seinen Namen schreiben".

Rosin, der damalige Obergeneral, ein ehemaliger Uhrmacherlehrling, und seine Anhänger umgaben sich mit einem quasi orientalischen Luxus. Martin schreibt dazu: „Die Durchschnittlichkeit der Offiziere – und das ist das geringste, was man sagen kann – ist unleugbar. Sie verbindet sich mit der Durchschnittlichkeit der Truppen und erklärt so die militärische Situation."

Schließlich trugen Zeitungen wie *L'Ami du Peuple* von Marat und der *Père Duchesne* von Hébert, die kostenlos bei den Truppen verteilt wurden, mit dazu bei, die Moral der Soldaten zu untergraben, da sie die Befehlsgewalt der Offiziere in Frage stellten.

Die großen Schlachten des Sommers und die Niederlage von Cholet

Die internen politischen Kämpfe innerhalb der revolutionären Heerführungen gingen auch am Ende des Sommers weiter. Sie spielten sich jetzt zwischen den Fraktionen der *Montagnards* in Nantes und der Sansculotten in Saumur ab. Auf einen gemeinsamen Angriffsplan konnte man sich nicht einigen. Die Sansculotten warfen General Conclaux seine adelige Herkunft vor und dass er eine strenge militärische Disziplin durchführte.

Doch die militärischen Gegebenheiten hatten sich in der Zwischenzeit geändert: Die Vendéer standen auf dem Höhepunkt ihrer Macht, und die Republikaner hatten ihre Elitetruppe, die *Mayençais* (Mainzer), unter General Jean-Baptiste Kléber in die Vendée beordert.

Die Vendéer spürten, dass die Entscheidung bevorstand, und ihre Soldaten kämpften mit dem größten Einsatz. Auch die Bevölkerung war sich des Ernstes der Lage bewusst und unterstützte und ermutigte ihre Soldaten, wo sie nur konnte; wie z. B. bei Torfou, wo die Frauen die Männer zwangen, in die Schlacht zurückzukehren: So gewann die Vendée drei stolze Siege bei Coron, Saint-Fulgent und Torfou.

Von republikanischer Seite aus gesehen, war der Sansculottengeneral Échelle nicht ganz unschuldig an den Niederlagen der republikanischen Partei. Es gelang ihm jedoch, den Girondisten Conclaux für die Niederlagen verantwortlich zu machen und seine Abberufung zu erreichen. Dennoch wurde der Plan von Conclaux bei der Schlacht von Cholet aufgegriffen, der eine Einkreisung der Vendéer im Raum von Cholet vorsah.

Die Schlacht von Cholet begann am 17. Oktober 1793 und zog sich über den ganzen Tag bis zum nächsten hin. Mehrere 10.000 Soldaten nahmen daran teil und kämpften mit größter Erbitterung. Den Republikanern gelang es nur schwer, Erfolge zu verbuchen, und sie zogen letztlich nur daraus Gewinn, dass die Hauptchefs der Vendéer Bonchamps, d'Elbée und Lescure schwer verwundet wurden, worauf die Vendéer begannen, sich in Richtung der Loire zurückzuziehen, ohne dass die Republikaner wagten, sie zu verfolgen.

Die Schlacht bei Cholet war der erste entscheidende Sieg der Revolutionäre über die Vendée; dennoch bedeutete sie nicht das Ende der Kämpfe. Im Süden der Loire blieb Charette unbesiegt und eroberte die Insel Noirmoutiers, wo er dem schwerverwundeten Generalissimus d'Elbée mit seiner Frau Zuflucht gewährte. Die von Cholet geflüchteten Soldaten – es waren über 40.000 – überschritten bei Saint-Florent-le-Vieille die Loire und fielen in die Bretagne ein. Kleinere Gruppen kämpften in den Mauges und in der Gegend von Nantes weiter.

Dennoch: Die erste große Phase des Krieges – die der großen Schlachten und der großen Führer – war am Abend des 18. Oktobers zu Ende.

La Virée de Galerne

Die Reste der Armee der Vendée floh nach der Schlacht bei Cholet in Richtung Loire und überquerte am 19. Oktober den Fluss. Frauen, alte Männer und Kinder wurden in die Flucht mitgerissen und bildeten einen riesigen Tross. Insgesamt handelte es sich um etwa 80.000 Menschen, darunter etwa 40.000 bis 50.000 Kämpfer. Damit begann der *Virée de Galerne* genannte Zug der Vendéer durch die Bretagne und die Normandie, benannt nach einem Nordwestwind. Eine „Spritztour", so die eigentliche Bedeutung von *Virée,* sollte es allerdings nicht werden. Ziel der *Virée de Galerne* war es, den Aufstand in die Bretagne hineinzutragen, wozu verschiedene bretonische Häuptlinge die Vendéer schon lange ermutigt hatten. Nunmehr handelte es sich aber nicht mehr um eine siegreiche, sondern um eine geschlagene Armee, und der Tross, den sie mit sich führte, drohte dem Land zur Last zu fallen. Hauptziel allerdings war es, bis zur Kanalküste vorzustoßen, um dort einen Hafen als Brückenkopf für die englische Flotte einzunehmen. Erste Kontakte zwischen den Vendéern und den Engländern waren bereits Mitte August 1793 durch den englischen Agenten Chevalier de Tinténac zustande gekommen. Der Plan allerdings war im Kriegsrat nicht unumstritten. Lescure, der damals noch lebte, hatte geraten, einen Angriff auf Nantes zu unternehmen, da die Stadt weitgehend von feindlichen Truppen entblößt war, welche sich noch in der Vendée befanden. Ein solcher Angriff hätte sich auch auf Charette und seine Armee stützen können, die gerade die Insel Noirmoutiers erobert hatte. Außerdem hätte die Eroberung von Nantes die Verbindung mit England ermöglicht und eine feste Stellung zwischen der Vendée und der Bretagne geschaffen.

Henri de la Rochjaquelein, der zum Generalissimus gewählt worden war, ließ sich von dem Prinzen Talmont begeistern, der von einem großen Aufstand in der Bretagne träumte. Rochjaquelein, ein mutiger und engagierter Offizier, war für seine Führungs- und Leitungsaufgabe mit seinen 21 Jahren noch nicht reif, und so stand die „Spritztour" durch die Normandie und die Bretagne unter einem unglücklichen Stern.

Zu Beginn gelang es den Vendéern eine Reihe glücklicher Schlachten zu schlagen. Der junge Rochejaquelein, der hier den Siegern der Schlacht von Cholet, dem Sansculottengeneral Échelle sowie Kléber und Westermann gegenüberstand, zeigte sein Talent als Feldherr. Merlin, der als Politkommissar an der Schlacht teilnahm, veranlasste Échelle, sein Amt als Oberbefehlshaber niederzulegen. Dieser zog sich nach Nantes zurück und beging dort Selbstmord. Schon vorher hatten die Soldaten gerufen: „Nieder mit Échelle, Kléber soll leben!"

Am 14. November gewannen die Vendéer bei Laval eine weitere Schlacht gegen die Soldaten der Republik, scheiterten jedoch bei dem Versuch, die Hafenstadt Granville zu erobern. Durch Krankheiten, Kälte, Hunger und Seuchen geschwächt, trat die Armee von Rochjaquelein den Rückzug in Richtung Loire an. Bei der Schlacht von Dôle kam es zu einem letzten Aufleuchten des Glücks für die Vendéer. Die Soldaten gaben das Letzte, das sie hatten, und Rochjaquelein zeigte erneut sein Feldherrentalent.

Der Übergang über die Loire war bei Angers durch die Truppen Westermanns gesperrt, und die Bevölkerung der Stadt zeigte wenig Neigung, das besiegte Heer aufzunehmen, das sie noch vor Monaten mit Begeisterung begrüßt hatte. Bei Le Mans wurde am 13. Dezember das vendéeische Heer vernichtend geschlagen. Am 23. Dezember wurde der Rest der Armee in den Sümpfen von Savenay aufgerieben. Die Revolutionstruppen richteten unter den Soldaten, den Frauen und Kindern ein riesiges Massaker an. Nur wenige fanden Zuflucht in bretonischen Bauernhöfen, wie die Marquise de la Rochjaquelein, oder konnten über die Loire fliehen.

Der Revolutionsgeneral Franz Westermann meldete an den Wohlfahrtsausschuss: „Es gibt keine Vendée mehr, Bürger der Republik. Sie ist unter unseren Säbeln gestorben mit ihren Frauen und Kindern. Ich habe sie gerade in den Sümpfen begraben und in den Wäldern von Savenay. Ich habe die Befehle befolgt, die Ihr mir gegeben habt. Ich habe die Kinder unter den Hufen der Pferde zermalmt, die Frauen niedergeschlachtet, damit sie keine weiteren Banditen mehr gebären können. Ich kann mir nicht vorwerfen, einen einzigen Gefangenen gemacht zu haben. Ich habe alles ausgerottet“ (Furet, a.a.O., S. 284 f.).

Das alles geschah am Vortag des Heiligen Abends, dem 23. Dezember 1793. Aber erst jetzt entfaltete sich die Rache der Revolution an dem geschundenen Land, im Terrorismus von Carrier in Nantes, dessen Noyaden auf ewig mit dieser Stadt verbunden sein werden. Einen Monat später zogen die *Colonnes infernales* durch die Vendée. Ein Maler hat dargestellt, was hier geschah. Die Dämonen fliehen von der Erde, weil sie „das Prinzip der Unmenschlichkeit nicht mehr aushalten“.

Carrier auf dem Vorposten der Revolution in Nantes

Am Anfang stand ein Brief des Wohlfahrtsausschusses an den *Représentant en mission* in Rennes in der Bretagne, Jean Baptiste Carrier. Darin hieß es: „Wir beschwören Dich, nach Nantes zu gehen; Wir senden Dir einen Beschluss, der Dich drängt, diese Stadt zu säubern.“

In der Stadt neigte das einfache Volk eher der Vendée zu. Die Jakobiner waren zunächst nicht sehr stark und in zwei Klubs geteilt, von denen der Klub Vincent-la-Montagne sich immer mehr hocharbeitete und den anderen verdrängte. Nach der Ankunft Carriers in der Stadt kippte das mächtige städtische Bürgertum allmählich um und zog sich – soweit es möglich war – aus dem politischen Geschäft zurück. Der konstitutionelle Bischof der Stadt, der auch der Vorstand des Départements war, stellte alles andere als eine Autorität dar.

Die Lage in Nantes wurde noch durch die zahlreichen Gefangenen nach den Schlachten von Le Mans und Savenay verstärkt. Versorgungsprobleme, auf die manche Autoren hinweisen, gab es allerdings nicht. Nach Alain Gérard waren die Nahrungsressourcen in der großen reichen Stadt ausreichend. Carrier löste die Probleme, die sich ihm stellten, auf revolutionäre Weise: nämlich die Verdächtigen und die Menschen der *inexplicable Vendée* zu vernichten, wie es die Nationalversammlung und die Regierung (Wohlfahrtsausschuss) durch das Verdächtigungsgesetz und den die Vendée betreffenden Ausrottungsbefehl vorschrieben.

Dem dienten zunächst die Hinrichtungen durch die Guillotine, die so fleißig arbeitete, dass man einen Abflusskanal in die Loire legen musste. Da das nicht ausreichte und die Guillotine nicht schnell genug arbeitete, ging man zu Erschießungen über. Täglich wurden zwischen 150 und 200 Menschen, Männer, Frauen und Kinder erschossen. Zur Beerdigung wurde eine eigene Abteilung von Soldaten nötig. Sie machten aber die Gräber so wenig tief, dass die Luft verpestet wurde. Es erging der Befehl, Hunde zu Hause zu lassen, da sie Menschenfleisch durch die Straßen schleppten.

Eine neue Erfindung waren die Noyaden, die die Gefangenen auf Lastkähne oder Barken verbrachten und diese in der Mitte des Flusses absaufen ließen. Grausig sind die Begriffe, die die Henkersknechte dafür benutzten: „Aus der großen Tasse trinken", „Überfahrt nach unten", „Verwendung zum unterirdischen Wasserbau", „vertikale Deportation" oder „republikanische Taufe". Weil auch die Hinrichtungen durch die Noyaden hohe Kosten verursachten, ging man dazu über, die Menschen einfach in den Fluss zu werfen. Auf diese Weise starben etwa 600 Kinder. Man schickte sie „zum Perlen sammeln". Junge Frauen und Männer entblößte man, band sie paarweise zusammen und warf sie in die Loire. Das Ganze nannte man „republikanische Hochzeiten". Die Folge war, dass Krankheiten ausbrachen, weil das Wasser verseucht war, und es wurde verboten, Wasser aus dem Fluss zu entnehmen.

Drei Gruppen standen Carrier bei dieser Mordorgie zur Seite: Bei der *Maratgesellschaft* handelte es sich um brutale Typen aus der untersten Gesellschaftsschicht. Sie schworen beim Eintritt, die Grundsätze Marats zur Geltung zu bringen und zwar: Tod den Royalisten, den Fanatikern (treue Katholiken), den *Feuillants* (den Gemäßigten). Ihre Aufgabe bestand darin, Verdächtige einzufangen und Hausdurchsuchungen durchzuführen. Die *amerikanischen Husaren* waren Neger und Mulatten, die dank der Revolution aus der Sklaverei entlassen wurden und sich nun an den Weißen rächen konnten. Sie wurden für die kriminellen Handlungen gebraucht. Die *Germanische Legion* setzte sich aus entlaufenen deutschen Soldaten zusammen, die entflohene Vendéer gefangennehmen sollten. Tätig waren sie in den Dörfern um Nantes. Sie begingen ausnehmend viele Vergewaltigungen. Zu ihren Lasten ging auch, dass sie Menschen in ihre Häuser trieben und lebendig verbrannten.

Der Terrorherrschaft von Nantes fielen nach Martin und Furet mindestens 20.000 Menschen zum Opfer, darunter 4.000 bis 5.000 Ertränkte. Nicht wegen seiner Grausamkeit und seiner Terrormaßnahmen, die die Nationalversammlung gebilligt hatte, wurde Carrier am 10. Februar 1794 seines Amtes enthoben, sondern weil er mit den örtlichen Revolutionären in Konflikt geraten war.

Carrier blieb zunächst ungeschoren und gehörte weiter der Nationalversammlung an. Erst nach dem Ende der Schrekkensherrschaft kamen seine Greuel voll ans Tageslicht, und die Öffentlichkeit verlangte seinen Kopf. Carrier erklärte, er habe nur getan, was die Nationalversammlung ihm befohlen habe. Strafe man ihn, so seien alle in dem Konvent schuldig, selbst die Glocke des Präsidenten („Si l'on veut me punir, tout est coupable ici jusqu'à la sonnette du président"). Schließlich wurde er nach einem langen Prozess am 16. Dezember 1794 auf dem Grèveplatz in Paris guillotiniert.

Carriers Persönlichkeit übte auf Historiker und Literaten, gleich welcher Couleur, eine unheimliche Faszination aus. Alfred Salbié, der ihm den Schwerpunkt seiner Arbeit gewidmet hat, schreibt: „Der Prokonsul war ein Wüstling, grausam, brutal, jähzornig, und die Leute seiner Umgebung waren meistenteils abscheuliche Verbrecher. Andere bezeichnen ihn als verrückt, blutgierig, eben ein Monster. Ein republikanischer Autor nannte ihn sogar einen ‚Kryptoroyalisten', der mit all diesen Schandtaten das Volk gegen die Revolution aufhetzen wollte."

Nach Alain Gérard stellen sich die 100 Tage des Prokonsulates von Carrier als das vollendetste Laboratorium der Revolution dar. „Der Mann hatte nichts von einem Verrückten", schreibt der Autor, „sondern seine totale Selbstvergessenheit, seine vollendete Indienststellung für die Revolution, machten ihn zu einem Archetyp des Berufsrevolutionärs. Wie für Robespierre war die Regeneration der Menschheit sein Ziel, und in der großen Stadt am Meer wollte er diese Idee realisieren. Bei der Erreichung dieses Ziels gab es für ihn zwei Hindernisse:

Den Reichtum und die Offenbarungsreligion, das Christentum" (Gérard, a.a.O., S. 464).

Geld ist das, was dem Individuum Ehrgeiz und Sorge bereitet und ihn vom politischen Handeln abbringt. Darum hat der Reiche kein Recht, unter den wiedergeborenen Menschen zu sein, deren Modell der Berufsrevolutionär darstellt. Mehr noch als der Kapitalismus bildet das Christentum als Offenbarungsreligion das Hindernis für die Errichtung der revolutionären Gesellschaft. Nach Robespierre und Carrier begründet die Ursünde die Unvollkommenheit des Menschen und macht ihn unfähig, „die Stadt Gottes", die revolutionäre Gesellschaft, zu verwirklichen. Im Namen der unbegrenzten Freiheit des Individuums muss ebenfalls die Überlieferung der Offenbarung negiert werden. Von hier aus werden die Ereignisse im Klub Vincent-la-Montagne verständlich, die Gérard wie folgt beschreibt: „In einer einzigen Nacht weihten die Revolutionäre von Nantes die Kirche vom Heiligen Kreuz ein, um daraus einen Versammlungsraum für den Klub Vincent-la-Montagne zu machen. Dabei war mit einigen anderen der konstitutionelle Bischof, der auf sein Priesteramt verzichtet hatte und auf erniedrigendste Weise Selbstkritik übte, während im gleichen Augenblick ein Schiff beladen mit gefangenen Priestern in der Loire versenkt wurde. An diesem Abend hatte das Volk von Nantes den Platz von Gott eingenommen" (Gérard, a.a.O., S. 463).

Der neue Mensch, von persönlichem Reichtum befreit, von jeder persönlichen Bindung zu Gott gelöst, ist der ideale Bürger, den die Revolution schaffen will. Das schließt natürlich auch ein, das Kind von dem gefährlichen Einfluss seiner Eltern zu befreien.

Nach Carrier haben Individuen, die sich nicht in diese neue Gussform staatlicher Ordnung einpassen lassen, keine Rechte mehr als Bürger. Die Priester, die Reichen, die Vendéer überhaupt, seien Tote gewesen, noch bevor sie durch die revolutionäre Praktik vernichtet wurden. Der Rest ist Technik und Routine.

Die Ausrottung stellt gleichfalls eine Pädagogik dar, die dazu bestimmt ist, den anderen zu helfen, zu einer höheren Menschlichkeit zu gelangen. „Wir geben den Anstoß, wir können uns nicht auf Details einlassen", schrieb der Wohlfahrtsausschuss an Le Bon, einen anderen Politkommissar, der im Geist Carriers arbeitete. Für Carrier waren das Revolutionstribunal, der Klub Marat oder wie diese Institutionen sonst heißen mochten, lediglich „Klone", die im Sinne des Berufsrevolutionärs arbeiteten.

Wie Carrier dachte und vielleicht auch fühlte, geht aus einem Brief hervor, der hier zitiert sei und der wohl kaum einen Unterscheid zeigt zu den Berufsrevolutionären anderer Weltanschauungen: „Es ist lange her, dass ich das Opfer meines Lebens gebracht habe", schreibt er seinem Kollegen, „am Tag, an dem ich das Opfer meines Lebens gebracht habe, haben die Schreie meines Gewissens mich nicht belästigt; Die Ruhe meiner Seele hat mich sicher gemacht; Die Reinheit meines Herzens hat die Härte meiner Verfolgungen gemildert. Lieber Decius, ich werde mich ohne Schmerz der Wohlfahrt meines Volkes widmen. Die Revolution kennt nicht alle ihre Märtyrer" (Alain Gérard, Par principe d'humanité, S. 46).

Die *Colonnes infernales* von General Turreau

Seinen Höhepunkt erreichte der Terror zwischen Februar und Mai 1794. General Louis Marie Turreau hatte der Nationalversammlung versprochen, den Aufstand innerhalb eines Monats zu beenden, und war dafür zum Oberbefehlshaber der Westarmee ernannt worden. Am 17. Januar legte er einen Plan für die Vernichtungsaktion vor, der besagte: „Alle Brigaden, die mit Waffen in der Hand gefunden werden oder von denen wir überzeugt sind, dass sie Waffen ergriffen haben, sind den Spitzen der Bajonetten zu überantworten. Auch Personen, die nur verdächtig sind, sollen nicht ausgespart werden. Alle Dörfer, Marktflecken, Ginsterhaine und alles, was brennbar ist, soll den Flammen übergeben werden."

Diese Maßnahmen erhielten am 8. Februar die Billigung der Regierung (Wohlfahrtsausschuss), nachdem der General mehrmals vergebens um Zustimmung gebeten hatte. Turreau setzte sich für diese radikale Lösung ein, obwohl sein Divisionsgeneral Jean-Baptiste Kléber sich für Milde und eine engagierte Befriedung eingesetzt hatte. Der Plan sah weiter vor, dass 24 Kanonenboote auf der Loire die Flucht in die Bretagne und auch jede Hilfe von außen für die Vendée verhindern sollten. Militärlager an der Landesgrenze wurden zum gleichen Zwecke errichtet. Zwölf „Kolonnen", die in der republikanischen Geschichtsschreibung *Colonnes incendiaires* und heute allgemein *Colonnes infernales* genannt werden, sollten alle Bewohner, die mit der Waffe in der Hand ergriffen wurden oder auch nur verdächtig waren, niedermachen. Der Plan sah eine Politik der verbrannten Erde vor: die Zerstörung der Felder, Wälder und auch der Gebäude. Futtermittel, Getreide und Vieh sollten beschlagnahmt oder vernichtet werden.

Die *Colonnes infernales* ließen bei ihrem Durchzug Spuren der Verwüstung und Zerstörung zurück. Höfe, Dörfer und kleine Städte wurden niedergebrannt und Bewohner massakriert. Die Frauen wurden vergewaltigt und die Kinder auf Bajonetten aufgespießt.

Lequino, ein Politkommissar, schreibt: „Die Delikte sind nicht auf Plünderung begrenzt. Die Vergewaltigung und die schlimmsten Barbareien sind repräsentativ für alle diese Orte. Man hat republikanische Soldaten Rebellenfrauen auf den Steinen, welche die großen Straßen begrenzen, vergewaltigen gesehen, und sie haben diese Frauen erschossen oder erdolcht, als sie sie aus der Umarmung entließen; man hat andere mit Kindern an der Mutterbrust gesehen, an der Spitze des Bajonetts oder mit der Pike erschlagen, die Mutter zusammen mit dem Kind" (Secher, S. 164). Manche Revolutionäre, Militärs, Kommissare und Verwaltungsbeamte stellten die Untaten der Soldaten an den Pranger, die ungestraft lynchten, plünderten und vergewaltigten. Selbst Haxo, dem Stellvertreter Turreaus, kann man ein Mindestmaß an militärischer Disziplin nicht absprechen.

Ihnen gegenüber stehen Generäle wie Amey, Bonnaire, Cordelier, Grignon und Grammont, die willkürliche Schlächter waren und ihre Soldaten undiszipliniert schalten und walten ließen. Die Zeugnisse von den Grausamkeiten, die sie begangen haben, sind zahlreich: „In Clisson wurden verstümmelte

Leichen und Personen, die noch am Leben waren, in den Brunnen des Schlosses geworfen. In Angers gerbte man die Haut von Opfern, um daraus Reithosen für die höheren Offiziere zu machen" (Secher, S. 174). Amey ließ Backöfen heißmachen und Frauen und Kinder lebendig hineinwerfen. Als man ihm Vorhalte machte, sagte er: „Auf diese Weise backt die Republik ihr Brot" (Weiß, a.a.O., S. 591). Die „höllischen Kolonnen" schonten keineswegs die Republikaner. Ganze Landstriche, in denen Aufständische wohnten, wurden sogar ausgespart, weil sich hier Charette oder Truppen von Stofflet aufhielten. Dafür plünderte man lieber die Dörfer der Republikaner, erdolchte die Männer und vergewaltigte die Frauen, weil hier kein Widerstand zu erwarten war (vgl. Wagner, Vendée-Aufstand, S. 749).

Nach Michael Wagner verspricht Turreau, alle Einwohner der Vendée – auch die Patrioten – zu vernichten, und seine Truppen richteten ein gigantisches Massaker an. Auch die wirtschaftlichen und ökologischen Grundlagen vernichtete er mit der Zustimmung der Regierung (Wohlfahrtsausschuss), die Carnot am 8. Februar 1794 übermittelte.

Nach Sechers Berechnungen fielen 15 % (117.257) der Einwohner der Vendée der Unterdrückung zum Opfer; 20 % des Wohnraumes wurde zerstört. In den Zentren des Aufstandes waren die Verluste prozentual weit höher, z. B. in den Bezirken von:

Cholet:	38 % der Einwohner
Vilier:	31 % der Einwohner
Chemillé:	30 % der Einwohner
Clisson:	31 % der Einwohner
La-Chapelle-Basse-Mer:	770 von 3.230 Einwohnern

Für Reynald Secher handelt es sich dabei um einen geplanten, eiskalten Völkermord. Weil das Volk der Vendée nicht bereit war, sich der jakobinschen Ideologie zu unterwerfen, sollte es ausgerottet werden. Alain Gérard hat diese These mit überzeugenden Argumenten vertieft, ohne das Wort *Génocide* zu gebrauchen.

Das französische Parlament hat 2006 ein Gesetz verabschiedet, das alle, die den Völkermord an den Armeniern leugnen, mit Gefängnis bestraft. Dagegen ist die Frage, ob es sich bei den Massakern an der Vendéebevölkerung um einen Genozid handelt, weiter umstritten. Ein neuerer Historiker hat für die Lösung dieser Frage einen Kompromiss aufgezeigt. Für ihn handelt es sich bei dem Konflikt zwischen der Zentralregierung und der Vendée um einen Bürgerkrieg. Die Verwüstung der Vendée und den Mord an der Zivilbevölkerung durch die *Colonnes infernales,* die über 100.000 Opfer forderten, sieht er wohl zu Recht als Völkermord an.

Am Puy de Fou feiert die Vendée ihre Geschichte, die von den Bewohnern der umliegenden Dörfer und bedeutenden nationalen und internationalen Künstlern dargestellt wird. Von Juni bis Ende September finden diese Volksschauspiele statt. Bisher nahmen über fünf Millionen Menschen daran teil. Es herrscht dabei eine Atmosphäre wie bei einem Gottesdienst. Man spürt, dass hier Menschen nicht nur die Geschichte ihres Landes, sondern ihren Glauben feiern.

Siebtes Kapitel – Der Kampf gegen die Kirche und den Glauben

Auf den Trümmern des Offenbarungsglaubens, den man als Fanatismus ansah, wollte man eine neue Welt aufbauen und einen neuen Menschen schaffen.

Das Vorspiel der Dechristianisierung

Die Revolutionsforschung geht davon aus, dass die Dechristianisierung ein Vorspiel von langer Dauer hatte. Christlicher Glaube wurde nicht in Frage gestellt, aber große Teile der Bevölkerung glitten mehr und mehr in Indifferenz und Gleichgültigkeit ab. Es geht um ein Nachlassen der religiösen Praxis bei einer Mehrheit und um einen Anstieg des Engagements bei einer Minderheit.

Zeichen der Krise machten auf diese Entwicklung aufmerksam: Es traten kaum noch Männer in die Orden ein, die Zahl der Priesterberufungen ging merklich zurück, die Ungleichheit der Einkünfte des *haut clergé* (hoher Klerus) und des *bas clergé* (niederer Klerus) führte zu Spannungen.

Die Geistlichkeit hing verschiedenen religiösen und politischen Richtungen an, was zur Zersplitterung der Kirche führte. Diese Parteien waren der *Gallikanismus:* Er betont die Bedeutung des Papsttums. Hinsichtlich der Disziplin sollte die französische Kirche aber vom Papst unabhängig sein. Der *Richerismus* hebt die Bedeutung des Pfarrers gegenüber dem Bischof hervor. Der Pfarrer, nicht der Bischof, ist der eigentliche Eckstein der Kirche. Nicht nur die Bischöfe, sondern auch die Pfarrer sind Nachfolger der Jünger. Der *Jansenismus* betont einseitig die Bindung der Menschen an Gott. Das entfremdete die Christen von der Autorität der Kirche. Wichtig für diese Lehre war der würdige und ehrfurchtsvolle Empfang der Sakramente. Seltener Kommunionempfang wurde angeraten. Die

Nationalisierung der Kirchengüter ging im wesentlichen auf den Einfluss des Jansenismus zurück.

Die Ausbreitung der Aufklärungsphilosophie hatte Auswirkungen auf das religiöse Verhalten der Bildungsschicht. Im Anfang war die Aufklärung nicht antireligiös. Sie lehnte lediglich die Kirche als Institution und Macht ab. Der Übergang von einer antiklerikalen zu einer antichristlichen Haltung war fließend. Schließlich neigte die Aufklärung mehr dem Deismus als dem Offenbarungsglauben zu. Der „Uhrmachergott" des Deismus war das Dogma, an das die Revolutionäre glaubten. Die These von einem Komplott der Aufklärung und der Freimaurerei ist kaum mehr aufrechtzuerhalten. Einfluss hatten beide aber wohl auf Teile des Adels und des Bildungsbürgertums. Anzumerken ist auch, dass die Auseinandersetzung der Kirche mit der Aufklärung und der Freimaurerei von mehr als minderer Qualität war. Man beschränkte sich fast ausschließlich auf das Verbot der Schriften und auf Zensur. Eine konstruktive Debatte wäre durchaus möglich gewesen. Dazu fehlten der Kirche aber die Geister.

Nicht unbeeinflusst war auch der Klerus von der neuen Bewegung. Auf manchem Schreibtisch eines Bischofs oder eines Pfarrers lagen die Werke der Aufklärung. Auch wenn folgendes Zitat sicher übertrieben ist: „Ein einfacher Priester, ein Pfarrer muss ein bisschen glauben, sonst hält man ihn für einen Heiden; er darf aber nicht seiner Sache vollkommen sicher sein, denn dann fände man ihn intolerant. Der Vikar darf lächeln, wenn er hört, wie gegen die Religion polemisiert wird; der Bischof kann dabei lachen soviel er will; der Kardinal stimmt in die Polemik ein" (Hermann Bortfeldt, Die Französische Revolution, 1989, S. 87 f.).

Dennoch war das 18. Jahrhundert das christlichste in der französischen Geschichte. Geistige und moralische Reformen zeigten ihre Auswirkungen in den Priesterseminaren und bei den Priestern. Noch nie machten die Bischöfe so zahlreiche Pastoralvisiten in den Pfarreien, gab es so zahlreiche Volksmissionen von einzelnen Kongregationen wie den Montfortianern, der Eudisten und der Lazaristen, wurden so viele neue Kirchenlieder gedichtet; auch das schöne Weihnachtslied „Nun freut euch ihr Christen", das Abbé Borderie nach dem Hymnus *Adeste fideles* dichtete, stammt aus dieser Zeit.

Und nie gab es einen besseren Seelsorgeklerus. Es gab eine neue Generation von Bischöfen, die sich der Seelsorge und der Verwaltung widmeten. Die Kinder wurden im Glauben unterrichtet, und von den Erwachsenen verlangte man das Morgen- und Abendgebet sowie den Besuch der Sonntagsmesse. Ausländische Reisende gewannen den Eindruck, dass die Franzosen an ihrem Glauben hingen. Auch bei den Adeligen, den Beamten und reichen Bürgern bildeten die Anhänger der Aufklärung nicht die Mehrheit.

Die Bischöfe stammten ausschließlich aus dem Adel, wobei der Hoch- und Hofadel die bedeutendsten Bischofssitze innehatte. Wie viele kirchliche Ämter, so war auch das Bischofsamt zum Versorgungsinstitut für die nachgeborenen Söhne des Adels degeneriert. Vielerorts hatten die Bischöfe auch politische Funktionen. Sie ernannten Beamte, Richter und Schöffen. Eine ganze Reihe waren Minister in der Regierung in Versailles.

Auch wenn die Mehrzahl der Bischöfe sich intensiv um die Seelsorge bemühte, so gab es auch das andere Bild des Bischofs. Er war der Grandseigneur, der sich am Hof zu Versailles aufhielt und auch nicht vor einer Affäre mit der Königin zurückschreckte, wie Kardinal Rohan. Da war Talleyrand, der Bischof von Autun, ein Hofmann, Freigeist und Politiker, von dem der Satz stammt: „Wer nicht im Ancien Régime gelebt hat, weiß nicht, wie schön das Leben ist." Da gab es sogar noch Bischöfe, die zum Ärgernis ihrer Gläubigen mitten in der Fastenzeit prächtige Feste veranstalteten und an kirchlichen Feiertagen jagten, wie der Bischof von Le Mans, der mit seinen Jägern durch eine Fronleichnamsprozession ritt.

Spannungen bestanden zwischen dem Episkopat und den Priestern, die Professoren waren oder Dozentenstellen in den Seminaren bekleideten. Sie besaßen als Söhne des höheren Bürgertums die gleiche oder eine bessere Ausbildung als die Bischöfe; zum höchsten Kirchenamt wurden sie dennoch nicht zugelassen, weil sie nicht der *Noblesse* entstammten. Aus ihren Reihen stammten dann später zumeist die konstitutionellen Bischöfe. Diese Männer kamen oft auch aus Familien, die hinsichtlich ihres Einkommens, ihrer Bildung und ihres Ansehens nicht hinter dem Adel zurückstanden.

Spannungen bestanden auch zwischen den Bischöfen und dem Seelsorgeklerus, den Pfarrern und Vikaren. Er, der *bas clergé* (der niedere Klerus), wurde durch den Zehnten entlohnt. Er erhielt aber davon nur den Anteil, den ihm das zentrale Bischofsamt zugestand, die *portion congrue.* Deshalb wurden auch die einfachen Geistlichen *Congruisten* genannt. Richtig ist, dass die Einkünfte der Pfarrer und Vikare von Region zu Region differierten. Äußerst schlecht wurden die *petits curés,* die kleinen Pfarrer und Kapläne im Pariser Becken und in Zentralfrankreich sowie im Dauphiné bezahlt. Im Dauphiné schlossen sich schon recht früh die Priester zusammen und verlangten Reformen. Im Westen (Bretagne, Vendée, Charente) und im Nordosten (Elsass und Lothringen) war der *bas clergé* besser entlohnt und darum mehr an der Erhaltung der bestehenden Verhältnisse interessiert. Dies zeigt sich in den *Cahiers de doléance,* den Beschwerdebriefen, die den Generalständen vorgelegt wurden.

Das Jahreseinkommen der Kirche, das primär aus dem Grundbesitz stammte, der 24 Prozent des Bodens in Frankreich ausmachte, wird auf 100 Millionen Livres pro Jahr geschätzt. Dazu kamen die Einkünfte aus dem Zehnten.

Den horrenden Einnahmen der Kirche gegenüber standen die Ausgaben, nicht nur für die Gehälter, sondern auch für die Armen- und Krankenpflege sowie für das Unterrichtswesen. Beide Institutionen hingen von der Kirche ab und genossen hohes Ansehen. Auch wenn Frankreich damals 50 Prozent Analphabeten zählte, muss man sagen, dass diese Zahl von Region zu Region differierte, und dass die Anzahl der Menschen, die des Schreibens und des Lesens unkundig waren, in vergleichbaren europäischen Ländern nicht geringer war. Die ganze, oder fast die ganze revolutionäre Elite hatte die kirchlichen Schulen besucht, und über ihren intellektuellen Bildungsstand kann man sich kaum beklagen. Über 7.000 Ursulinen waren in den Grundschulen der Städte und Dörfer tätig und genossen großes Ansehen. Charlotte Corday, die Marat ermordete, kannte nicht nur die französische und klassische Literatur, sondern war durchaus mit der Aufklärung vertraut. Wegen ihres hohen Renommées wagte man die Orden und Gemeinschaften, die mit der Krankenpflege und dem Unterricht betraut waren, erst 1792 zu verbieten. Entlastet wurde der Staat auch dadurch, dass die Pfarrer die Geburts-, Heirats- und Sterberegister führten. Und so galt es, dass man in Frankreich nur katholisch leben und sterben konnte.

Beliebt waren die *petits curés,* die einfachen Pfarrer und Vikare und eine ganze Reihe Bischöfe und die Ordensleute im Kranken- und Schuldienst. Das Schimpfwort *Prêtraille* (Pfaffengesindel) galt nicht ihnen, sondern dem zahlreichen Dom- und Stiftsklerus, der sich aus nachgeborenen Söhnen des niederen Adels rekrutierte. Er hatte – abgesehen vom Gottesdienst – keine größeren Aufgaben, war wohlbetucht, und man begegnete ihm auf Reisen durch ganz Europa. Der Aufklärung gegenüber war er nicht abgeneigt, und man übernahm die neuen Gedanken nicht zur Selbstkritik, sondern oft zur Zerstörung der eigenen Kirche, die diese Schicht mit reichen Pfründen und Vorzügen ausgestattet hatte. So beschloss das Kathedralkapitel von Chartres, die kostbaren alten Fenster der Kathedrale einzuwerfen, damit das Licht der Aufklärung in die Kirche fallen könne.

Die Vorboten der Dechristianisierung

Die Vorboten der Dechristianisierung stellen der Konventbeschluss im Juli 1792, der die Deportation der eidverweigernden Priester anordnet, die Septembermassaker und nicht zuletzt die Laisierung des Zivilstandes dar. Die Eheschließung wurde damit rein bürgerrechtlicher Art. Zugleich aber wurde damit die Verheiratung eines Geistlichen oder Ordensangehörigen legitimiert. Das Kirchenrecht und dessen Zölibatsverpflichtung wurden so außer Kraft gesetzt. Die Bischöfe von Blois, Grégoire, und Rennes, Fauchet, wehrten sich gegen die am 10. August 1792 erlassene Regelung und erklärten, dass das Zölibat eine Angelegenheit des Kirchenrechtes sei, und sie schlossen Kleriker, die heirateten, von ihrem Amt aus.

Dennoch kam es im Anschluss daran zu zahlreichen Eheschließungen von Priestern und Bischöfen. Die Existenz konkurrierender Priester und Bischöfe in der katholischen und konstitutionellen Kirche ließ die Ehrfurcht vor dem geistlichen Amt schwinden, und die Beamtung Geistlicher als Regierungsfunktionäre trug das ihre dazu bei. Und wohl mit Recht sagt Mona Ozouf: „Ein Funktionärspriester ist gegen Kritik nicht geschützt."

Schon im Herbst 1793 schwoll die Schar der heiratswilligen Priester an, und viele von ihnen gaben ihr geistliches Amt auf. Den Reigen eröffnete der Bischof Périgueux mit seiner Braut, die nach seinen Worten arm an Gütern und reich an Tugenden sei. Er bat den Konvent, ihn und seine Braut unter seinen Schutz zu stellen. Man gewährte ihm und seiner Verlobten die Ehre, an der Sitzung teilzunehmen. Am 6. November 1793 erschienen die Einwohner von Meneroy im Departement Seine-et-Aix und erklärten, dass sie ihren Pfarrer weggejagt hätten. Sie hätten dem Aberglauben entsagt und würden in Zukunft nur noch vor den Bildern von Marat und Lepeletier Weihrauch verbrennen.

Am 7. November 1793 erschien der Erzbischof von Paris und Primas der französischen Bischöfe vor dem Nationalkonvent, begleitet von 17 seiner 20 bischöflichen Vikare und etwa 400 Priestern und gab feierlich seine Abdankung mit den Worten bekannt: „Heute, wo das Ende der Revolution nahe ist; heute, wo die Freiheit festen Schritts einhergeht; heute darf es keinen nationalen Gottesdienst mehr geben, als den der Freiheit und Gleichheit. Meine Vikare und Priester schließen sich mir an."

Dann legte er sein Bischofskreuz und seinen Bischofsring auf das Pult des Präsidenten. Chaumette, der Prokurator der Kommune, der die Sitzung leitete, erklärte darauf Bischof Göbel zu einem vernünftigen Wesen. Darauf trat Bischof Grégoire, der von dieser peinlichen Szene erfahren hatte, in seinem bischöflichen Ornat an das Rednerpult des Parlaments und sagte mit fester und klarer Stimme: „Ich habe nur von dem, was hier vorging, reden hören; man spricht mir von Opfern für das Vaterland, ich habe mich daran gewöhnt. – Handelt es sich um Anhänglichkeit an die Freiheit, so habe ich Beweise dafür gegeben; handelt es sich aber um die Religion, so habt ihr darein nicht zu reden und keinerlei Recht, sie anzutasten. Man spricht von Fanatismus und Aberglauben – ich habe diese immer bekämpft. Man gebe einen genauen Begriff davon – und man wird finden, dass sie ganz im Gegensatze zur Religion stehen. Was mich anbelangt, so bin ich Katholik aus Überzeugung und Neigung und Priester nach meiner Wahl; zum Bischof hat mich das Volk gewählt; aber ich habe meine Sendung weder von ihm noch von euch; ich willigte in die Last des Bistums zu einer Zeit, wo es mit Dornen umgeben war, man drang in mich, es anzunehmen. Heute drängt man mich zur Absage, wird sie aber nie von mir erlangen; ich handele nach Grundsätzen, die mir teuer sind, und die ihr mir nicht nehmen könnt. Ich habe immer gesucht, in meiner Diözese Gutes zu wirken; ich werde es auch fortan tun – und bleibe Bischof. Ich berufe mich auf die Freiheit der Kulte!“

Mit bleierner Stille wurden die letzten Worte Grégoires aufgenommen. Fortan war er von den Jakobinern geächtet und gezwungen, sich zu verbergen, weil auf seinen Kopf ein Preis ausgesetzt war.

Grégoire werden wir in diesem Buch noch öfter begegnen. Wer aber war Göbel, der so treulos und gewissenlos seinen Glauben verraten hatte? Göbel wurde in Thann im Elsass geboren, war Germaniker und wurde nach seinem Romaufenthalt in das Domkapitel von Basel aufgenommen. Von da an machte er Karriere. Durch seinen Ehrgeiz erreichte er das Bischofsamt und wurde Suffragan des Baseler Bischofs für den französischen Teil der Diözese. 1789 entsandte ihn Belfort in die Generalstände nach Versailles. Den Zivileid leistete er mit einer gewissen Zurückhaltung; denn Göbel war Opportunist und darum vorsichtig. Er wurde für die Départements Oberrhein, Marne und Paris als konstitutioneller Bischof vorgeschlagen. Er wählte Paris, denn Paris war am lukrativsten. Fast alle konstitutionellen Bischöfe wurden von ihm geweiht; die zwei restlichen weihte Talleyrand.

1791 wandte er sich an Monsignore Spira, den Gesandten Genuas in Paris, mit der Bitte, der Papst möge ihm 100.000 Taler verschaffen, dann werde er den Eid auf die Zivilkonstitution des Klerus widerrufen; doch der Gesandte lehnte es ab, diesen ungehörigen Vorschlag dem Papst weiterzugeben. Es spricht vieles dafür, dass sich Göbel durch ausgestellte Wechsel in der Hand der radikalen Jakobiner Hébert, Anarchasis Cloots und Chaumette befand, die ihn zum Amtsverzicht auf das Bischofsamt zwangen. Genaueres kam dann im Prozess gegen den Bischof heraus, in dem er wegen Atheismus angeklagt war. Göbel gestand, dass er seinen Kompagnons, den Terroristen und Dechristianatoren 50.000 Franken schuldete, die er nicht zurückzahlen konnte, und erpressbar wurde. Er entschuldigte sich damit, die Einrichtung des Bischofspalais habe allein 50.000 Franken gekostet. Der Gerichtspräsident erwiderte, dass ein wahrhaft christlicher Geistlicher keine kostbare Einrichtung benötige, sondern einfach zu leben und keine Schulden zu machen habe. Göbel wurde wegen „Atheismus“ verurteilt. Zusammen mit einem seiner Erpresser, dem Prokurator Chaumette, wurde er im Henkerkarren zur Guillotine gebracht. Wieder Bischof geworden, betete er die kirchlichen Sterbegebete.

Der erste konstitutionelle Bischof, der heiratete, war Thomas Lindet, der Bischof von Evreux. Lindet hatte keinen schlechten Ruf. Er war großzügig gegenüber den Armen und nahm auch nicht mit einem Donnerschlag von seinem Bischofsamt Abschied. Er bedauerte sogar den Verlust der Kirchenfeste. Zusammen mit seinem Bruder, der Mitglied des Wohlfahrtsausschusses war und als gemäßigt gilt, stimmte er für die Hinrichtung des Königs. Nach der Machtübernahme Napoléons gab er alle öffentlichen Aufgaben ab und lebte als Privatmann. Bischof Thomas Lindet starb in seinem 100. Lebensjahr.

Die Septembermorde – Ouvertüre zum Kirchenkampf

Im April 1792 brach der Krieg gegen Österreich und Preußen aus. In dieser Zeit schickte Papst Pius VI. Abbé Maury, der für seine dezidiert antirevolutionäre Gesinnung bekannt war, als Sondergesandten an den Kaiserhof. Dies wurde in Paris als Affront betrachtet, und man begann die eidverweigernden Priester als Agenten der Konterrevolution und als Fünfte Kolonne der Alliierten anzusehen. Darum verschärfte man die Maßnahmen gegen die Priester und die Kirche durch die Aufhebung der im Dienst der Lehrtätigkeit und der Krankenpflege stehenden Orden; die Schließung der letzten Klöster; das Verbot des Tragens geistlicher Kleidung in der Öffentlichkeit; das Verbot von Prozessionen in Paris; die Anordnung der Deportation der *Réfractaires*.

Alle diese Verordnungen führten zu heftigen Ressentiments gegenüber dem Klerus und der Kirche. Sie entluden sich in den Septembermorden des Jahres 1792. Marat und Hébert hatten für die Mordorgie in ihren Zeitungen *L'Ami du Peuple* und *Père Duchesne* Stimmung gemacht und gefordert, man solle mit den Adeligen und Priestern, die mit den Emigranten um die Wette konspirierten, Schluss machen. Sie forderten die totale Säuberung von den Verrätern im Innern und verlangten für sie die Todesstrafe.

Nach dem 10. August geriet die Pariser Bevölkerung bei der Meldung, „das Vaterland sei in Gefahr", in fiebrige Aktivität. Häuser und Straßen wurden in einer Art Kollektivpanik nach Verdächtigen durchsucht, und alle, die man in die Hände bekam, wurden verhaftet. Die Frage, die Bernard Plongeron aufwirft, ob es sich bei den Opfern um politische Geiseln oder um Märtyrer des Glaubens handelte, ist schon deshalb philosophisch, weil die Verhöre der Verhafteten summarisch durchgeführt und der Tatbestand der verweigerten Eidesleistung auf den Zivilstand des Klerus nicht systematisch erfragt wurde.

Auch wenn es sich bei den Exzessen um Kollektivpanik der Massen gehandelt haben soll, so hat es wahrscheinlich auch Kader gegeben, welche die Mordorgie anführten. Nicht ganz von der Hand zu weisen ist die Vermutung älterer Autoren, dass es sich um Kräfte im Umkreis der Sektionen aber auch der *Montagnards* handelte.

Unter denen, die von Banden, von Männern und Frauen, die in die Gefängnisse einfielen, ermordet wurden, finden sich ganz normale unpolitische Häftlinge, aber auch Frauen und Kinder. In der Abtei Saint-Germain des Prés, die zu einem Gefängnis umgewandelt worden war, wurden Häftlinge aus den Fenstern geworfen. In Bicètre tötete man Heranwachsende, und in der Salpêtrière vergewaltigte man zwölfjährige Mädchen, bevor man sie ermordete. Kein Gefängnis wurde ausgelassen, und insgesamt zählte man 3.000 Mordopfer.

Unter den Opfern waren auch 350 Priester: 160 im Karmeliterkloster, 92 im Lazaristenkloster, 30 in der Abtei von Saint-Germain, die übrigen in La Force und im Speicher der Mairie.

Nach Plongeron sprach man später von einer blutigen Aushebung des Klerus, und der Anteil der einzelnen Orden und Diözesen ist wahrscheinlich repräsentativ. Fast alle Orden und Kongregationen waren vertreten, darunter auch 21 ehemalige Jesuiten. Aus der Pariser Region stammten 133 Priester, je 20 Priester aus dem Westen und aus dem Midi. Die Zahlen der Weltpriester beziehen sich lediglich auf die ermordeten Priester im Karmeliterkloster. Unter den Opfern waren auch drei Bischöfe, der Erzbischof von Arles, der Bischof von Saintes und der Bischof von Beauvais. Die beiden letzteren waren Brüder. Plongeron spricht davon, dass ihre menschliche Würde und spirituelle Größe bis in die schwärzeste Stunde einhellig Anerkennung gefunden habe. Nachzutragen ist noch, dass sich unter den Ermordeten auch konstitutionelle Priester befanden, was zeigt, dass die Aktion letztlich nicht gegen den Zivileid, sondern gegen die Priester und die Kirche gerichtet war. Alle kamen um, nur einige, die aus Marseille stammten, wurden von Landsleuten versteckt und dadurch gerettet.

Alle gefangenen Priester, Frauen und Kinder hat man unmenschlich behandelt und dann massakriert. Wie brutal und entmenschlicht man mit den Gefangenen umging, zeigt sich am Beispiel von Maria Theresia von Savoyen, die mit Ludwig Alexander, Prinz von Lamballe verheiratet war und Prinzessin von Lamballe genannt wurde. Nach dem Tod ihres Gatten war sie Oberhofmeisterin der Königin, und ihr einziges Verbrechen bestand in der innigen Zuneigung, die sie zu Marie Antoinette hatte. Sie galt als die schönste Frau von Paris, und das Konventsmitglied Mercier sagte von ihr, dass sie keine politische Rolle spielte und keine politischen Ambitionen hatte.

Sie wurde in das Gefängnis La Force gebracht, an sich schon eine tödliche Beleidigung, denn La Force war das Gefängnis für Frauen von schlechtem Ruf. Ein Kerl schlug ihr mit der Pike auf den Kopf, dass ihr das Blut in Strömen herunterrann, andere gaben ihr mit Piken und Säbeln den Rest. Ihr schöner Leib wurde entkleidet, mehrfach geschändet und schmachvoll verstümmelt. Einer riss ihr das Herz aus dem Leib und verzehrte es. Ihr Kopf wurde auf dem Tisch eines Schanklokals zur Schau gestellt und dann durch die Straßen getragen und zum *Temple* gebracht, wo die Königsfamilie gefangensaß. Hier wurde er der *Famille royale* und ihren Verwandten und Freunden durch die Fenster präsentiert. Mit viel Geld gelang es dem Herzog von Penthière, den Kopf freizukaufen und in seiner Familiengruft zu bestatten.

Zu den Septembermorden kam es auch in anderen Orten Frankreichs. In Meaux wurden sieben Priester ermordet. Die Polizei war zwar nicht untätig, sie kam aber zu spät, um den Armen zu helfen. In Reims hetzte ein ehemaliger Bürgermeister gegen die Priester. Hier wurden zwei Domherren, die in ein nahes Dorf geflüchtet waren, erschossen, die Leichen der Opfer in ein Feuer geworfen, das man vor dem Stadthaus entzündet hatte. In der gleichen Nacht verbrannte man noch zwei weitere Priester bei lebendigem Leib. Schließlich warf man die uralten Fahnen vom Grabe des heiligen Remigius in die Flammen. Zu ähnlichen Ausschreitungen kam es auch in Burgund und in Lyon.

Manche Historiker sehen in den Septembermorden eine administrative Maßnahme und nehmen an, dass die Mörder in Tagelohn gedungen waren. So rühmte sich ein Bäckergeselle: „Ich habe gewiss 40 erschlagen und zu Recht meine 40 Livres verdient." Eine Dienstmagd sagte: „Ich gehe zur Abtei, mein Mann hat dort Arbeit!" Méhé berichtet, wie am Abend die Mörder beim Überwachungsausschuss ihren Tagelohn verlangten. Aus reinem Volkszorn oder als Pogrome sind daher die Septembermorde nicht zu erklären.

Die Dechristianisierung

Als Beginn der Dechristianisierung wird im allgemeinen die Amtsniederlegung von Erzbischof Jean-Baptiste Göbel, einem Großteil seiner bischöflichen Vikare und 400 Pariser Priestern am 17. Brumaire angesehen.

Schon im Sommer 1793 kam es in Paris zu antiklerikalen Protestaktionen, als die Glocken für die Waffenindustrie eingezogen wurden, was in den Landgebieten massive Proteste und Widerstand hervorrief. Die eigentliche Dechristianisierung begann aber erst im Herbst. Am 21. September 1793 weihte der Politkommissar Joseph Fouché in der Kathedrale von Nevers eine Büste des Brutus ein und verkündete auf der Kanzel, dass er die Messen durch die Feste der Republik und die natürliche Moral ersetzen wolle. Gottesdienste waren nur innerhalb der Kirche erlaubt und wurden schließlich ganz verboten. Nun waren nicht nur die Priester, die den Eid auf die Verfassung ablehnten, sondern alle Priester von der Verfolgung betroffen. Was jetzt begann, war eine Kulturrevolution, die keineswegs hinter der chinesischen Kulturrevolution zurücksteht.

Dazu gehörten: die Verfolgung und Ermordung von Priestern, nicht nur derjenigen, die den Eid auf die Verfassung verweigert hatten; die Einführung revolutionärer Ersatzkulte an Stelle von christlichen Gottesdiensten, der Kult der Vernunft und des „höchsten Wesens“; die Beerdigung der christlichen Zeitrechnung durch die Einführung des Revolutionskalenders und Streichung der christlichen Sonntagsfeier; der Ikonoklasmus und der Vandalismus – die Zerstörung des christlichen und kulturellen Erbes; das Einschmelzen der Glocken, der Raub der Kirchenschätze; die Eliminierung christlicher Symbole durch die Namensänderung von Straßen und Orten in ganz Frankreich; die Verhöhnung des christlichen Glaubens in Autodafés, wo Heiligenfiguren, Ornate und Priesterkleider verbrannt wurden, und die Verhöhnung des Christentums durch karnevalistische Umzüge; der Versuch der Eliminierung des christlichen Brauchtums, beim Beerdigungsritus und bei Namensgebungen.

Die Ursache dafür, dass eine solche Bewegung losbrechen konnte, war der Rückgang der Gläubigkeit in vielen Teilen des Landes und vor allem bei der revolutionären Elite. Der Prozess der Dechristianisierung erfolgte nicht nach einem vorgeschriebenen Konzept, es gab aber eine Reihe von einflussreichen Kräften, die ihn forderten oder favorisierten. Dazu zählten die Männer des Sicherheitsausschusses, einzelne Mitglieder des

Wohlfahrtsausschusses wie Bertrand Barère de Vieuzac, Collot d'Herbois und Billaud-Varenne, ein Teil der *députés montagnards.*

Anarchasis Cloots aus Gnadental in Cleve, der seine Briefe mit dem Zusatz „persönlicher Feind Gottes" unterschrieb, versuchte in einem Buch mit „Beweisen für die Gewissheit der mohammedanischen Religion" den Offenbarungsgedanken ad absurdum zu führen und hetzte im Konvent gegen das Christentum.

Als die eigentlichen Akteure der Kulturrevolution gelten die *Représentants en mission* (die Politkommissare), die Revolutionsarmee und die örtlichen Jakobinerklubs.

Historiker wie Albert Mathiez und schließlich Robespierre selbst bezeichnen die Politkommissare als Abenteurer ohne Skrupel. Nach ihrer Meinung waren sie zum großen Teil Hébertisten und lenkten von ihrem eigenen Auftrag ab, indem sie ihre Klientel in das Abenteuer der Dechristianisierung trieben.

Fast überall, wo Politkommissare tätig waren, lösten sie auch den Prozess der Dechristianisierung aus. Fouché verbreitete den Atheismus in Nervers, Chaumette eröffnete mit ihm die Dechristianisierungskampagne in der ganzen Nièvre. Priester wurden gezwungen, innerhalb eines Monats zu heiraten oder ein Kind zu adoptieren. Alle äußeren Zeichen des Kultes wurden demoliert, die Kirchtürme auf demokratisches Maß zurechtgestutzt und die Entfernung der religiösen Symbole befohlen.

Barère de Vieuzac setzte sich für die Zerstörung der Königsgruft in Saint-Denis ein. Laplanche hob im Département Cher die Pfarrsprengel auf, plünderte die Kirchen und predigte den Atheismus. Dumont ersetzte im Département Somme die Messfeier durch staatsbürgerliche Feiern und Tänze. Lequinio verwandelte in Rochefort die Kirchen zu Tempeln der Wahrheit und der Vernunft. Drouet beschlagnahmte in Nabeuge ganze gottesdienstliche Einrichtungen. Die Politkommissare waren in die Provinz geschickt worden, um den Föderalismus zu bekämpfen. Sie machten die Dechristianisierungskampagne zu einem Feldzug, und der Dechristianisierungsprozess folgte ihren Spuren. Nach Mona Ozouf ergaben sich die Gewaltsamkeit und der systematische Charakter aus der Verbissenheit dieser Personen.

Der zweite Akteur bei diesem Unternehmen war die Revolutionsarmee, die sich aus den Pariser Sektionen rekrutierte. Ihre Aufgabe bestand darin, die Sicherheit der Verbindungsstraßen zu garantieren und die Lebensmittelbeschlagnahmungen durchzuführen. Nach Mona Ozouf legten sie, auch wenn sie nicht Initiatoren der Dechristianisierung waren, bei diesem Unternehmen kräftig mit Hand an. Überall da, wo die Revolutionsarmee durchzog, kam es zur Verfolgung von Priestern, zur Einführung revolutionärer Kulte und zum Vandalismus. Alle Gebiete, in die diese Armee nicht eindrang, blieben von den religionsfeindlichen Exzessen verschont. Folglich kam diese Bewegung von außen, sie war der Region fremd.

Aktivisten der Dechristianisierung kamen aber nicht nur aus Paris. Es waren nicht nur die Politkommissare und die revolutionäre Volksarmee. Neben diesen beiden darf man die militanten Klubs, die Tochtergesellschaften der Jakobinerklubs nicht unterschätzen. Sie beteiligten sich aktiv am Dechristianisierungsgeschehen und gingen manchmal auch über die Anweisungen der Agitatoren der Volksarmee und der Politkommissare hinaus. Das zeigen Vorgänge in abgelegenen Dörfern, die nicht von Politkommissaren und der Volksarmee berührt wurden.

Der Kult der Vernunft

Bereits bei den Septembermorden von 1792 und im Sommer 1793 war es zu militanten Auftritten gegen die Kirche gekommen. Ab Herbst 1793 versuchten die Anhänger Héberts, die Entchristlichung zu einer Massenbewegung zu gestalten, zunächst in den Provinzstädten südlich von Paris.

Den religiösen Bedürfnissen der Bevölkerung suchten sie mit einer Ersatzgläubigkeit gerecht zu werden, und das Mittel dazu war die Schaffung des Kultes der Vernunft. Auf Veranlassung von Chaumette wurde am 10. November das erste Fest zu Ehren der Vernunft in der Kathedrale Notre-Dame zu Paris gefeiert.

Im Chor des Gotteshauses war ein Berg aufgebaut, zu dessen Füßen Frauen saßen und ihre Kinder säugten. Eine Schauspielerin aus dem Theater fungierte als Göttin der Vernunft. An dieser Feier nahmen ein großer Teil der Abgeordneten des Konvents und der frühere Bischof von Paris, Jean-Baptiste Göbel, teil. Dabei wurden Reden gehalten, und es erklang die Musik von Chénier.

Am 23. November verabschiedete die Nationalversammlung ein Gesetz, das in allen Kirchen in Paris den christlichen Gottesdienst verbot und die Gotteshäuser zu Tempeln der Vernunft machte.

An den *Décadi,* die den christlichen Sonntag ersetzten und an jedem 10. Tag des Monats stattfanden, sollten von nun an Gottesdienste zu Ehren der Vernunft stattfinden. Das Gesetz fand im ganzen Land Verbreitung, und alle Kirchen in Frankreich wurden geschlossen. Der Kult der Vernunft stieß auf breiten Widerstand in der Bevölkerung. Die Menschen konnten mit dem Versuch, einen nationalen Begriff zum Glaubensinhalt umzuwandeln, nichts anfangen und lehnten den neuen Kult ab. Auch Danton sprach von „antireligiösen Maskeraden", und Robespierre warnte vor den Gefahren der Entchristianisierung. An den getroffenen Maßnahmen änderte sich jedoch nichts, und die Kirchen blieben zivilreligiöse Tempel und für den christlichen Gottesdienst geschlossen. Was Robespierre störte, war die Tatsache, dass Hébert und Chaumette, die den Kult begründet hatten, Atheisten waren. Den Atheismus wollte der Diktator, der Deist war, nicht. Er erklärte: „Der Atheismus ist ‚aristokratisch'." Nach der Hinrichtung von Chaumette und Hébert verschwand der Kult der Vernunft von der Bühne. Von dem Kult der Vernunft ist der Kult des Höchsten Wesens *(Culte de l'Être suprême),* der am 8. Juni 1794 von Robespierre eingeführt wurde, zu unterscheiden.

Schon die Nationalversammlung vom 26. August 1789 machte die Erklärung der Menschen- und Bürgerrechte „en présence et sous les auspices de l'Être suprême" (in Gegenwart und unter dem Schutz des allerhöchsten Wesens). Die Bezugnahme auf das allerhöchste Wesen setzt sich bewusst von dem jüdischen, christlichen, aber auch muslimischen Gottesbegriff ab und beruht auf der deistischen Gottesvorstellung von einem Uhrmachergott. Der Begriff beinhaltet zugleich eine Negation der christlichen und jüdischen Tradition.

Auf die Anregung Robespierres hin dekretierte die Nationalversammlung am 7. Mai 1794 den Kult des Höchsten Wesens. Der Eingangsartikel lautet: „Le peuple français reconnaît l'existence de l'Être suprême et l'immortalité de l'âme" (Das französische Volk anerkennt die Existenz des Höchsten Wesens und die Unsterblichkeit der Seele). Am 8. Juni wurde das „Fest des Höchsten Wesens" in einer von dem Revolutionsmaler David arrangierten Feier zum ersten und zum letzten Mal gefeiert. Nach der Hinrichtung Robespierres hörte der Kult des Höchsten Wesens auf, der eng an das Denken des Diktators gebunden war.

Die Verehrung der revolutionären Heiligen und Märtyrer

Beim revoltionären Totenkult kann man mit Mona Ozouf von einem „Transfer des Sakralen" in die Welt des Profanen sprechen. Diese Kulte sprachen weite Kreise der Bevölkerung an, da sie auf gewohnte religiöse Formen und Symbole zurückgriffen.

Zu Ehren der revolutionären Altäre gelangten Marie Joseph Chalier, Louis Michel Le Peletier und Jean Paul Marat.

Chalier wurde 1747 in Piemont geboren und entstammte einer Juristenfamilie. Er trat als Novize bei den Dominikanern ein, betätigte sich später als Hauslehrer und Handlungsreisender der Seidenindustrie in Lyon. Am 14. Juli nahm er an der Erstürmung der Bastille teil, lernte Robespierre und Desmoulins kennen und wurde ein begeisterter Anhänger der Revolution. 1790 kehrte er nach Lyon zurück, machte in Klubs von sich reden und wurde Mitglied der Stadtverwaltung. Als er bei den Wahlen gegenüber den Girondisten unterlag, versuchte er ein Revolutionstribunal zu errichten und eine Revolutionsarmee aufzustellen. Daraufhin ließen die Behörden ihn verhaften und hinrichten. Der Henker versuchte die Hinrichtung dreimal mit dem Fallbeil durchzuführen, musste aber seine Arbeit schließlich mit dem Messer beenden. Diese grausame Form der Exekution machte Chalier in ganz Frankreich bekannt und machte ihn zu einem Revolutionsheiligen.

Der eigentliche Name eines weiteren Revolutionsideals ist Louis Marie Le Peletier de Saint-Fargeau. Er entstammte einer vermögenden und einflussreichen Familie der *Noblesse de robe*. Sein Vater war Präsident des Pariser Parlaments, und er übernahm später seine Stelle. Man unterscheidet in seinem Lebenslauf eine mehr konservative Epoche mit einer engen Bindung an das Königshaus und eine radikale Hinwendung zu den revolutionären Idealen und Zielen. Er stimmte für die Aufhebung der Adelsprivilegien und führte seither nur den bürgerlichen Namen Le Peletier. In der Nationalversammlung sprach er sich gegen die Galeerenstrafe, die Folter und überhaupt die Todesstrafe aus. Um so auffälliger ist es, dass er für die Hinrichtung des Königs stimmte. Am 20. Januar erstach ihn ein Soldat der ehemaligen königlichen Leibwache in einem Restaurant in Paris. An sich wollte der Soldat den ranghöchsten Königsmörder, den Herzog von Orléans, den Cousin des Königs, töten. Jacques-Louis David, der Hausmaler der Revolution und Hofmaler Napoléons, inszenierte für die Beisetzung eine feierliche Aufbahrung auf der Place des Piques auf dem Sockel einer gestürzten Reiterstatue Ludwigs XIV. Danach wurde der Leichnam in das Pantheon überführt. Dass der Kult von Le Peletier nicht von oben aufgesetzt war, zeigen zahlreiche Feiern zu seiner Ehre auch in kleinen Dörfern. Nach dem Sturz Robespierres wurde der Leichnam aus dem Pantheon entfernt. Die volkstümlichen Ausdrucksformen der Verehrung der Revolutionsheiligen erlaubten es, religiöse Gefühle auszuleben. In ihnen bestanden Teile der traditionellen Frömmigkeit weiter, sie lehnten sich an kirchliche Vorbilder an. Insbesondere in dem Personenkult für getötete Revolutionäre, die sehr an die Heiligenverehrung der Kirche erinnerten, verschmolzen die religiöse und die politische Sphäre. Religiöse Riten wurden übernommen, ihnen aber ein anderer Sinn und eine andere Aussage gegeben.

Auch mit jugendlichen Helden versuchte die Revolution zu werben, und auch hier griff man auf Kinder zurück, wie die Kirche mit dem Kinderheiligen Tarcisius oder dem Soldatenheiligen Sebastian, der in Treue zu Christus den Märtyrertod erlitten hatte.

An die Stelle der Treue zu Christus und die Hingabe für den Glauben war die Aufopferung für den jakobinischen Staat getreten. Damit dokumentierte man das Vorhandensein einer patriotischen Jugend, die die Reserve des Vaterlandes darstellen sollte. Die Kultfiguren waren hier Viola, der beim Aufstand von Marseille ums Leben gekommen war; und vor allem Joseph Bara.

Bara, der 1779 oder 1780 geboren wurde, nahm 1793 am Vendéekrieg teil. Er war also gerade elf oder zwölf Jahre alt. Ein Alter, in dem damals schon Kinder als Tambourmajoren eingesetzt waren. Von den Ereignissen, die zu seinem Tod führten, sind zwei total verschiedene Versionen bekannt. Nach der einen Überlieferung wollten die Vendéer ihn zwingen „Vive le Roi!" zu rufen. Er aber rief: „Vive la République!", darauf wurde er umgebracht. Sein General meldete die Heldentat dem Wohlfahrtsausschuss, und Robespierre erhob ihn zum Nationalhelden und sein Leichnam fand Aufnahme im Pantheon. Der Revolutionsmaler David bekam den Auftrag, das Ereignis im Bild festzuhalten. Joseph Bara wurde so zum Objekt der revolutionären Propaganda. Wie Horst Wessel wurde er in Liedern besungen. Noch heute sind zahlreiche Straßen und Schulen nach ihm benannt, und jedes französische Kind hat wohl von ihm gehört.

Nach einer anderen Tradition war Bara beim Angriff auf Jorras Pferdeknecht und nicht an den Kämpfen beteiligt. Er wurde außerhalb des Kampfplatzes getötet, als er bei den Bauern Pferde stehlen wollte. Gelegenheit für ein heroisches Ableben, mit dem ihn die französische Geschichte ehrte, hat es wohl kaum gegeben.

Das Autodafé oder wie man Tabula rasa macht

Autodafé („Akt des Glaubens") bezeichnet die Hinrichtungen von „Ketzern" im feierlichen Rahmen in Spanien, wo der lebendige oder tote Leib des Opfers am Ende dem Scheiterhaufen übergeben wurde. Die Autodafés im Verlauf der Französischen Revolution bedürfen einer eigenen Beschreibung. Zuerst fanden sie auf Initiative der Revolutionsarmee, von Politkommissaren oder örtlichen Jakobinerklubs statt.

Beichtstühle, holzgeschnitzte Figuren und religiöse Bilder waren vor der Kirche aufgeschichtet, und die Revolutionäre tanzten um die Flammen der Scheiterhaufen. Überall in Frankreich fanden in der Dechristianisierungskampagne solche Prozessionen statt. Ausgemergelte Maultiere zogen einen Karren, der voll beladen war mit Messgewändern und Kirchengerät. Charakteristisch ist, dass die Maultiere oder Esel Bischofsmitren auf dem Kopf trugen. Neben dem Kirchengerät schleppte man auch Puppen, welche die Herrscher Europas darstellen sollten, zum Scheiterhaufen: den Kaiser, Katharina die Große von Russland, den englischen König und den Papst.

Diese Maskeraden waren den Fastnachtsbräuchen und den Bräuchen am Jahresende entlehnt. Wie man dort den Winter oder böse Geister verbrannte, so wollte man um die Mächte der alten Zeit, den Feudalismus und den „Aberglauben“, sprich die Kirche, vernichten. Was man feierte, war die verkehrte Welt.

Dass solches Empfinden auch den oberen Schichten nicht ganz fremd war, zeigt sich darin, dass die Domherren von Chartes die Fenster der Kathedrale schon einige Zeit vor der Revolution einwarfen, damit das helle Licht der Aufklärung in ihre dunkle Kirche fiel. An sich hat der Vandalismus, der sich hier zeigte, schon mit der Erstürmung der Bastille begonnen, wo man in diesem Symbol königlicher Zwangsherrschaft lediglich einige Geisteskranke und kleinere Gauner fand, dafür aber den Festungskommandeur und die Besatzung massakrierte. Ein Symbol für die Französische Revolution, zumindest kein positives, ist der 14. Juli nie gewesen, und wohl auch kein Grund, an diesem Datum den französischen Nationalfeiertag zu begehen.

Michel Vovelle ist den Ursachen für diese Exzesse, für den Ikonoklasmus, den Vandalismus und den Autodafés nachgegangen und hat eine neue Forschungsrichtung begründet, die Mentalitätsforschung.

Nach Vovelle hatten sowohl die revolutionäre Masse als auch die revolutionäre Elite das Gefühl, an einer vollständigen Zerstörung teilzunehmen, und sie waren davon überzeugt, dass nur durch eine totale Umwälzung eine neue Welt und der neue Mensch entstehen konnte.

Vovelle zitiert eine ganze Reihe von Revolutionären, die diese These belegen. So schrieb Marat in sein Tagebuch: „Es gibt keinen einzigen Menschen, der nicht fühlen würde, dass eine Revolution nicht siegen kann, ohne dass eine Partei eine andere zermalmt." Für alle diese Männer ist eine Revolution irreversibel unbesiegbar. Selbst der Girondist Isnard, ein Manufakturbesitzer aus der Provence, sagte in seiner Rede: „Ein Volk im Zustand der Revolution ist unbesiegbar." Für einen wirklichen Revolutionär gibt es keinen Weg zurück. Desmoulins, der Freund von Danton, schreibt in einem Brief: „Die Jugend begeistert sich, die Alten sehnen sich nicht nach vergangenen Zeiten zurück, sie erröten darüber."

Bewusst ist man sich auch darüber, dass man alle Brücken abgebrochen hat. „Es gibt keine Zeit zurück, verdammt noch mal!" schreibt Hébert im *Père Duchesne*. „Wir sind endlich auf der Insel der Freiheit gelandet und haben das Schiff verbrannt, das uns hinüberfuhr", sagte nach der Hinrichtung des Königs Camlan, ein Abgeordneter der Ebene.

Die gleichen Motive, die alte Welt zu zerstören und eine total neue Welt aufzubauen, tauchen auch im Prozess gegen den König auf. Der Königsmord wurde zu einem rituellen Vatermord, zu einer notwendigen Voraussetzung für die Schaffung einer neuen Welt. Einige Deputierte gestanden es sich ein, und so sagte der Linksmontagnard Billaud-Varenne: „Wir stehen auf einem Vulkan." Selbst der gemäßigte Girondist Verginaud meinte: „Wir brauchen in unserem Eifer das belebende Feuer." Er und seine Anhänger wollten das Feuer noch kontrollieren. Doch Danton meinte: „Hat das Volk nicht das Recht, die Leidenschaft zu verspüren, die es zur patriotischen Verzückung führt?" Jacques Roux, der rote Priester, forderte: „Der Löwe des Patriotismus möge noch schrecklicher wüten!"

Es stimmt zwar, wenn Vovelle meint, man dürfe solche Äußerungen nicht als eine Antwort auf unkontrollierte negative Triebregungen betrachten. Verdienstvoll ist auch, dass er die revolutionären Mentalitäten bei der Elite und dem Volk beschreibt. Das hindert aber nicht zu fragen, woher diese Mentalitäten, die Zerstörungswut, die ungestillte Lust auf die neue Zeit und die neuen Menschen stammen. Hängt es vielleicht mit den Männern zusammen, welche die Revolution die Ehre des Pantheon zukommen ließ, Voltaire und Rousseau? Der Voltaire, der „Écrasez l'infâme" unter jeden Brief schrieb. Rousseau, der von einem seligen Urzustand träumte, der jetzt in der neuen Zeit wiederkommen würde und mit ihm eine neue Welt.

Vandalismus und Ikonoklasmus während der Französischen Revolution

Die Welt war entsetzt, als sie 2001 von der Zerstörung altehrwürdiger Buddhafiguren in Afghanistan erfuhr. Hundertfach, ja viel tausendfach stärker begegnet man diesem Vandalismus in Frankreich infolge der Französischen Revolution.

Der Begriff „Vandalismus" stammt übrigens von einem Franzosen, dem konstitutionellen Bischof von Blois, Henri Grégoire. In seiner berühmten Rede vom 31. August 1794 sagte er: „Ich schuf dieses Wort, um die Sache zu töten." In erschütternden Worten enthüllt er den entsetzlichen Verlust, den das Land in den Jahren der Revolution erlitten hatte, und meinte, viele Bände von Büchern könnten die Zerstörung nicht schildern.

Dennoch nahm Grégoire für sein Vaterland den Ruhm in Anspruch, Kunst und Künstler zu schützen. Und welchen Grund führte er dafür an? „Wir sammeln jetzt die Denkmäler", so rief er aus, „selbst in den eroberten Ländern. Wir lassen in Belgien Bücher und Gemälde einpacken, um Frankreich damit zu bereichern, van Dyck und Rubens sind auf dem Weg nach Paris. Die ganze Schönheit der flämischen Meister wird bald unsere Museen schmücken!"

„Der glorreiche Feldzug Napoléons nach Italien muss uns für die Zerstörung entschädigen, die der Vandalismus bei uns angerichtet hat", schrieb der Kriegsminister Carnot 1796, der zur Zeit des Vandalismus und Ikonoklasmus im Wohlfahrtsausschuss saß. Kompensation von Kunstvernichtung durch Kunstraub würde man heute sagen.

Der Vandalismus begann schon sehr früh, in der Anfangsphase der Revolution. Er hatte vor allem ökonomische Gründe. Der Verkauf der Klostergüter versprach dem Bürgertum Gewinn, und die altehrwürdigen Gebäude der Klöster wie Cluny, das Hunderte von Jahren die Gestalt Europas geprägt hatte, konnte man zu Steinbrüchen umfunktionieren. Etwas vom Geist der späteren Revolution war allerdings schon hier zu spüren. Man war dabei, eine neue Kunst, eine neue Welt und einen neuen Menschen zu schaffen, und dabei standen die Kathedralen von Chartres, Reims und Straßburg nur im Wege.

Man machte eine gewaltige Zäsur zu der Vergangenheit. Alles was an Kirche, Adel und Königtum erinnerte, sollte zerstört, verkauft, entweiht werden. Die Kathedralen von Arras, Cambrai und Bologne sind in Trümmern versunken. Reims hat in dieser Zeit zehn Kirchen und zwanzig Klöster eingebüßt. Ja, man hat nicht einmal Saint- Nazaire, das an Größe und Schönheit mit den Kathedralen wetteifern konnte, verschont. In Blois, der Bischofsstadt Grégoires, verschwanden fünf Kirchen vom Erdboden. In Le Mans blieben von 16 Kirchen nur zwei übrig. In Montagne-sur-Mer gab es überhaupt keine Kirchen mehr. In Pay-de-Dame forderte Couthon, Mitglied des Wohlfahrtsausschusses und Intimfreund Robespierres, seine Mitbürger auf, die Kirchen abzureißen und sich daraus Häuser zu bauen. Jede französische Stadt hat wohl eine eigene Geschichte mit dem revolutionären Ikonoklasmus erlebt.

„Ein Schrei des Entsetzens ist durch Europa gegangen", schrieb 1797 Leharre, der für die staatlichen Kunstsammlungen tätig war, „als wir den Völkern ihre Kunstdenkmäler geraubt haben. Aber wendet einen Blick von einem Ende Frankreichs bis zum anderen, betrachtet die Leere unserer Gotteshäuser. Sie sind nicht mehr, und in Jahrhunderten wird man sie nicht ersetzen können."

Waren es Banditen, die das taten, waren es Vandalen, die nicht lesen konnten? Nein, es waren Menschen, die sich da dem *Temps des lumières,* der Aufklärungszeit verpflichtet fühlten, die eine neue Zeit und einen neuen Menschen schaffen wollten, wie andere, die dies im vergangenen 20. Jahrhundert versucht haben.

Manche Historiker sprechen fast im Ton der Entschuldigung von einem Vandalismus aus militärischen Gründen. Man benutzte das Blei der Sarkophage und das Metall der Orgeln für die Kanonen und Kanonenkugeln der Republik. Man beraubte die Bibliotheken und Archive, um Patronenhülsen herzustellen. Man muss sich die Gesinnung und die Handlungen der Leute vorstellen, die solche Leichenfledderei betrieben, die die Totenschädel in den gemeinsten Ausdrücken anredeten und sich von Hand zu Hand zuwarfen, in Bourges und Dijon die Köpfe von Jean de Berry, Philipp dem Kühnen und Johann ohne Furcht.

Die Zerstörungswut stellt man an zahlreichen Portalen fest, wo Statuen die Hände und Köpfe abgeschlagen wurden und wo häufig der reiche Bilderschmuck verschwunden ist. Welche schauerlichen Orgien hat man damals an den Schwellen der Gotteshäuser gefeiert? An der Fassade der Kirche von Chartres köpfte man mehr als 200 Bischöfe und Mönche aus Stein, und dem Tischler Martin, der sich mit besonderer Wut an den Steinen ausgelassen hatte, rief man bis zu seinem Lebensende auf den Straßen der Stadt nach: „Martin, ein Mönch!"

Die evangelische Kirche im Verlauf der Französischen Revolution

Das Edikt von Versailles vom 7. November 1787 hatte den Protestanten die bürgerliche Freiheit gegeben. Dabei handelte es sich keineswegs um die Anerkennung des Protestantismus als Kult.

Bekannte protestantische Persönlichkeiten waren in die Revolutionsereignisse einbezogen. Man denke hier nur an Necker, Barnave, an Boissy d'Anglas und an Marat. Ihre politische Tätigkeit hatte aber keinen Bezug zu ihrer Religion. Es gab keine protestantischen Allianzen und kein kohärentes Handeln. Sie handelten individuell und nicht als politische Partei.

Aber man findet eine wachsende Zahl von Protestanten in den Versammlungen. Wenigstens zwei Prozent gehörten den Generalständen an. Fünf Prozent saßen im Konvent. Protestanten gehörten den *Feuillants*, den Girondisten und den *Montagnards* an, also den Parteien verschiedener politischer Lager.

Beim Prozess gegen den König sprachen sich von den 28 Protestanten, die an der Abstimmung teilnahmen, 16 für die Todesstrafe aus, und zwölf dagegen. Die Voten für die Hinrichtung des Monarchen lagen geringfügig über den Voten des übrigen Parlaments. Zu Beginn der Revolution sahen sich die Protestanten nicht als Opfer der Intoleranz und Vorurteile. In den *Cahiers de doléance* spielte die protestantische Frage eine geringe Rolle, und sie selbst neigten mehr der religiösen Gleichgültigkeit zu. Sie hatten das Image von friedlichen und aufrichtigen Bürgern. Dieses Bild wurde durch die amerikanische Revolution verstärkt. Benjamin Franklin war nach Paris gekommen, und die Erklärung der Menschenrechte diente in Frankreich als Modell.

Der Protestantismus zeigte übrigens eine große Nähe zum revolutionären Denken. Er war stark von der Aufklärung beeinflusst. Er war moralisch, philosophisch, rationalistisch und nicht wirklich religiös und beruhte auf der Verantwortung des Individuums.

Man warf den Protestanten oft Profilsucht und Hang zum Opportunismus vor. Das war zum Beispiel in der Frage der Sklaverei der Fall. Hier setzten sich Barnave und andere Vermögende für die Siedler und die Reichen ein. Die Abschaffung der Sklaverei für die französischen Kolonialgebiete setzte schließlich der konstitutionelle Bischof Henri Grégoire durch. Ein wahres Chamäleon der Anpassung und des Opportunismus war schließlich Jean Nicolas Pache, ein allgemein bekannter Protestant, der folgende Stationen bei den unterschiedlichen Regierungen durchlief: Zunächst war er Verwalter der königlichen Schlösser und danach führender Beamter im Innen- und Kriegsministerium. Danach wechselte er zum politischen Gegner über, ging zu den Hébertisten, wurde Bürgermeister von Paris und überstand ohne Schaden die Zeit des Thermidors. Ein ähnliches Beispiel opportunistischer Anpassung liefert Boissy d'Anglas. Er war Mitglied des protestantischen Konsistoriums vor Paris. Er schlief in den Betten der unterschiedlichsten Parteien, wurde im Thermidor Senator, unter Napoléon *Comte d'empire* und unter den Bourbonen *Pair de France.*

Manche protestantischen Abgeordneten akzeptierten, ohne sich zu kompromittieren, die Dechristianisierungskampagnen vom September 1793 bis zum Juli 1794. Die Enthauptungen, Deportationen, Einkerkerungen, Beschlagnahmungen und Zerstörungen der Kultorte, die wesentlich die katholische Kirche berührten, störten sie nur wenig, auch wenn sie selbst dieser Vorgehensweise ausgesetzt waren.

Der Protestantismus, der weniger religiöse Riten besitzt, war an nüchterne Gottesdienste gewohnt und musste sich in seiner Geschichte oft in die Verborgenheit und Heimlichkeit zurückziehen. Aber hier befand er sich lediglich im Schatten der Scheiterhaufen, des Vandalismus und der Bilderstürmerei.

Durch Boissy d'Anglas kam es am 21. Februar 1795 zur Trennung von Kirche und Staat, und die Kultfreiheit wurde hergestellt. Allerdings wurden die Kirchen auch nicht mehr finanziell unterstützt. Wobei letzte Maßnahme für die Reformierten von weniger Interesse war, weil sie nie staatliche Gehälter bezogen hatten.

Nach dem Thermidor wurde der protestantische Deputierte Ruhl, ein treuer Sympathisant von Robespierre, angeklagt und beging Selbstmord. Andere, die in ähnlicher Lage waren, mussten einen kurzen Gefängnisaufenthalt in Kauf nehmen oder flohen ins Ausland.

Über das Verhältnis der Protestanten zur Dechristianisierung kann man zusammenfassend sagen: Sie gehörten nicht den Kadern der Sansculotten an und unter ihnen finden sich keine großen Dechristianatoren; evangelische Geistliche, die unter dem Einfluss der Aufklärung und der Vernunft standen, versuchten nur wenig, der Dechristianisierung Widerstand zu leisten; die Mehrzahl der aktiven Pastoren hatten 1793–1794 ihre Tätigkeit aufgegeben; die Gemeinschaft gab sich mit dem privaten Kult im Kreis der Familie zufrieden; es gab einige wenige Orte, in denen sich der Gottesdienst ohne Unterbrechung erhalten hat, wie in Sainte-Foy-la-Grande in der Gironde und in Bergerac in der Dordogne; in den Kapellen der Botschafter von Dänemark, Holland und Schweden hat man nicht aufgehört, Gottesdienst zu feiern; man findet auch einige Fälle von Widerstand in der Drôme und der Ardèche; von 215 Pastoren haben 98 ihr Amt aufgegeben, davon drei Viertel im Südwesten, eine ähnliche Zahl findet sich bei den Katholiken; der Kult wurde fast überall aufgegeben; es handelt sich aber in der Mehrzahl der Fälle um eine zeitweise Aussetzung; im Gard war die Zahl der Amtsaufgaben (57) besonders hoch; der Grund hierfür dürfte sein, dass der Politkommissar Borie sich besonders kompromisslos und intransigent verhalten und systematisch versucht hat, Abdankungen zu erreichen; wenige haben spontan ihren Beruf aufgegeben; man schätzt, dass 90 Prozent unter Druck abgedankt haben, ohne den revolutionären Kulten anzuhängen – Abdanken bedeutete nicht zwangsläufig, auf alle pastoralen Tätigkeiten zu verzichten, auf Taufen und Trauungen zum Beispiel, die im Familienkreis stattfanden; dafür gab es bei den Hugenotten eine lange Tradition; der Kult des *Être suprême* stand nicht im Widerspruch zur Lebensweise der Protestanten im 18. Jahrhundert; die Protestanten haben auf individuelle Weise auf die Dechristianisierung reagiert, und es gab keine gemeinsame Front.

Während die Mehrheit der französischen Protestanten im Südwesten, in der Gegend um Nîmes und Montauban und in den Cevennen wohnten und Calvinisten waren, bildeten sie im Südosten, im Elsass, ein Drittel der Bevölkerung und waren mehrheitlich Lutheraner. Reformierte wohnten vor allem in Mulhouse, das ursprünglich zur Schweiz gehörte. Die Zentren der Lutheraner lagen in der Umgebung von Straßburg und Colmar.

Der Erlass der Menschenrechte und die Gleichstellung mit den Katholiken brachte der Revolution im Elsass viel Sympathie. Es entstanden politische Klubs, und man wählte vornehmlich die *Gironde;* denn das Elsass war eine wohlhabende Landschaft, mit einer reichen Landwirtschaft und einer aufstrebenden Industrie. Fast alle Zeitungsverleger und viele Industrielle waren Protestanten.

Zur Spannung bei den Lutheranern kam es infolge der Hinrichtung des Königs, der im Elsass beliebt war. Die Monarchie wurde von den Lutheranern nicht in Frage gestellt. Von nun an behandelten die Jakobiner die Lutheraner als Aristokraten und Verräter. Das Journal *Argos,* das von dem ehemaligen konstitutionellen Generalvikar Eulogius Schneider herausgegeben wurde, richtete mehrere Attacken gegen die Lutheraner. Im April 1793 verlangte eine Anordnung das Bürgerzeugnis vor allem von protestantischen Pastoren und Lehrern.

Ab Herbst 1793 waren die Protestanten von der antireligiösen Politik des Konvents nicht ausgespart, und die Gottesdienste waren fast überall verboten. Alle Kirchen wurden geschlossen. In Straßburg wurden in dem Temple Neuf die Stühle weggeräumt, und er wurde zu einem Futtermagazin, später zu einem Schweinestall, St. Ludwig und St. Peter zu Strohlagern, St. Peter der Jüngere zu einem Fleischdepot, St. Thomas zu einem Militärmagazin. Einer anderen Kirche wurde eine phrygische Mütze auf den Turm gesetzt, Saint-Nicolas wurde zu einem Stall für Rinder und Schweine und dann zu einem Kleidermagazin. Die liturgischen Gegenstände wurden beschlagnahmt. Die Ausübung des Kultes wurde am Niederrhein verboten und überlebte im Verborgenen nur am Oberrhein.

Der Druck auf die evangelischen Pfarrer nahm zu. Diejenigen, die sich nicht beugten, wurden inhaftiert und fanden sich im Großen Seminar von Straßburg wieder, wo sie mit katholischen Priestern zusammenkamen, wie Blessig oder Hahner. Der Pastor Jean-Jaques Fischer aus Dorbisheim wurde wegen einer unbedachten Äußerung zum Tode verurteilt. Am 24. November 1793 starb der Pfarrer Jean-Michel Lobstein im Gefängnis. Manche emigrierten oder wechselten den Beruf. Pfarrer Derzel schlug die militärische Karriere ein und wurde sogar General.

Eine Reihe gab radikal ihren Dienst und ihre Überzeugung auf. Philipp Junker, Pastor in Oberheim, drückte seine Freude aus, aus dem Stand zu scheiden, der nicht nach seinem Geschmack war. Matthias Engel erklärte, dass der Stand, auf den er verzichte, ihm keinen Ton des Bedauerns entlocke. Eine Reihe anderer brach radikal mit ihrem Glauben und arbeitete für die Dechristianisierung. Oberlin gründete einen Jakobinerklub und predigte den Kreuzzug gegen die Tyrannei. Ein weiterer nannte sogar Jesus den größten Scharlatan, der je existiert habe.

Im allgemeinen waren die Protestanten weniger von Übergriffen betroffen als die Katholiken, da sie ihre Gottesdienste zu Hause oder im Kreis der Familie abhielten. So hielten sie sich auch bei Feiern zum Kult der Vernunft und des Höchsten Wesens zurück.

Nach dem Sturz Robespierres wurden die inhaftierten Kirchenleute im Herbst freigelassen. Mit Ausnahme von Koch, der das Département Niederrhein leitete, hielten sich alle angesehenen Protestanten in politischen Angelegenheiten zurück. Unter den Abgeordneten des Niederrheins im Direktorium waren sechs von 21 Protestanten. Im Département Oberrhein war Jean Ulrich Metzger der einzige evangelische Abgeordnete. Ein Polizeimeister betrachtete 1796 die Protestanten als die einzig wahren Patrioten.

Die Wiederaufnahme des Kultes war von einem Neuaufbau der Verwaltung begleitet, der von Blassez, Hebeisen und anderen geleitet wurde. Der Großteil der alten Pfarreien wurde wieder aufgebaut durch die Wahl eines Presbyterialrates. Er trat an die Stelle der früheren zentralen Organisation. Innerhalb von 18 Monaten waren alle Kirchen wieder geöffnet. Doch überall machte sich Geldnot bemerkbar, so dass man die Pfarrer nicht ausreichend bezahlen konnte. Diese moralische und materielle Not trug mit dazu bei, dass die Zahl der Berufungen für das Pfarramt zurückging – zumal keine Ausbildungsstätte für sie bestand.

Die Revolution ist im Elsass teilweise anders abgelaufen als im übrigen Frankreich. Dazu trugen zwei Faktoren bei. Zum einen war der Krieg allgegenwärtig und die deutsche Grenze nahe. Zum anderen trugen dazu die verschiedenen Glaubensbekenntnisse bei, eine große katholische Mehrheit, Lutheraner, die immerhin ein Drittel der Bevölkerung stellten, und schließlich die Minoritäten der Calvinisten und Juden.

Die Calvinisten, die vor allem in Mühlhausen und Umgebung wohnten, stellten sogar einen Sonderfall dar. Im Gegensatz zu den nicht gerade revolutionsfreundlichen Lutheranern besuchten die Reformierten die revolutionären Klubs von Colmar und Thann und waren den revolutionären Ideen sehr zugeneigt. Auf eine gewisse Nähe der Calvinisten zu Ideen der Aufklärung und der Revolution, was die Moral und die Volkssouveränität betrifft, wurde schon hingewiesen.

Ein anderes protestantisches Gebiet lag im Westen Frankreichs, das Poitou, die Region um Poitiers. 1527 weilte der Reformator Calvin in Angoulême. Im Poitou gab es binnen kurzem mehr Hugenotten als im übrigen Frankreich. Ein Hauptstützpunkt der evangelischen Partei war La Rochelle. Hier, bei Cognac und Châteauneuf-sur-Charente fand die Schlacht im Religionskrieg statt, der 1598 durch das Edikt von Nantes beendet wurde. Ludwig XIV. hob 1685 das Edikt auf, und die Hugenotten flohen zu Hunderttausenden ins Ausland. Kleinere Gemeinden von Reformierten blieben im Land, auch im Gebiet der Vendée, wo sich später der Volkskrieg gegen die Republik abspielte. Protestantische Minderheiten lebten hier in Pouzauges und in anderen Kleinstädten, insgesamt etwa 10.000 evangelische Christen.

Die katholische, königliche Armee versuchte sich die Reformierten zu Verbündeten zu machen, verlangte aber einen Eid auf den jungen König im Gefängnis. Die katholische Religion wurde zur Staatsreligion erklärt, andere Denominationen im Geist der Toleranzedikte von 1787 toleriert. Angesichts des allgemeinen Drucks, aber auch der allgemeinen Begeisterung, hatten die Hugenotten keine andere Wahl, als sich dem Aufstand anzuschließen, obwohl sie mehrheitlich revolutionär gesinnt waren. Zwei Quellen, die erst vor kurzem entdeckt wurden, geben Zeugnis vom Glauben dieser evangelischen Christen im Westen Frankreichs (vgl. Archiv für Mittelrheinische Kirchengeschichte, Jahrgang 2006). Die eine enthält das Tagebuch des bescheidenen Pächters Pierre Bounaud, der an der Grenze von Les-Deux-Sèvres lebte. Auf 14 Seiten, die in die Bibel eingelegt waren, schrieb er nieder, was ihn bewegte. Er spricht von „Durcheinander“ in seinem Denken, angesichts des Aufstandes. Alles scheint ihm um so unverständlicher, als er in einem Gebiet lebt, wo es nur vereidigte, der Revolution nahestehende Priester gibt. Darum nimmt er an, dass die Vendée ein Teil der großen Verschwörung ausländischer Mächte sei, die einen König und eine einzige Religion einsetzen wollten. Am Ende seines Tagebuchs schrieb er: „O mein Gott, in welche Zeit sind wir gelangt, eine Zeit, Ströme von Tränen zu vergießen. Niemals war das Massaker der Bartholomäusnacht diesem vergleichbar. Weil doch die göttliche

Vorsehung uns mit einer so großen Geißel schlägt, murren wir nicht. Halten wir es mit dem Apostel Paulus, zufrieden zu sein mit dem Stand, in dem wir uns befinden." Ganz anders reagierte sein Glaubensbruder und Landsmann Lecointe-Puyroveau. Er war Politkommissar und Girondist. Er machte den Adel und die Pfaffen für den Aufstand verantwortlich.

Nach dem Sieg der Vendée schickte der Konvent die *Colonnes infernales* in die Vendée, die eine Politik der verbrannten Erde durchführten. Weder Kinder noch Frauen und Greise wurden verschont, sondern oft bestialisch ermordet. Auch die Republikaner und Hugenotten verfielen dem gleichen Schicksal. Genau zu dieser Zeit ging der evangelische Anteil der Vendéebevölkerung von etwa 10.000 auf 3.300 zurück. Der Historiker Rabaux spricht von einer Auslöschung eines Drittels der evangelischen Bevölkerung.

Die Juden während der Französischen Revolution

1789, zu Beginn der Revolution, lebten circa 40.000 bis 50.000 Juden in Frankreich. Die meisten wohnten im Elsass und Lothringen und in den päpstlichen Staaten. Das Prinzip Ludwigs XIV, „un roi, une loi, une foi" richtete sich nicht nur gegen die evangelischen Christen, gegen die Hugenotten, sondern auch gegen die Menschen jüdischen Glaubens. Elsass und Lothringen waren lange deutsch, und auch zur Zeit der Revolution waren deutsche Fürsten zum Teil hier noch Territorialherren. Im Unterschied zum übrigen Frankreich gab es im Elsass und Lothringen noch die Kirchensteuer, und die Priester und Pfarrer werden noch heute vom Staat bezahlt. Die Päpste waren im Verlauf der Geschichte den Juden gegenüber oft toleranter als die katholischen und wohl auch die evangelischen Fürsten. Jüdische Gruppen, vor allem Bankiers, gab es auch in Paris und in den südlichen Hafenstädten wie Bordeaux.

Trotz des oft unverhohlen antisemitischen Spotts auf den Gott des Alten Testaments brachte die Aufklärung den Juden größere Anerkennung und den Geist der Toleranz. Die Juden konnten – wie alle anderen Stände – ihre *Cahiers de doléance*

(Beschwerdehefte) einreichen. Sie verlangten die Rechte, Berufe auszuüben und Vermögen zu erwerben, Rabbiner und einen Generalsyndikus zu haben. Schließlich verlangten sie die Befreiung von den Judensteuern, die 20.000 Livres betrugen.

Alle diese Forderungen wurden erfüllt, und am 20. Mai 1790 wurde die Emanzipation der Juden erklärt. Juden konnten jetzt auch der Armee beitreten, und Andel Nordon wurde der erste französische Offizier jüdischen Glaubens. Gewisse Spannungen gab es wegen der Beteiligungen der Juden an der Nationalgarde, aber auch diese wurden durch die Vermittlung Lafayettes beigelegt.

Im Krieg gegen die Koalition gegen Frankreich betete man für den Sieg der französischen Waffen. Nach dem Sieg bei Valmy ließ der Großrabbiner von Metz, Oury Cahen, die Marseillaise auf hebräisch in der Synagoge singen. Einige zogen aus den Judenvierteln in die Städte, die meisten aber blieben in den Ghettos. Spannungen zwischen Juden und den Katholiken blieben auch in dieser für die Juden günstigen Zeit nicht aus. Der Wortführer gegen die Emanzipation in der Constituante war der monarchistische Abgeordnete Maury (vgl. Zosa Szajkowski, Religious Propaganda against Jews during the French Revolution of 1789, 1959).

Mit der Machtübernahme der *Montagnards* ändert sich die Situation der Juden. Wie die christliche, so wurde auch die jüdische Religion bedroht. Die *Montagne* bekämpfte den Fanatismus, und unter Fanatismus verstand man schlicht und einfach die christliche und auch die jüdische Religion. Man schloss nicht nur die Kathedralen von Straßburg und Metz, die evangelischen Tempel, wie die evangelischen Kirchen in Frankreich hießen, sondern auch die jüdischen Synagogen. Nicht nur der christliche Sonntag wurde durch die Dekaden abgeschafft, sondern auch der jüdische Sabbat.

Die Jakobiner waren nicht unsensibel gegenüber den Dingen, die man den Juden vorwarf: Schwindel und Wucher. Am 22. November 1793 wurde das Inventar der Synagogen beschlagnahmt. Die Sansculotten bildeten Wachen, die die Israeliten hinderten, sich in den Synagogen zu versammeln. Auch der Schrein mit den Zehn Geboten wurde weggebracht. Im November beschloss man, die Synagoge von Metz in einen Zoo zu verwandeln. Ein Problem bildete auch das jüdische Begräbnis, da die Revolution keine religiösen Leichenbegräbnisse duldete. Jüdische Frauen wurden verhaftet, weil man sie verdächtigte, ihre Angehörigen in ihren Kellern beerdigt zu haben.

Im Jahre 1795 hörte der Spuk gegen unsere älteren Geschwister im Glauben auf. Die meisten Juden waren, neben begüterten Händlern und Bankiers, Altkleiderhändler. Die Beträge, die die Juden auch nach der Revolution zahlen mussten, häuften sich an, und der Rest wurde erst 1854 bezahlt.

Der Kampf der radikalen Revolutionäre richtete sich zwar gegen die Kräfte des Ancien Régime, gegen das Königtum, den Adel und den Klerus. Die Hauptstoßrichtung ging aber gegen das, was sie „Fanatismus" nannten, und das war die Offenbarungsreligion der Juden und der Christen. Die Spitzenfunktionäre der Revolution waren Deisten. Sie glaubten an einen Uhrmachergott, der die Welt ins Dasein gerufen hatte, sie aber dann den Menschen zur weiteren Gestaltung überlassen hatte.

Trotz der feierlichen Erklärung der Menschen- und Bürgerrechte gab es keine Toleranz gegenüber den „Fanatikern", und das waren für die Revolutionäre die Christen, aber auch die Juden.

Eine neue Untersuchung beschäftigt sich mit der Terminologie, die man gegen die Vendéer und die *Réfractaires,* die Eidverweigerer gebrauchte. Sie waren Kriminelle, Verbrecher, und sie standen den Tieren näher als den Menschen. Dabei handelte es sich nicht um eine politische Terminologie gegen die wirklichen oder angeblichen Feinde der Republik, sondern um eine ideologische. Menschen, die einer Offenbarungsreligion anhingen, waren, um den Sprachgebrauch einer anderen, uns bekannten Ideologie anzuwenden, Untermenschen. Sie waren Untermenschen nicht aus rassischen, sondern aus religiös ideologischen Gründen.

Der Totalitarismus in der zweiten Phase der Revolution erlaubte es, solche Wesen auszurotten, nicht durch die Konzentrationslager, sondern durch die Guillotine, durch die Deportation in das Land, wo der Pfeffer wächst, und durch die Noyaden in der Loire.

Eine sehr ambivalente Haltung gegenüber dem Judentum zeigt auch eine der großen Gestalten der Revolution, der konstitutionelle Bischof von Blois, Henri Grégoire, der ganz katholisch war, aber auch revolutionärer Republikaner.

Eine radikale Haltung zeigt Grégoire schon im Sprachgebrauch. Er war Vorsitzender eines Ausschusses, der sich um Französisch als Einheitssprache der Republik bemühte und die einzelnen Dialekte zu unterdrücken versuchte. Ein Satz des Bischofs lautet: „Der Föderalismus und der Aberglaube sprechen bretonisch, die Emigration und der Hass auf die Republik sprechen deutsch, die Konterrevolution spricht italienisch, und der Fanatismus spricht baskisch."

Der Bischof hatte zahlreiche jüdische Freunde und bewunderte den jüdischen Philosophen Moses Mendelsohn. Für ihn waren die Juden Brüder und Kinder des gleichen Gottes. Zugleich aber nahm er an, dass die Juden degeneriert und ihrer intellektuellen Fähigkeiten beraubt seien. Er begründete das mit dem Aussehen und dem Verhalten der Juden mit einem Vokabular, das an den *Stürmer* erinnert.

Grégoire führte die „Degeneration" der Juden auf zwei Ursachen zurück, auf die Verfolgung der Juden durch die Christen und auf die abergläubischen Gesetze, auf den lächerlichen Unterricht der Rabbiner und den Talmud. Die Forschung ist sich einig, dass Grégoire die seltsamen Unterstellungen von dem Schweizer Gelehrten Lavater übernommen hatte, mit dem er in Verbindung stand. Nach Lavater, dem sich Grégoire anschließt, haben die Juden ein bleiches Aussehen, eine Hakennase, eingefallene Augen und ein vorgebeugtes Kinn. Nach Lavater wirkt sich das Aussehen, das durch den Genuss von koscherem Fleisch verursacht wird, auf den jüdischen Charakter aus. Grégoire riet daher den wohlhabenden Christen, die Juden zu lehren, ihre Ignoranz, ihre Religion und ihr ungesundes Verhalten aufzugeben. Von dem Biologen Buffet übernahm er die Theorie, dass das häufige Kreuzen verschiedener Rassen sich nachteilig für ein Volk auswirkt.

Nach Hanna Arendt führte die Judenemanzipation, wie sie im Verlauf der Französischen Revolution betrieben wurde, dazu, die Juden auffälliger zu machen und ihnen einen Pariastatus zu geben. Sie waren nicht völlig in die französische Nation integriert und gleichzeitig ihrer eigenen Traditionen entfremdet. Sie befanden sich in der widersprüchlichen Position: „Sie durften sein, aber keine Juden sein". Die Juden sollten völlig in der französischen Nation aufgehen und ihre Identität aufgeben. Ähnliche Forderungen stellte man ja auch anderen Minderheiten beim Sprachenproblem.

Der Revolutionskalender oder die Vernichtung des Offenbarungsglaubens

Der Höhepunkt für die Entchristianisierung stellt ohne Zweifel der Revolutionskalender dar, der am 5. Oktober 1793 vom Nationalkonvent verabschiedet wurde und der am 24. November 1793 rückwirkend ab dem 22. September 1792 in Kraft trat. Initiator des Projekts war Gilbert Romme. Michelet berichtet, dass Bischof Henri Grégoire äußerst verärgert Romme gefragt haben soll, welcher der Zweck des Kalenders sei, worauf Romme kühl entgegnete: „Den Sonntag zu unterdrücken."

Fabre d'Églantine, Berichterstatter der Gesetzesvorlage und Erfolgsdichter, machte aus seinen Intentionen keinen Hehl und sagte: „Ein langer Umgang mit dem Gregorianischen Kalender erfülle das Gedächtnis des Volkes mit einer beträchtlichen Anzahl von Bildern, die es lange Zeit verehrte und die noch heute die Quelle seiner religiösen Irrtümer sind; es ist notwendig an die Stelle dieser Trugbilder der Ignoranz die Wirklichkeit der Vernunft zu setzen."

Er schlug vor, den Katalog der Heiligen im Gregorianischen Kalender – „ein Verzeichnis der Lüge, der Täuschung und der ‚Scharlatanerie" – durch eine Liste nützlicher Gegenstände und Erzeugnisse aus der Natur zu ersetzen, die weit wertvoller seien als die seliggesprochenen Skelette, die man aus den Katakomben Roms hervorhole.

Wie der Gregorianische war der neue Kalender in zwölf Monate gegliedert, von denen jeder 30 Tage hatte. Die fehlenden fünf Tage, im Schaltjahr sechs, wurden als republikanische Tage dem Jahr angehängt.

Jeder Monat zerfiel in drei Dekaden. Die Höhepunkte der Dekaden bildeten die *Décadi* am Ende der Zehnerreihe. Dadurch fiel der christliche Sonntag weg. Auch die übrigen Tageszeiten waren nach dem Dezimalsystem unterteilt: Ein Tag hatte zehn Stunden; eine Stunde 100 Minuten; eine Minute 100 Sekunden.

Ausgangspunkt des Projekts war die Rekonstruierung des Raumes, die durch die Einführung des metrischen Systems gelungen war. Nach der Konstruierung des Raumes wollte man zur Restrukturierung der Zeit fortschreiten.

Der Kalender hatte Lösungswirkung. Nicht die Geburt Christi war Angelpunkt der Zeit, sondern die Gründung der französischen Republik. Dieser fundamentale Angelpunkt bedeutete die Beseitigung der gesamten christlichen Tradition und Vergangenheit und eine Lösung von der bisherigen Geschichte. Er sollte ein neues Zeitalter und den neuen Menschen dokumentieren. In diesem Zusammenhang treten Vokabeln aus der Bibel auf, die Begriffe von der Neuschöpfung und dem neuem Menschen. Der antiklerikale und antichristliche Aspekt ist überdeutlich: die Streichung der Heiligen aus dem Kalender und die Abschaffung von Weihnachten, Ostern und Pfingsten.

An die Stelle des christlichen Weltbildes tritt das deistische, die Rationalität und das, was man „Natürlichkeit“ nannte. Nicht die Erhebung zu dem sich offenbarenden Gott und die Gedenktage der Heiligen sollten die Menschen ergreifen, sondern man versuchte, ihnen die Grundlagen der Landwirtschaft nahezubringen.

So hat der Kalender Rückwirkungen auf den kulturellen und mentalen Bereich. Und man sah ihn als Stütze zur Verteidigung der Republik gegen den kirchlichen Aberglauben. Es ging der Revolution nicht nur um die Vernichtung der Kirche und des Christentums, sondern um die Zerstörung des Glaubens an den sich offenbarenden Gott.

Bei dem Kalender ging es letztendlich um die Schaffung einer neuen Kultur, einer zivilen Religion. Er verdeutlicht die Umsetzung der revolutionären Ideologie in praktische Politik. Der Mythos der völligen Planbarkeit und Machbarkeit der Welt wird konkret. Auch der Mensch soll der Herrschaft der Vernunft unterworfen werden, um ihn beherrschbar zu machen.

Die Verfügung über den Kalender ist eine Machtfrage, dies wussten alle Herrschaftssysteme, er ist ein praktisches und soziales Steuerungsmittel. Doch so kühl und rational ist bisher kein religiöses und politisches System vorgegangen.

Der Kalender der Revolution weist den Weg zum Totalitarismus. Das wussten auch die kommunistischen Ideologen, als sie am 1. Oktober 1929 den sowjetischen Revolutionskalender nach französischem Muster einführten. Lediglich die Zehntagewoche wurde durch die Fünftagewoche ersetzt und der christliche Sonntag als Ruhetag abgeschafft. 1940 wurde die traditionelle Siebentagewoche wieder eingeführt und der Kalender ad acta gelegt. Er hatte das gleiche Schicksal, wie schon vor ihm der Revolutionskalender der Franzosen, der vor allem auf den Widerstand der ländlichen Bevölkerung stieß, weil er den gewohnten Tages- und Wochenrhythmus unterbrach. Napoléon schaffte den Revolutionskalender am 1. Januar 1806 ab, nachdem er schon einige Jahre vorher den Sonntag wieder eingeführt hatte. Die Leidtragenden blieben die Kinder, die nach Namen aus diesem Kalender benannt worden waren und die nun Orange, Froment (Weizen) oder Fraise (Erdbeere) hießen.

Achtes Kapitel –
Die Vernichtung des Priestertums und des Ordenslebens

Die antireligiöse Verfolgung

Der Historiker Jean de Viguerie hat der antireligiösen Verfolgung im *Schwarzbuch der Französischen Revolution* ein Kapitel gewidmet. Die religiöse Verfolgung während der Revolution ist eine der dramatischsten Episoden der Geschichte des Christentums. Diese Verfolgung war unerwartet und von einer extremen Grausamkeit. 14 Jahrhunderte waren seit der letzten, der Diokletianischen Christenverfolgung verflossen. Seit dieser Zeit geschah es zwar, dass Christen verfolgt wurden, aber es gab keine Verfolgung des Christentums als solches. Diese Verfolgung war überraschend, denn sie geschah im Jahrhundert der Aufklärung, die sich der Toleranz rühmte, und sie war von einer extremen Grausamkeit. Sie brachte den Untergang von über 8.000 Priestern, Mönchen und Nonnen und mehreren Tausend Laien, die aus Glaubenshass zu Tode kamen.

Neben den Hinrichtungen, so schrecklich sie auch waren, gab es noch andere Gewalttaten wie den Eid, der von den Priestern gegen ihr Gewissen gefordert wurde. Man kann nicht stillschweigend an der systematischen Dechristianisierung vorbeigehen, an der Einrichtung sakrilegер Kulte und an so vielen anderen Maßnahmen, welche die Gewissen und die Seelen verletzen. Das Gefängnis, die Deportation und der Tod sind nur extreme Konsequenzen aus dem ausdrücklichen Bestreben, die Gesinnung der Menschen zu verändern und ihnen den Willen des Staates aufzuerlegen. Viguerie betont, dass dieser Wille nicht nur die *Terreur* begleitete. Er war früher als die *Terreur*. Er existiert und zeigt sich seit den Anfängen der Revolution.

Der Autor will diese Geschichte da ansprechen, wo sie beginnt: 1789 begann die Revolution, sie schaffte die Ordnung des Klerus und den Zehnten ab, der die Hälfte der Einkünfte des Klerus darstellte, und nationalisierte die Kirchengüter. Das waren an sich nicht gleich Maßnahmen, die sich gegen die Religion richteten. Vielleicht wirkten sie sich sogar günstig auf den geistlichen Fortschritt aus. Sie trennten den Klerus von den Schätzen dieser Welt und richteten ihn wieder auf die Armut aus. Doch die negativen Wirkungen dürfen auch nicht unterschlagen werden. Die Abschaffung der Ordnung des Klerus und die Beschlagnahmung seiner Güter bringen die Diener des Kultes in völlige Abhängigkeit vom Staat. Es gibt von nun an keine Kirche gegenüber dem Staat. Die Interessen des Priestertums, die des monastischen Lebens und selbst die der Religion werden nicht mehr gewahrt. So richten sich diese Maßnahmen deutlich gegen die Religion. Indem man die Güter konfisziert, ist man dabei, die Ordnung des Klerus, die man zu verbessern vorgibt, zu zerstören. Wie erklärt der Abgeordnete Le Chapelier: „Wenn der Klerus Eigentümer bleibt, fährt er fort, eine Ordnung in der Nation zu bilden." Diese Nationalisierung betraf beileibe nicht nur den Klerus. Seine Beraubung widerspricht den Absichten der Spender und der Gründer, die – indem sie durch ihre Freigiebigkeit das kirchliche Erbe begründeten – diese Güter der Kirche und nicht dem Staat gegeben haben. Es verletzte die Armen, denn die Kirche bediente sich ihrer Güter für eine große Zahl von Hilfswerken, und der Staat war nicht in der Lage, alle diese Aufgaben wie die kirchlich organisierte Erziehung zu übernehmen.

1790 war ein noch schlechteres Jahr. Das Edikt vom 13. Februar untersagte die feierlichen Gelübde und unterdrückte alle Orden, in denen man diese Art von Gelübden leistete, d.h. die monastischen Orden, die Regularkanoniker und die Bettlerorden. Seit der Unterdrückung der Klöster durch Heinrich VIII. von England hatte das christliche Europa keinen gleichen Skandal erlebt. Das geweihte, vollkommene Leben galt für nichts, die Mönche und Nonnen wurden bedrängt, ihre Konvente zu verlassen, und bald mit Gewalt gezwungen, in das weltliche Leben zurückzukehren. Diese Maßnahme war einer der schlimmsten Angriffe auf die Kirche und die Religion – und das nur acht Monate nach dem Beginn der Revolution. Wenn es sich um ein *Dérapage,* um eine „Entgleisung" handelte, dann geschah diese außergewöhnlich früh.

Im gleichen Jahr, am 12. Juli, wurde das Gesetz, das sich „Zivilkonstitution des Klerus“ nannte, verabschiedet und am 24. August vom König sanktioniert. Es schuf eine neue Kirche in Frankreich, die Kirche der neuen Ordnung, eine schlichte Verwaltung des Kultes. Die kirchlichen Bezirke wurden neu gegliedert. Wie die anderen Verwaltungsbeamten wurden Bischöfe und Pfarrer vom Volk gewählt. Übrigens war die neue Kirche eine Staatskirche im Sinne eines Staates ohne Religion. Die neue Verfassung des Königreiches kannte keine Religion, sondern nur religiöse Ansichten und eine schismatische Kirche. Den Bischöfen war es untersagt, den Papst um die kanonische Einsetzung und die geistliche Jurisdiktion zu bitten.

Nicht nur das Konkordat mit dem Heiligen Stuhl wurde einseitig gebrochen, sondern die Kirche von Frankreich war wegen eines Gesetzes von Rom getrennt. So war sie zum Schisma verdammt. Denn das Schisma, da muss man dem Autor zustimmen, wird schnell obligatorisch.

Durch das Dekret, das am 26. November erlassen wurde, waren Bischöfe und Pfarrer unter der Androhung, von ihrem Amt entlassen zu werden, gehalten, der Nation, dem Gesetz und dem König und der Verfassung die Treue zu schwören. Wollte ein Bischof seine Diözese behalten, war er gezwungen, den Verfassungseid zu leisten; schwören oder weggehen war die Alternative.

Die ersten Ermordungen von Priestern fand im Sommer 1792 statt – die Kirche war schon durch den Verfassungseid erniedrigt, durch die Beschlagnahmung ihrer Güter beraubt, vom Staat versklavt, geknechtet und durch die Abschaffung religiöser Orden verstümmelt. 52 Diözesen und fast 4.000 Pfarreien sind aufgelassen. Ab 1790 hatte man mit der Versteigerung der Güter der religiösen Orden begonnen, und die Vermögen der Pfarreien wurden unterdrückt. Man verkaufte die Abteikirchen und erteilte dem jeweils Meistbietenden den Zuschlag. Das monastische Frankreich wurde verkauft. Man verkaufte selbst die Pfarrkirchen und Kapellen.

Dennoch existierte eine gewisse religiöse Freiheit, selbst die Prozessionen zu Fronleichnam fanden im Herbst 1793 noch statt. Die Mehrzahl der Kirchen war noch geöffnet, die Sonntagsmessen wurden gefeiert, die Sakramente von den schismatischen Priester gespendet oder durch die, die den Eid verweigert hatten und aus ihren Kirchen gejagt worden waren; sie konnten noch ihre Funktionen in Kapellen der Kongregationen oder in Privathäusern ausüben. Das Gottesdienstangebot war geringer, hatte aber nicht aufgehört.

Die folgenden Regierungen versuchten mit allen Mitteln, die Ausübung des Kultes zu verhindern. Das erste dieser Mittel war die fortschreitende Auslöschung des priesterlichen Standes. Mehr als jede andere Religion ist der katholische Glaube in seinen Dienern verwundbar. Denn der katholische Priester, daran erinnert Jean de Viguerie zu Recht, ist kein normaler Kultusdiener. Er ist bei der heiligen Messe ein anderer Christus, und ohne ihn fehlt der wesentliche Akt des Opfers, ohne ihn fehlt das Brot des Himmels. Wer diesen Diener unterdrückt, greift diese Religion im Tiefsten an, indem er seine Gläubigen der Gefahr der Hungersnot aussetzt und dem Tod. Das ist der Grund für die Verfolgung der Priester. Zunächst diejenigen, die *Réfractaires* genannt wurden, d. h. den schismatischen Eid verweigert hatten. Die *Assemblée législative* hat sie aus Frankreich verjagt. Der Konvent hat sie deportieren lassen und den Tod für alle angeordnet, die sich weigerten, Frankreich zu verlassen. Sie wurden für die Deportation bestimmt.

Weil der revolutionäre Staat den Widerspruch nicht ertrug, machte er aus der Verweigerung des Eids ein unfassbares Verbrechen. In der Folge fabrizierte die erste revolutionäre Versammlung, die *Constituante,* ihre Zivilkonstitution und verlangte, dass der ganze Klerus ihm anhängt. Die Enttäuschung war groß. Alle Bischöfe außer vieren und einer von zwei Pfarrpriestern wollten nicht. Man ärgerte sich. Man begann mit Beschimpfungen. Man hielt den *Réfractaires* vor, sie seien keine Patrioten, man nannte sie „Monster", „Schlangen", „Aussätzige". „Ach", rief wegen des Schwures ein Mitglied des Jakobinerklubs von Lorient aus, „wer sich auch immer mit diesem Zeugnis seiner Bindung ans Vaterland verweigert, der soll unwürdig seiner Existenz betrachtet werden." Um es deutlich zu sagen: Man hörte auf zu denken. Die Todesgesetze des Terrors waren nur die logische Überleitung aus diesem Prozess.

Der ganze revolutionäre Terror liegt in dieser Logik: Wer nicht die Revolution akzeptiert und den neuen Patriotismus, der ist ein abscheuliches Wesen. Er verdient den Tod. Derjenige, der nicht die Dogmen der Menschenrechte akzeptiert, d.h. die Zivilreligion, um einen Ausdruck von Jean-Jaques Rousseau zu gebrauchen, muss getötet werden. „Wenn einer", sagt Rousseau „nachdem er diese Dogmen anerkannt hat, sich wie ein Ungläubiger verhält, der sei mit dem Tode bestraft." Das ist der wahre Sinn der berühmten Devise „Freiheit oder Tod". Aber wo ist die Toleranz? Haben die Philosophen der Aufklärung, auf die sich die Revolutionäre berufen, nicht die Toleranz gepredigt? Ja, sie haben es gesagt und wiederholt. Man muss alle Meinungen tolerieren. Aber sie haben auch gesagt, dass man die Intoleranz nicht tolerieren dürfe. Nun, die eifrigen Katholiken gelten als Fanatiker, und Voltaire hat gelehrt: „Nur Menschen, die nicht fanatisch sind, verdienen die Toleranz."

Man hat sich oft gefragt, warum die Revolution, welche die religiöse Freiheit predigte, die Religion verfolgte. Denn sie hat diese Freiheit in wiederholten Anläufen proklamiert: in der Erklärung der Menschen- und Bürgerrechte, von neuem am 18. Frimaire II (8. Dezember 1793), d.h. mitten in der Zeit der *Terreur* und der Dechristianisierung. Sie hat sie schließlich am 3. Ventôse III proklamiert. Aber diese Freiheit, die so oft feierlich proklamiert wurde, ist eine Freiheit von anderem Wesen. Sie ist beeinflusst vom Geist der philosophischen Toleranz, und dieser Geist ist ein Geist des Ausschlusses. So erklärt sich gut, warum die Revolution der Freiheit die Freiheit verfolgt. So kann man verstehen, warum diese Revolution 8.000 Priester, Mönche und Nonnen sowie Tausende von Christen getötet hat. Die Devise lautet nicht Freiheit oder Tod, sondern Freiheit und Tod.

Es blieben die Priester, die man nicht töten konnte, wenigstens nicht für den Augenblick, weil sie in der Regel den Eid geleistet hatten. Man zwang sie, auf ihr Amt zu verzichten und zu heiraten. Es gab sicher seit 1791 und 1792 einige Heiraten von Priestern, z.B. die des Bischofs Lindet, aber diese waren freiwillig. Nun wurden sie gleichsam obligatorisch und geschahen unter dem Druck der Jakobinerklubs und unter Androhung von Gefängnis oder dem Schafott. Man zwang sie zu heiraten, wie man sie zwang, ihre Bestellungsurkunde für das Priesteramt abzuliefern. Und da sie schon nachgegeben hatten bezüglich der Eide, so gaben sie erneut nach, um sich „entpriestern" zu lassen. 20.000 Priester verzichteten auf ihr Priestertum, indem sie einen Brief unterzeichneten. „Ich erkläre, nachdem ich den Beruf des Priesters seit dem Jahr .... ausgeübt habe, dass ich von den Irrtümern, die ich so lange begangen habe, überzeugt bin, und dass ich auf immer auf dieses Amt verzichten werde."

In der gleichen Zeit schloss man die Kirchen. Das war das zweite Mittel. Es gab zwei Perioden von Kirchenschließungen. Die erste fällt mit dem Großen Terror zusammen und mit dem Anfang des Thermidoriankonvents, d. h. im November 1793 und dem Mai 1795. Die nächste mit dem Staatsstreich vom 18. Fructidor des Jahres V (4. September 1797) und des 18. Brumaire des Jahres VII (9. November 1799). Während dieser beiden Perioden waren fast alle Kirchen Frankreichs während einer kürzeren oder längeren Periode geschlossen. Einige zwei oder drei Wochen, die Mehrzahl wenigstens acht Monate, manche noch länger. Man plünderte sie vorher aus. Heilige Kelche, Mobiliar, die Bilder, die Statuen, alles was es dort gab. In der Kathedrale von Le Puy nahm man selbst die Beichtstühle weg und machte daraus Schilderhäuser für die Nationalgarde. Manche Heiligtümer wurden in Futtermagazine umgewandelt, andere in Pulvermagazine. Manche wurden abgerissen, sei es durch ihre Käufer, sei es durch die Entscheidung der Kommunen. Zum Beispiel wurden in einem einzigen Département mehr als 400 Kirchen zerstört. Schließlich wurden mehrere ihrer Würde beraubt und zu Tempeln des Kultes der Vernunft oder des Höchsten Wesens umgeformt. Der protestantische Kult wurde nicht ausgespart. Wir wissen z. B., dass in der Zeit des Terrors in den evangelischen Gemeinden der Ardèche alle evangelischen Pfarrer ihre Funktion aufgaben und die Kirchen geschlossen wurden.

Schließlich das dritte Mittel, man schaffte die äußeren Zeichen des Kultes ab und richtete den republikanischen Kalender ein, mit der Woche von zehn numerierten Tagen; die Heiligen des Kalenders wichen den Namen von Gemüse und Ackergeräten. Die *Décadi* sollten die Sonntage ersetzen, und 14 nationale Feste traten an die Stelle der christlichen Feiertage. Das war die

Dechristianisierung der Landschaft und der Zeit. Die Glocken wurden abgehängt und die Kreuzwegstelen umgehauen. Die kleinen Marienfiguren in den Nischen der Häuser und Straßenecken wurden zerbrochen auf die Erde geworfen.

Die Dechristianisierung geschah nicht an einem Tag. Es brauchte diese Jahre der *Terreur* und der Verfolgung mit verschiedenen Methoden. 1793 und 1794 ergriffen die „Patrioten", die Jakobinerklubs die Initiative. Nach dem Fructidor nahm der Staat diese Sache in die Hand. Ende 1797 war die Dechristianisierung eine Verwaltungsangelegenheit. Man erließ Rundschreiben. Zum Beispiel forderte der Innenminister François Neufchâteau 1798, dass man ihm die Protokolle der Nationalfeste aus allen Gemeinden der Republik überstelle.

Gab es 1799 noch eine Religion in Frankreich? Ja, aber eine rein weltliche: die Religion der Nation, des Gesetzes, der Freiheit, der Natur, der Vernunft und anderer göttlicher Abstraktionen. Der Kult der Vernunft wurde am 10. November 1793 in Notre-Dame de Paris eingeweiht. Mademoiselle Maillera, eine Tänzerin der Pariser Oper, verkörperte die Vernunft. Sie war mit einer weißen Robe und einem blauen Mantel angetan und trug eine rote Mütze auf dem Kopf. Man zog in einer Prozession ein, aber das war keine religiöse Zeremonie. Die Maillera war kein Götze. Sie war nur zur Illustration da. Die ganze Liturgie bestand im Gesang der Hymne auf die Freiheit von Gossec und Chénier: „Steige herab, o Freiheit, Tochter der Natur! Das Volk hat seine unsterbliche Macht erobert. Auf den Trümmern des antiken Schwindels erheben sich seine Hände zum Altar!"

Der Kult des Höchsten Wesens, den Robespierre einrichtete, war nicht mehr religiös. Sicher war er weniger materialistisch als die anderen Kulte. Er enthielt auch den Glauben an die Unsterblichkeit der Seele. Am 18. Floréal II (7. Mai 1794) verordnete der Konvent auf Antrag von Robespierre, dass den Stirnseiten aller Kirchen (an manchen ist sie heute noch zu lesen) folgende Inschrift eingraviert werde: „Das französische Volk erkennt die Existenz des Höchsten Wesens an und die Unsterblichkeit der Seele."

Aber dieses Höchste Wesen hatte keinen Bestand. Das war ein deistischer Gott, ein Gott ohne Worte und ohne Liebe. Und außerdem dauerte sein Kult nicht sehr lange. Nach dem Sturz Robespierres kehrte man sofort zur Zivilreligion zurück. „Das Gesetz", sagte ein Kommissar des Direktoriums, „ist eine Zivilreligion". Manche Historiker haben behauptet, die Revolution habe die christliche Religion durch eine „natürlichere" Religion, ein nüchterneres Christentum ersetzen wollen. Das trifft vielleicht auf Robespierre zu. Was aber die Hébertisten und die Fructidorianer wollten, das war, jede Religion abzuschaffen und das Christentum durch den Staat und das Vaterland zu ersetzen. „Die Religion", erklärte 1795 Boissy d'Anglas, „muss verschwinden, denn sie hat die menschliche Art abgestumpft." Für die Revolutionäre war der katholische Glaube hassenswert, weil er nach ihrem Sprachgebrauch antisozial ist. Die Priester müssten verbannt werden, weil sie zu exklusiv und unsozial seien. Das Dekret von Beaumont erklärte, es verfolge die Vernichtung einer Kaste von gefährlichen Übeltätern.

Jean de Viguerie: „Das ist wirklich der Hauptgrund für eine so erbitterte Verfolgung. Die Priester sind nicht nur Rebellen gegenüber dem Gesetz. Sie sind vor allem Feinde der Gesellschaft. Die Priester mit denen, die ihnen folgen, oder wie die Vendéer, die sie schützen."

Der Hass gegen die Christen war oft zerstörerisch und kalt. Beispiele hierfür finden sich besonders in den Verhörprotokolle derjenigen Bauern, die nach der Niederlage der *Armée catholique et royale* bei Sovenay massenweise festgenommen und in die Gefängnisse von Nantes und Angers überführt wurden. In diesen Dokumenten spürt man das Wüten der Politkommissare, die mit den Verhören beauftragt waren. Viele Gefangene trugen Rosenkränze, Abzeichen vom Herzen Jesu und manchmal Andachtsbücher wie die *Nachfolge Christi* bei sich. Der Anblick dieser Objekte reizte die Kommissare zu Zornausbrüchen. Brutus Thierry, der Präsident des Überwachungskomitees von Angers, befragte eine Frau von 54 Jahren, die Witwe eines Webers. Ihren Rosenkranz zerriss er in Stücke, und ein Buch warf er ins Feuer. „Das ist Schund", sagte er, „ein Zeichen des Fanatismus. Sie haben den Tod verdient."

Die Verfolgung des Christentums war nicht nur heftig, sondern auch erschreckend. Sie brachte auch die Entschiedensten dazu nachzugeben. Übrigens haben viele nachgegeben. Es ist nach Jean de Viguerie seltsam, dass manche Historiker diese Niederlagen oft kleinreden. Viele glauben offenbar, dass die Verfolgung keinen besonders großen Eindruck auf die Christen machte. Bei gewissen Schriftstellern ist zu lesen, dass man sich wie ein Mann gegen die Unterdrückung erhob, einmütig in der Treue zum Glauben stand und Widerstand leistete und für die religiöse Freiheit und die Verbindung mit Rom stritt. Die Realität entspricht nicht diesem idealisierten Bild. Viele haben sich unterworfen. Die Hälfte der Weltpriester hat den Bürgereid geleistet und hing so dem Schisma an. Das ist kein geringes Verhältnis. Und die Hälfte dieser Hälfte hat resigniert und ihr priesterliches Amt aufgegeben. Was die Gläubigen betrifft, so gewöhnten es sich viele unter dem Zwang der Umstände ab, die Messe zu besuchen und die Sakramente zu empfangen. Während dieser zehn Jahre erfolgte ein massiver Rückgang der religiösen Praxis. 1789 haben 90 Prozent Ostern in der Kirche gefeiert, 1801 waren es nur noch 50 Prozent. Die Kirche von Frankreich war ein Trümmerfeld geworden. „Seit der Vernichtung des Heidentums", rief Lammenais 1802 aus, „bietet die Geschichte kein zweites Beispiel eines so großen und vollständigen Rückgangs."

Freilich gab es auch Widerstand wie die Weigerung der Weltpriester, den schismatischen Eid zu leisten. Dann die Weigerung der Mönche und Nonnen, ihre Konvente zu verlassen, als im Frühjahr 1790 die delegierten Kommissare sie zur Desertion aufforderten. Man registrierte eine Mehrheit der Verweigerung bei den Männern und eine Quasi-Einmütigkeit bei den Nonnen. Das war ein Dämpfer für die Propaganda der Aufklärungsphilosophie, die die Mönche und die Nonnen als Gefangene darstellten. Seltsame Gefangene, die sich weigern wegzugehen, wenn sich die Tür des Gefängnisses öffnet ...

Im August 1792 beschloss man, dem ein Ende zu setzen. Man warf die Ordensleute auf die Straße. Man untersagte ihnen, ihre Gemeinschaften wiederherzustellen. Aber die Nonnen gingen einen anderen Weg. Sie bildeten verborgene Konvente, wo sie die Regeln einhielten. Man entdeckte sie, nahm sie fest und verurteilte sie. Im Gefängnis, bis zum Fuß der Guillotine, setzten sie ihr Ordensleben fort. Als im Mai 1794 32 Nonnen, die verschiedenen Kongregationen angehörten, zusammen im Gefängnis von Orange gefangen waren, begegneten sie einander im gleichen Saal und entschieden, die gleiche Ordensregel anzunehmen. Ihr erster Gedanke war, die gleiche Regel zu haben, da sie das gleiche Schicksal teilten. Um zehn Uhr, als man das Dröhnen der Trommeln vernahm, die ihren Abtransport zum Schafott ankündigten, rezitierten sie Todesgebete, dann erhoben sie sich und sangen das *Laudate Dominum.*

Zur ablehnenden Haltung der Priester und Ordensleute kam die der Gläubigen. Wenn neue Priester, die den Eid geleistet hatten, in die Gemeinden kamen, wurden sie von der Bevölkerung abgewiesen, die nicht an ihren Messen teilnahm, sie beschimpfte und ihnen das Leben unerträglich machte. Eine solche Ablehnung kann hart und starr erscheinen, und sie war wohl nicht überall der Fall, aber sie war verdienstvoll. Es war aber gegen das Gesetz. Das Gesetz war für die Revolution so etwas wie eine Gottheit. Die ersten Christen waren gezwungen, dem Bildnis des Kaisers Verehrung zu erweisen. Die Christen der Revolution wurden unter Androhung von schrecklichen Strafen bedrängt, das Gesetz anzubeten. „Der Aufstand gegen das Gesetz", sagte eines Tages ein Patriot „ist das schlimmste Verbrechen, dessen sich ein Bürger schuldig machen kann. Durch dieses Verbrechen löst er die Gesellschaft auf. Es ist das Verbrecherische der Volksverletzung."

Formeln dieser Art verdienen es, dass man darüber nachdenkt. Sie machen uns die Grausamkeit der Verfolgung besser verständlich. Sie erlauben uns auch, den Völkermord an der Vendée zu erklären und die mitleidlose Leidenschaft, mit der alle Aufstände unterdrückt wurden.

Der Widerstand nahm manchmal die Form des Aufstandes an. Es gab die Vendée, die *Chouannerie*, die Unruhen von Lozère und von Berry. Die Erhebung in der Vendée ist die, deren religiöser Charakter am markantesten ist. Als Cathelineau am 13. März 1793 mit 500 Männern in einer der ersten Kriegshandlungen nach Jallais marschierte, ließ er seine Truppen anhalten. „Meine Freunde", sagte er, „vergessen wir nicht, dass wir für unsere heilige Religion kämpfen!" Er warf sich auf die Knie, bekreuzigte sich und stimmte das *Vexilla regis* an.

Seele des Widerstandes war die Geheimkirche. Während des Sommers 1791 begann ihr verborgenes Leben, um die Sakramente zu spenden und die Messe zu feiern. „Die Messe", sagt Franz von Sales „ist die Seele der Frömmigkeit und das Zentrum der christlichen Religion." Das wurde in der Revolutionszeit vollkommen wahr. Nichts zählte mehr als die Messe. Nichts zählte mehr in der Geheimkirche, in diesen neuen Katakomben, als die Messe zu feiern und ihr beizuwohnen.

Die Messe wurde um jeden Preis gefeiert und unter den unwahrscheinlichsten Bedingungen und in den unkomfortabelsten Winkeln. Die unglaublichste Geschichte ist die von Madame Bergeron, die bei sich in Paris, in ihrem Eisenwarenmagazin, gegenüber dem Revolutionstribunal, eine Geheimkapelle errichtete, wo die Messe jeden Tag gefeiert wurde – 18 Monate lang. Die, welche die Messe lasen, aber gleichfalls die, die ihr beiwohnten, riskierten ihr Leben. Dazu ein Beispiel: Madame Bové, eine Bäuerin von Longeroz im Departement Maine-et-Loire, wurde am 20. Januar 1794 von dem Revolutionskomitee von Cholet verhört. Man stellte ihr zwei Fragen: „Hast du an der Messe des konstitutionellen Priesters teilgenommen?" Auf diese Frage antwortete sie mit einem Nein. „Hast du an der Messe des alten Pfarrers teilgenommen?" Auf diese Frage antwortete sie mit einem Ja. Das genügte. Sie wurde zum Tode verurteilt. Es wäre leicht gewesen, die Fragen umzudrehen. Das Schicksal wäre ihr erspart geblieben. Die Kirche zählt sie unter die Märtyrer. Sie wurde 1983 heiliggesprochen.

Wie hoch ist die Zahl dieser christlichen Märtyrer? Schon hat die Kirche mehrere von ihnen dem Vergessen entrissen und sie den Gläubigen zur Verehrung empfohlen. 870 sind als Heilige von der Kongregation für die Heiligsprechung anerkannt. Darunter die 16 Karmelitinnen von Compiègne, die 13 Ursulinen von Valenciennes, die 111 Märtyrer der Septembermorde, die 19 Märtyrer von Laval, die 99 Märtyrer von Angers, sechs davon Laien, sowie Pater Adrien Toulouse, ein Prämonstratensermönch.

Andere Fälle liegen noch zur Prüfung vor, darunter die 110 Kinder unter sieben Jahren, die in Lucs-sur-Boulogne massakriert wurden durch die „höllische Kolonne" des Generals Cordelier.

Eine solche Liste ist schon beeindruckend. Es gibt aber auch eine ganze Reihe von Opfern, wo Christen für ihren Glauben gestorben sind, die nicht oder noch nicht zu den Heiligen gerechnet werden. Priester wie der Abbé Lortigue in Chairoc, den ein wütender Mob ermordete, oder die 143 Priester, die 1793 in der Loire ertränkt wurden, der Abbé Ducleis, der am 7. November 1793 in Toulouse unter die Guillotine kam, oder der Abbé Fénélon, der 80jährige Großneffe des berühmten Prinzenerziehers und Verfassers des *Telemach*, der ein Waisenhaus für Kinder aus Savoyen führte. „Die ganze Kindertruppe erscheint im Konvent, der sich vielleicht erweichen ließe. Jacques Billaud-Varenne, im Wohlfahrtsausschuss Feind von Robespierre, kanzelt die Deputierten mit den Worten ab: ‚Seid Ihr selbst Kinder?' Der Abbé muss aufs Schafott" (Rudolf Augstein, Der Spiegel 4/1989). Oder Frauen, die Priester aufnahmen, wie Anne Poulain und ihre Magd, hingerichtet am 21. Dezember in Paris, und Marie Corte, hingerichtet am 3. Mai 1794 in Montpellier.

Das Martyrologium der Französischen Revolution ist lang, reich und vielfältig. Als die Revolution die aufgeklärten Geister überraschte, begrüßten sie in ihr das Ende der christlichen Religion. Und in der Tat, einen Augenblick lang konnte man glauben, dass sie am Verschwinden sei. Das Christentum war so sehr an das Schicksal der Monarchie gebunden, dass es schien, der Tod des Königs würde seinen eigenen Tod nach sich ziehen. Man hatte vergessen, dass die christliche Religion den Königen vorausgegangen war. Das Christentum überlebte. Das Opfer der Märtyrer kündigte die Wiedergeburt an.

Das Schicksal der Priester im Verlauf der Revolution

Die Emigration

Ältere Schätzungen gingen von 40.000 bis 60.000 emigrierten Priestern und Ordensleuten aus. Heute gilt die Zahl von etwa 30.000 als wahrscheinlich. Auch mehrere deutschsprachige Veröffentlichungen kommen auf diese Zahl. Der massenhafte Exodus des Jahres 1792 steht im Zusammenhang mit den folgenden Bestimmungen: der Deportation der eidverweigernden

Priester unter 60 Jahren, der Schließung der Klöster solcher Orden, die im Dienst der Erziehung und der Krankenpflege standen, dem Sturm auf die Tuilerien am 10. August und vor allem den Septembermorden.

Die Priester und Bischöfe suchten Orte auf, die in der Nähe ihrer Heimatpfarreien und Heimatdiözesen lagen. Die Bischöfe von Metz, Toul, Verdun und Saint-Didier flohen zum Erzbischof nach Trier, dessen Suffragane sie waren. Die Priester jeweils der Normandie flohen nach England, des Nordens nach Belgien und danach nach Deutschland, des Südostens in die Schweiz und dann nach Italien, des Südwestens nach Spanien.

Die evangelischen Gebiete nahmen die Flüchtlinge oft bereitwilliger auf als die katholischen. Die Großzügigkeit entsprach oft nicht dem Grad der Katholizität. Verschiedene spanische Bischöfe nahmen die Priester wohlwollend auf, der Bischof von Valencia allein 200. Er ließ an die Türen seines Palastes den Satz anschreiben: *Oportet episcopo esse hospitalis* (dem Bischof geziemt Gastfreundschaft). Gastfreundlich zeigten sich auch andere spanische Bischöfe. Der Bischof von Calahora verkaufte sogar seinen Ring und sein Bischofskreuz für die bedrängten Mitbrüder. Der Bischof von Toledo nahm allein 500 Flüchtlinge auf.

Nach Spanien kamen 284 eidverweigernde Priester aus der Vendée. Der Bischof von La Rochelle hatte dagegen bittere Erinnerungen an das spanische Exil. Manche Priester wurden in die zahlreichen Klöster des Landes abgeschoben. Andere stellten sich auf eigene Füße, betrieben ein Handwerk und entdeckten ungeahnte Talente.

Das protestantische England dürfte 7.000 bis 9.000 Priester und 21 % der exilierten Bischöfe aufgenommen haben. Es stellt sich die Frage, warum England zum bevorzugten Zufluchtsort der ausgewanderten Priester wurde, zumal der katholischen Kirche kein rechtmäßiger Status zugebilligt war und starke Animositäten zwischen dem katholischen und französischsprachigen Teil Kanadas mit dem Mutterland England bestanden. Fast zeitgleich mit der Emigration der französischen Priester wurde der Konflikt in nicht geringer Schärfe in der kanadischen Presse ausgetragen.

Die wohlwollende Haltung gegenüber den Flüchtlingen aus Frankreich ist in erster Linie Edmund Burke zuzuschreiben, der ein entschiedener und durch sein Buch *Reflections on the Revolution in France* (1790) bekannter Gegner der Französischen Revolution war. Nach seiner Meinung war die Französische Revolution von Anfang an falsch angelegt. Sie war keine behutsame Reform aufgrund konkreter Erfahrungen, unter möglichst schonendem Umgang mit dem Bestehenden, sondern ein rascher und radikaler politischer und sozialer Wandel, abgeleitet von philosophischen Konstruktionen. Das war die Doktrin der Gegenrevolution: Sie zeigte Bereitschaft zur Reform, forderte aber zugleich Respekt vor historisch gewachsenen Strukturen. Das war die zugkräftige Alternative, die auf dem Kontinent das Kernstück der Revolutionsabwehr wurde.

Mit unbestreitbarem Erfolg setzte Burke seine Bekanntheit für großangelegte Spendenaufrufe für die hilflosen Emigranten ein. Er arbeitete auch eng mit dem englischsprechenden Bischof von Aix zusammen, der Kontakt zu Napoléon suchte und schon jetzt für die Zukunft der Kirche in Frankreich arbeitete. Zu Freundschaften und engen Kontakten kam es auch zwischen dem anglikanischen Bischof John Douglass und seinem katholischen Kollegen, dem Bischof von Saint-Pol-de-Léon. Sie galten als Schutzengel der vertriebenen Priester. Überhaupt hatte die Vertreibung den Effekt, dass die katholische und die anglikanische Kirche sich näher kamen und nach Hunderten von Jahren der Trennung und der Feindschaft erste Kontakte zwischen dem Heiligen Stuhl und der englischen Regierung möglich wurden. Eine bedeutende Rolle spielte hier Charles Erskine, der später zum Kardinal ernannt wurde.

Flüchtlingspfarrer waren auch in Landgemeinden tätig. Die nur schlecht englisch sprechenden *French Priests,* die demütig auftretenden Franzosen, erweckten die Sympathie der Bauern und Handwerker, die ihnen Messgewänder und Glaskelche schenkten. Selbst die *Times* regte eine große Spendenaktion an, deren Erlös für die französischen Flüchtlinge auf Jersey bestimmt war, die große Not litten. Wordsworth rühmte 1827 in romantischer Begeisterung die Annäherung der beiden Kirchen. Auch Genf, die Stadt Calvins, gewährte 600 Priestern

Schutz und reichliche Unterstützung. Auch das protestantisch geprägte Holland wollte bei diesen Hilfsbemühungen nicht zurückstehen.

Die Situation in Italien und im Kirchenstaat steht im deutlichen Kontrast zu der in England. Rom war so etwas wie eine „Verbotene Stadt", wo nur sechs Bischöfe Zuflucht fanden. Der Staatssekretär Zelada traf unter den Bittstellern eine strenge Auswahl und hielt die Priester in gehöriger Entfernung von Rom. Kardinal Mattei sorgte sich aufopferungsvoll für die Flüchtlinge, und sie erhielten in der Gegend von Bologna und Ferrara Zufluchtsorte. Aufs Ganze gesehen, war der Vatikan dem Problem finanziell und organisatorisch nicht gewachsen. Das Problem verschärfte sich, als die Revolutionsarmee in die Schweiz einmarschierte und die Bischöfe und Priester von dort weiter nach Italien auswichen. René Picheloup spricht in seinem Buch *Les ecclésiastiques français émigrés ou déportés dans l'Etat pontifical, 1792–1800* (1972) von der Selektierung dieser armseligen Priester, deren Weltanschauung man beargwöhnte.

Auch Deutschland stand bezüglich der Barmherzigkeit gegenüber diesen armen Priestern nicht zurück. Man nährte und kleidete sie und zahlte ihnen das Reisegeld. Allerdings gibt es auch Berichte, dass reiche Stifte die Hunde auf sie hetzten. Als die französischen Armeen vorrückten, mussten sie allerdings weiterziehen, so dass manche bis nach Russland kamen.

Noch unter dem Direktorium wurden 256 Priester nach Cayenne deportiert. Hunderte von ihnen starben dort unter den unmenschlichen Lebensbedingungen und am Gelbfieber. Auch hier waren es englische Offiziere, die die Armen unterstützten.

Die Opfer der Deportation

„Diese Männer wurden aus dem Buch der Republik ausgelöscht, man hat mir gesagt, sie ohne viel Lärm sterben zu lassen", sagte Kapitän Laly, Kommandant des Schiffs *Les Deux-Associés.* Die zu Gefängnissen umfunktionierten Schiffe *Les Deux-Associés* und *Washington* beherbergten 829 gefangene Priester, von denen von April 1794 bis Anfang 1795 547 umkamen.

Zu Konzentrations- und Sammellagern waren die Städte Rochefort und Bordeaux bestimmt. 1793 verwandelten die örtlichen Jakobiner und der einheimische Überwachungsausschuss Rochefort in eine ultrajakobinische Stadt. Der Nationalkonvent entsandte die Politkommissare Lequino und Laignelot in die Stadt, um das Terrorregime zu verbreiten. Schon bald füllten sich die Gefängnisse, und am 5. September 1793 fielen die ersten Köpfe unter der Guillotine.

Am 25. Januar 1794 organisierte der Wohlfahrtsausschuss die Schreckensmärsche von inhaftierten Priestern an die Atlantikküste nach Bordeaux und Rochefort. Die Konvois der Kleriker durchzogen ganz Frankreich mitten im Winter. Zumeist waren die Gefangenen zu Fuß unterwegs und wurden des Nachts in örtlichen Gefängnissen untergebracht. Ihr Gepäck wurde systematisch durchwühlt, und an den Haltepunkten waren sie den Beschimpfungen durch den Pöbel und der Brutalität des Wachpersonals ausgesetzt.

Die gefangenen Priester wurden in die zwei ehemaligen Sklavenschiffe eingepfercht, die nach Abschaffung der Sklaverei beschlagnahmt worden waren. Ursprünglich waren sie dazu bestimmt, die Gefangenen nach Guayana zu bringen oder an den Küsten Afrikas auszusetzen. Aber die Schiffe konnten wegen der englischen Flotte, die an der Küste kreuzte, die Trichtermündung der Charente nicht verlassen. Es waren vor allem Schiffe, die keinen seemännischen Wert mehr hatten und aus dem Verkehr gezogen waren. Sie dienten als Magazin oder Gefängnis und erfüllten so ihre Funktion.

Laly und Gilbert für die *Washington* führten mit Strenge und Härte die Anweisungen gegen die Gefangenen durch; manchmal verschärften sie sie. Die Priester hatten keine Möglichkeit für das Gebet, es gab nur Beschimpfungen, Drohungen und Schikanen. Das Essen war verdorben, und es gab keine Möglichkeit sich zu unterhalten. Aber die Gefangenen erlahmten nicht in ihrer religiösen Tätigkeit.

Unter diesen Haftbedingungen stiegen die Todesfälle sprunghaft an. Skorbut und Typhus wüteten. Die Epidemie war so stark, dass man die Gesunden auf ein drittes Schiff verfrachtete, die *Indien,* und die am schlimmsten Betroffenen auf der

Nachbarinsel aussetzte, der Île Madame. Die Toten hatte man anfangs über Bord geworfen, aber die Flut trieb sie den Lauf der Charente wieder herauf. Der Herbst war besonders hart und rauh, im November warf der Sturm die Zelte des Hospitals um, das man auf der Insel errichtet hatte, und die Überlebenden wurden erneut auf die abgewrackten Schiffe transportiert. Die materiellen Haftbedingungen verbesserten sich ein wenig, als der Schnee fiel und der Frost kam. Im Dezember kamen drei Schiffe, beladen mit Priestern, die *Jeanty,* die *Dunkerque* und die *Républicain,* in Rochefort an. Sie hatten sich in die Trichtermündung geflüchtet, weil englische Schiffe die Küsten blokkierten.

Nach der Hinrichtung Robespierres, dem Ende des Revolutionstribunals und der Beseitigung von extremen Elementen im Nationalkonvent wie Barère, Collot d'Herbois und Billaut Varenne begannen sich die Gefängnisse langsam zu öffnen, und einige Gefangene kamen frei. Aber es wurden dennoch keine generellen Maßnahmen zugunsten der Gefangenen in den Sklavenschiffen ergriffen – sie wurden schlicht vergessen. Dank privater Initiativen und Interventionen beim Nationalkonvent wurden die gefangenen Priester erst im März 1796 nach Saintes gebracht. Hier konnten sie in privaten Oratorien wieder die Eucharistie feiern und die Kommunion empfangen. Von den 829 Priestern, die nach Rochefort gebracht worden waren, überlebten 274. Von den Priestern, die ursprünglich in Bordeaux eingekerkert waren – es waren 1.494 – waren 250 gestorben.

Im Oktober 1795 ordnete die Nationalversammlung die erneute Gefangennahme und die Deportation nach Guayana an. Aber diese Deportation fand nicht statt, und ein Dekret vom 4. Dezember 1796 meldete die Freilassung der gefangenen Priester. Als die Gemäßigten und die Monarchisten bei den Wahlen 1797 die Mehrheit erlangten, schwenkte die Regierung (Direktorium) wieder auf die harte Linie um und ließ eidverweigernde Priester erneut verhaften und nach Rochefort bringen. Einige wurden in der Tat nach Guayana gebracht, wo die Todesrate erschreckend hoch war. Das Direktorium sah sich gezwungen, die Gefangenentransporte auszusetzen; einige Schiffe wurden von den Engländern gekapert, welche die Gefangenen freiließen. Die Gefangenen, die zurückblieben, waren bis 1802 in den Zitadellen von St.-Martin-de-Ré und der Insel Oléron eingekerkert.

Schon 1793 waren kleinere Gruppen auf die Insel Ré gebracht und in der Zitadelle eingekerkert worden. Die Haftbedingungen waren so unmenschlich, dass man den Wohlfahrtsausschuss bat, den gefangenen Priestern Stroh zu geben, „eine Bitte, die man Kriminellen nicht verweigert". Die 1.000 Priester waren in Räumlichkeiten untergebracht, die für höchstens 500 ausreichten.

Die Verfolgung der Priester hörte mit dem Konkordat auf, das Papst Pius VII. und der erste Konsul Napoléon Bonaparte schlossen und das Frankreich den religiösen Frieden schenkte.

Im Jahre 1995 sprach Papst Johannes Paul II. 64 Opfer der Deportation heilig, als Zeugen des Glaubens, die den Hass gegen den Glauben erduldet und ihr Schicksal aus dem Glauben ertragen hätten.

Die Angaben über diese Priester erlauben weitere Aussagen über den Charakter der Deportation. Die Heiliggesprochenen stammten aus den verschiedenen Regionen Frankreichs: Bretagne 1, Burgund 6, Charente 4, Corrèze 4, Creuse 3, Elsass 3, Gironde 6, Limousin 6, Lothringen 1, Lyon 8, Mittelfrankreich 7, Mosel 2, Normandie 4, Yonne 5. Dies zeigt, dass alle Gegenden betroffen waren.

Unter den 64 zu Ehren der Altäre erhobenen Priestern sind fast die Hälfte (26) Ordensleute. Es sind folgende Orden und religiöse Gemeinschaften vertreten: Benediktiner (3), Dominikaner (1), Eudisten (1), Franziskaner (2), Jesuiten (4), Kapuziner (3), Karmeliter (4), Kartäuser (1), Schulbrüder (3), Sulpizianer (2), Zisterzienser (4).

Die Deportation der Priester oder der Tod auf der „trockenen Guillotine"

Viele französische Priester starben in den Jahren 1793/94 auf der „trockenen Guillotine", das heißt bei der Deportation. Die Orte, wohin man sie verfrachtete, waren Guayana, im Norden von Südamerika, oder die Seychellen. Noch 1798 wurden fast 300 Kleriker nach Guayana deportiert.

Man transportierte die Geistlichen wie das Vieh. Sie hatten kaum zu essen und nur ungesundes Wasser. Englische Kriegsschiffe kaperten einige Gefangenentransporte und setzten die Priester in Freiheit. Manchen gelang sogar am Zielort die Flucht.

Die Priester kamen aus 40 Diözesen Frankreichs. Weil die Franzosen 1793/94 wenige Schiffe hatten, wurden sie auf den in der Charente-Mündung gelegenen Inseln Île d'Aix und Île Madame interniert. Von 829 Priestern, die dort interniert waren, überlebten nur 228. Die meisten Gefangenen in Guayana starben an Gelbfieber, Unterernährung und den physischen und psychischen Strapazen. Napoléon schenkte 1800 den letzten Deportierten die Freiheit.

Verlauf und Strukturen der Klerikerverfolgung

Während die *Assemblée constituante* Kompromisse suchte und auf Ausgleich bedacht war, änderte die *Assemblée législative,* die am ersten Oktober 1791 ihre Vorgängerin ablöste, den Kurs. Viele ihrer Abgeordneten waren antireligiös oder hatten sich von der Kirche gelöst. Die Stimmung war mehrheitlich antiklerikal. Das gilt nicht nur von den Abgeordneten der *Montagne,* sondern ebenso von denen der *Gironde* und den Abgeordneten, die keiner Fraktion angehörten. Bezeichnend ist hier das Verhalten der zum Tode verurteilten Girondisten. In der Nacht vor ihrer Hinrichtung sprachen sie über Plato und die Stoa. Auch im Angesicht des Todes spielte der christliche Glaube für sie kaum eine Rolle.

Am 29. November 1791 erließ die Nationalversammlung ein Dekret für alle Geistlichen, auch für die, die kein Pfarramt innehatten, und forderte von ihnen die Eidleistung innerhalb von acht Tagen. Wer sich verweigerte, sollte seiner Pension verlustig gehen und seinen Wohnsitz aufgeben müssen.

Ungeschickterweise knüpfte Ludwig XVI. sein Veto gegen dieses Dekret an ein anderes Veto gegen die Beschlagnahmung des Emigrantenbesitzes. Er kompromittierte dadurch die romtreuen Priester, indem er eine religiöse Angelegenheit mit einer reaktionär-politischen verband. Die Jakobinerklubs und die extremen Zeitungen liefen Sturm dagegen und identifizierten die Geistlichen mit der aristokratischen Reaktion.

Die Lage der Priester verschärfte sich noch durch den Kriegseintritt Frankreichs mit Österreich und Preußen. Am Vorabend des Krieges hatte der Papst den früheren Fraktionsführer der Royalisten in den *Etats-Généraux*, Maury, der als reaktionär galt, als Sondergesandten zum Kaiser nach Wien geschickt. Diese offensichtliche Ungeschicklichkeit mussten die romtreuen Priester auslöffeln. Sie galten von nun an nicht nur als reaktionär, sondern als Fünfte Kolonne der Adelsopposition, die dabei war, Frankreich zusammen mit den Ausländern zu überfallen. Die Antwort der Nationalversammlung kam bald.

Sie beschloss die Aufhebung der Kongregationen für die Lehre und die Armen- und Krankenpflege sowie die Beschlagnahmung der kirchlichen Verwaltungsgebäude. Das Tragen geistlicher Kleidung außerhalb der Gottesdienste wurde verboten und für Paris ein Prozessionsverbot verhängt.

Durch die Absetzung des Königs am 10. August 1792 war der alte Eid des Zivilstandes der Priester hinfällig geworden, weil er die Treue zum Monarchen enthielt, und musste durch einen neuen Eid, dem sogenannten „Freiheits- Gleichheitseid", ersetzt werden. Dieser Eid stellte den romtreuen Klerus vor Gewissensprobleme. Viele Kleriker fragten sich, ob man auf Freiheit und Gleichheit schwören könne, nachdem der Papst die Menschenrechtserklärung verurteilt hatte.

Am 26. August erging die Generalorder zur Deportation aller romtreuen Priester. Am 23. September 1793 verschärften zwei Dekrete des Nationalkonvents die Lage noch mehr. Sie sahen die Todesstrafe für alle Priester vor, die den Freiheits-Gleichheitseid nicht geleistet hatten, und zwar innerhalb von 24 Stunden. Für die Priester, die nicht mehr im Amt waren, wurde die Deportation nach Guyana beschlossen.

Zur Zeit des Thermidor kam es zu einer gemäßigteren Politik gegenüber der Kirche. Man steuerte auf eine Trennung von Kirche und Staat hin, und schon Ende 1794 wurden die Gehaltszahlungen an die konstitutionelle Kirche eingestellt. Es machte sich schon eine gewisse Toleranz bemerkbar. In Verhandlungen mit Spanien und der Toskana verpflichtete man sich, den Katholizismus schonend zu behandeln.

Die Vendée und Bischof Grégoire forderten die Öffnung der Kirchen und Kultfreiheit. Romtreue Priester nahmen trotz der Verbote ihren Dienst wieder auf. Die Regierung gab sich mit dem fait accompli bezüglich der noch bestehenden oder wieder verlangten Eidforderung zufrieden. Es zeigten sich hier zwei divergierende Lösungen auf, die Pariser und die Lyoner Lösung. In Paris betrachtete man die Frage des Eides als eine rein politische Angelegenheit, strenger war dagegen die Kirche von Lyon. Auch Grégoire und die konstitutionelle Kirche legten gegenüber den abgefallenen Priestern äußerst strenge Maßnahmen an. Man griff auf frühchristliche Bußverfahren zurück.

Anpassungsprobleme gab es mit den Priestern, die aus der Verbannung zurückkehrten, denn in Frankreich hatte sich seit der Zeit ihrer Emigration einiges geändert.

Als die Royalisten und Gemäßigten im Jahre 1797 die Wahlen gewannen, schlug man wieder auf die Kirche los. Im Département Sarte wurde ein Viertel der Priester verhaftet, im Département Yonne wurden alle Kirchen geschlossen. Priester wurden wieder inhaftiert oder gar deportiert; dennoch war die Verfolgung nicht so heftig wie in den Jahren 1793 bis 1794. Erst das 1802 mit Napoléon geschlossene Konkordat schenkte der Kirche den Frieden.

Das Los der eidverweigernden Priester

Die Priester, die den Eid auf die Verfassung und später den Hassschwur gegen das Königtum verweigerten, wurden spätestens seit 1793 zum Tod auf der Guillotine verurteilt; ebenso alle, die ihnen Schutz gewährten. Die revolutionäre Propaganda klagte sie des Fanatismus und der antirepublikanischen Gesinnung an und nannte sie intolerant.

Die Priester, die ihrer Kirche und dem Papst treu geblieben waren, versteckten sich in entlegenen Bauernhöfen, in den

Wäldern und im Gebirge, in Einöden, Höhlen und Schluchten. Den originellsten Zufluchtsort fand der Abbé Pierre-Paul Guillotin, der sich in einer hohlen Eiche verbarg, die später nach ihm benannt wurde: *Chêne à Guillotin.* Die *Prêtres réfractaires,* die auch Geheimpriester genannt wurden, fuhren fort, die heilige Messe zu feiern, die Sakramente zu spenden und die Menschen seelsorgerisch zu betreuen; über die Taufen, die Hinführung zur Eucharistie und die Eheschließung führten sie genau Register.

Zahlreiche Bilder, die im 19. Jahrhundert entstanden sind, zeigen die Orte, wo die Geheimpriester Eucharistie feierten, in Einöden und Schluchten, und wie eine solche Eucharistiefeier von Männern, die treu zur Kirche standen, bewacht wurde. Ein Bild von Louis Duveau zeigt sogar die Szene von einer Messfeier auf dem Meer.

In der Bretagne, in der Vendée und im Rhonetal waren die *Prêtres clandestins* sicher. In der Bretagne wurden sie von den *Chouans* (so hießen die Aufständischen) und in der Vendée von der gesamten Bevölkerung geschützt. Im Rhonetal und im Elsass standen breite Bevölkerungsteile auf ihrer Seite. Gewissen Schutz und Anonymität boten auch die Städte. In Paris wurde in einem Gebäude gegenüber dem Revolutionsgericht während der gesamten Zeit der *Terreur* täglich die Messe gefeiert. Bedrohlich war die Lage der Geheimpriester im Pariser Becken, im Zentralmassiv und im Dauphiné, die für den Glauben zur weißen Stelle geworden waren. Hier führten sie ein heroisches Leben. Sie mussten mit Razzien, Hausdurchsuchungen rechnen, und ihr Leben war von allen Seiten bedroht. Eingeschüchtert und mit dem Tod bedroht waren aber auch die Familien, vor allem Frauen, die ihnen Herberge und Schutz gewährten. Allzu leicht wurde dieser Personenkreis, genauso wie die Priester, Opfer der Guillotine. Man muss deshalb nicht nur vom Heldentum der Priester, sondern auch von dem Heldenmut und der tiefen Gläubigkeit der Frauen sprechen, die einen schützenden Mantel um sie legten. Die Zahl der guillotinierten Frauen und Männer entspricht in etwa der der hingerichteten Priester.

Monsieur Le Loup de la Billiais – er war Rat am Parlament der Bretagne – beherbergte Geheimpriester in seinem Schloss. Man bemächtigte sich seiner Unterlagen, die eine ziemlich große

Zahl von Registern über heimliche Taufen und Eheschließungen enthielten. Das war für die Behörden ein Hinweis, dass er Geheimpriester in seinem Schloss versteckt hatte. Carrier ließ ihn zum Strafgericht nach Nantes überstellen, das ihn als Hehler, der Priester versteckt hatte, zum Tod verurteilte. Mutig und tapfer bestieg er die Guillotine. Wenig später erlitten seine Frau und seine beiden Töchter das gleiche Los.

Frauen, die sich der verfolgten Priester annahmen, übten oft das gleiche Amt aus wie heute die Gemeindereferentinnen. Anne-Marie Javouhey zum Beispiel nahm sich der Sterbenden an und unterrichtete die Erstkommunionkinder. Sie kümmerte sich um die Altarwäsche und die Paramente. Pfarrer Ballonde bildete sie zur Katechistin aus.

Manche Untergrundpriester wurden berühmt, wie der Pfarrer Jean-Baptiste Pialat, der zur Messe am Palmsonntag in einem entlegenen Bauernhof 8.500 Gläubige anzog. Der Pfarrer von Ars verdankt seine Taufe und seine Erstkommunion, schließlich aber auch seine Berufung dem Pfarrer Charles Balley, der seinen Dienst heimlich in Lyon unter dem Namen *Carlos* ausübte, bevor er Vikar von Écully, dem Heimatort des Pfarrers von Ars, wurde. In einem Bezirk der Bretagne spendeten die Untergrundpriester 402 heimliche Taufen und 62 heimliche Trauungen. Der berühmteste der Geheimpriester war der Abbé Charles-Jean Bonvoust, ein Benediktiner, der im Landsitz von Jacques und Marie Harel Unterschlupf gefunden hatte. Als Dank hinterließ er der Familie Harel ein Käserezept, das heute den Namen des Ortes trägt, wo er sich versteckt hatte: *Camembert.*

Wie viele Priester hingerichtet wurden, ist nicht mehr zu klären. Nach der Besetzung von Paris 1870–71 und in dem folgenden Aufstand wurden Archive zerstört, und die Urkunden über die Priester, die im Verlauf der Revolution ermordet wurden, sind nicht mehr auffindbar. Man schätzt, dass zwischen 3.000 und 4.000 auf der Guillotine starben oder auf eine andere Weise ermordet wurden. Die meisten Hinrichtungen fanden außer in Paris in Angers, Lyon und Nantes statt. Aber auch andere Städte waren betroffen. Die genannten Zahlen schließen die Septembermorde ein, nicht aber die Opfer der Deportation.

Die Morde an Priestern in der Charente-Maritime

Im Verlauf der Revolution und zur Zeit des Direktoriums kamen 26 Priester aus dieser Region zu Tode. Sie verteilten sich auf diese Diözesen Angoulême (sieben Opfer), La Rochelle (acht Opfer), Poitiers (zwei Opfer), Saintes (neun Opfer).

Fünf waren Ordenspriester: ein Benediktiner, zwei Karmeliter, ein Kapuziner, ein regulierter Chorherr. Unter den ermordeten Geistlichen befand sich der Bischof von Saintes, der beim Septembermassaker umkam. Sechs waren Kanoniker, Generalvikare, und einer war Offizial. Die übrigen 18 waren *Curés* (Gemeindepfarrer). Von den 26 Priestern haben sieben den Eid auf die Verfassung geleistet, standen aber später fest zu ihrem Glauben. Ein Priester nahm in der *Armée catholique et royale* am Vendéekrieg teil, ein anderer beteiligte sich am Landungsunternehmen der Emigranten auf der Halbinsel Quibéron.

Die meisten Geistlichen waren mittleren Alters, vier waren jünger, der jüngste 29 Jahre alt. Zehn Priester starben 1793/94 unter der Guillotine, der Bischof von Saintes kam zusammen mit seinem Bruder, dem Bischof von Bayeux, beim Septembermassaker um. Die übrigen 15 Priester starben im Verlauf der Deportation oder in Guayana an Seuchen, an Entkräftung, an Unterernährung oder an dem verseuchten Wasser, das sie erhielten. Der größte Teil der Geistlichen kam schon in Sammellagern auf der Île d'Aix und der Île Madame, wo menschenunwürdige Lebensbedingungen herrschten, ums Leben.

Priesterhinrichtungen in Lyon

Am 6. September 1805 setzte Kardinal Caprara eine Historikerkommission ein, die beauftragt war, die Gründe für die Hinrichtungen von Katholiken in Lyon während der Revolution zu untersuchen. Dabei ging es ausschließlich oder wesentlich um Opfer, die aus Hass gegenüber dem katholischen Glauben ihr Leben verloren. Bezüglich der Hinrichtung oder Ermordung von Priestern ergibt sich daraus Folgendes:

Schon am 9. September 1792 wurden drei Priester auf offener Straße massakriert. Die zeitliche Nähe zu den Septembermorden in Paris spricht für eine Folgehandlung.

Die Situation verschärfte sich nach dem Aufstand Lyons gegen die Zentralregierung. 3.528 Personen wurden nach der Niederlage der Stadt angeklagt, 1.695 zum Tode verurteilt und davon 1.665 hingerichtet. In Fleurs waren es 49. Die Kommission sagt, dass die Mehrzahl der Opfer Priester oder fromme Katholiken waren, die Priester versteckt hatten oder in deren Häusern Messen gehalten worden waren. Als Grund für die Hinrichtung wurde „Fanatismus" angegeben. Ein Fanatiker und Revolutionsfeind war, wer an die Gottheit Jesu Christi, an die Autorität des Papstes und an die Transsubstantiation glaubte.

Am 18. Fructidor (4. September 1797) lebte der Terror nach einem Staatsstreich gegen das Direktorium noch einmal auf. Acht Priester, die aus der Emigration nach Lyon zurückgekehrt waren, wurden hingerichtet.

Die Priesternoyaden in Nantes

Im Dezember 1793 ordnete der Politkommissar Jean-Baptiste Carrier Massenhinrichtungen an. Da die Guillotine zur Ausführung seines mörderischen Vorhabens nicht ausreichte, ging man zu Massenerschießungen über. Jeden Tag wurden bis zu 200 Menschen exekutiert und in Massengräber geworfen, die aber so wenig tief angelegt waren, dass Hunde Menschenfleisch durch die Straßen zogen, und eine Epidemie auszubrechen drohte.

Carrier erfand darum eine andere Hinrichtungsart, die *Noyaden,* deren Name seither mit der Stadt Nantes verbunden ist. Die Opfer wurden in Barken gepfercht, und mitten auf dem Strom wurde eine Luke geöffnet und die Gefangenen dann dem Ertrinkungstod preisgegeben. Man schätzt, dass etwa 4.000 Menschen durch diesen Todesmechanismus umkamen – nicht nur Männer, sondern auch Frauen und Kinder.

An SS-Jargon erinnern die Bezeichnungen, die man für diese Massaker gebrauchte: „Vertikale Überfahrt", „Fahrt zum Perlenfinden", „Fahrt in die unterirdischen Bergwerke", „Nationale Badewanne".

Die ersten beiden Noyaden waren Priesternoyaden. In der Nacht vom 16. auf den 17. November 1793 kamen 90 Priester um. Einem Priester, dem Abbé Lordeau, einem exzellenten Schwimmer, gelang es, von der Barke zu entfliehen und das rechte Ufer der Loire zu erreichen. Anderen Priester, die verzweifelt versuchten, sich an Booten festzuklammern, wurden teils von ihren ehemaligen Pfarrkindern die Hände abgehauen.

Der zweiten Noyade fielen 58 Priester zum Opfer.

Es ist wohl kein Zufall, dass ausschließlich Priester Ziel der ersten Noyaden waren. Carrier hasste vor allem die Kleriker und sagte: „Die größte Freude bei einer Hinrichtung sei es gewesen, das schmerzverzerrte Gesicht eines Priesters zu sehen."

Kaum Priestermorde im Elsass

In den beiden Départements Bas-Rhin und Haut-Rhin sind kaum Hinrichtungen von Priestern zu verzeichnen. Im Bas-Rhin wurde lediglich der Straßburger Vikar Henri Pierre Joseph Wollient – weil er den Priestereid ablehnte – zum Tod verurteilt. Dafür fand der evangelisch-lutherische Pfarrer Jean-Jaques Fischer wegen einer unbedachten Äußerung gegen die Revolution den Tod auf der Guillotine. Interessant ist die Justifizierung zweier Frauen aus religiösen Gründen. Marie Niçaise und Catherine Mortz, zwei Wäscherinnen, wurden auf das Schafott geschickt, weil sie eidverweigernde Priester beherbergt hatten.

Im Département Haut-Rhin kam es insgesamt nur zu zehn Hinrichtungen. Unter den Opfern befand sich kein Priester. Hier fällt die Grenznähe auf. Eine Person wird wegen Spionage und Verteilung falscher Assignaten guillotiniert. Zwei Frauen werden zur Deportation verurteilt. Ob sie mit eidverweigernden Priestern zu tun hatten, ist aus den Akten nicht ersichtlich.

Im Département Vosges wurden 13 Personen zum Tod verurteilt, darunter vier Priester. Als Gründe für die Verurteilungen werden verweigerte Eidesleistung und konterrevolutionäre

Umtriebe angegeben. Ein Teil der Hingerichteten waren auch junge Leute, die sich wohl dem Militärdienst entzogen hatten.

Auch vor der konstitutionellen Kirche machte der Kirchenkampf nicht halt. Die Ursache waren nicht politische, sondern ideologische Gründe. Um eine neue Welt zu begründen und einen neuen Menschen zu schaffen, musste man die alte Welt und die Kirche, sowie das Fundament, das sie trug, das Priestertum, vernichten.

Der jakobinische Staat setzte alle Kräfte ein, um dieses Ziel zu erreichen. Allein mit dem Amtsverzicht gaben sich die Jakobiner nicht zufrieden. Die Abkehr von der Kirche sollte von der Mitte her erfolgen, und deshalb drängte man die Priester zur Zwangsheirat. Es spricht für große Teile des konstitutionellen Episkopates, dass es sich gegen diese Tendenzen wehrte.

Exkurs: Zwei Priesterleben zur Zeit des Terrors

Jacques-André Émery, der Generalobere von Saint-Sulpice, wurde am 26. August 1732 im Département Ain, 16 Kilometer nordwestlich von Genf geboren. Er war Priester und Mitglied der Kongregation der Sulpizianer. Für sie und für viele andere war er stets ein Vorbild während der Revolution. Keiner der 150 Sulpizianer leistete den Eid auf den Zivilstand der Priester. 18 starben den Martertod. Er selbst war anderthalb Jahre, von 1793 bis 1794 in der *Conciergerie* eingekerkert. Fouquier-Tinville, der Generalankläger des Revolutionsgerichts, sagte von ihm: „Die Sanftmut und die Überzeugungskraft des Priesters nützt uns mehr als 20 Gefängniswärter, weil er das Geschrei der anderen Gefangenen verhindert." Er war einer der wichtigsten Persönlichkeiten beim Wiederaufbau der französischen Kirche. Er sagte vor Napoléon, vor dem die Könige zitterten, als einziger immer die Wahrheit. Émery war einer der besten Theologen seiner Zeit, mit einer eminenten literarischen Schaffenskraft. Davon zeugen Veröffentlichungen über Leibniz und Descartes, Francis Bacon und Theresa von Ávila. Darüber hinaus war er ein großer geistlicher Anreger seiner Zeit, vor allem für die wiedererstandenen Schwesternkongregationen.

Nicht so recht in die Reihe ehrenvoller Priester will Eulogius Schneider passen, ein deutscher Priester, Bischofsvikar, Zivilkommissar, öffentlicher Ankläger des Kriminalgerichts des Départements Bas-Rhin. Wer war dieser Eulogius Schneider? (vgl. Weiß, Weltgeschichte, Bd. 13, S. 435 ff., sowie Walter Grab, in: Zur Geschichte der deutschen Jakobiner, 1984). Eulogius Schneider stammte aus einer kinderreichen Familie aus Wipfeld bei Würzburg. Er besuchte das Jesuitengymnasium in der fränkischen Residenzstadt und studierte danach Jura und Literatur. Wegen einer Liebesaffäre flog er aufgrund einer „vorehelichen Copulation" von der Universität und kehrte zunächst nach Hause zurück. Auf Anraten seiner Eltern trat er in das Bamberger Franziskanerkloster ein. Von Bamberg ging der junge Pater nach Salzburg, wurde hier mit der Literatur der Aufklärung vertraut und zum Priester geweiht. Weil er ein begeisternder Kanzelredner war, stellte ihn Herzog Karl Eugen von Württemberg als Hofprediger ein. Er wurde aber bald wieder entlassen, weil er die Ideen der Aufklärung predigte und nicht das Evangelium. Bald darauf erhielt er eine Professur an der Universität Bonn. Hier begeisterte er seine Studenten. Sein prominentester Schüler war übrigens Beethoven. Konflikte aber gab es mit dem Kölner Klerus. Der Kölner Erzbischof lehnte das Entlassungsgesuch des päpstlichen Nuntius aber ab. Schneider legte das Ordenshabit ab, und aus dem Pater Eulogius wurde der Professor und Weltpriester Schneider.

Als Schneider noch massiver in seinen Büchern aufgeklärtes Gedankengut verbreitete, wurde er von seinem neuen Landesherrn entlassen.

1791 ging Eulogius Schneider in das gelobte Land der Freiheit, in das von der Revolution geprägte Straßburg. Hier übernahm er das Amt eines bischöflichen Vikars, Professor an der Universität und Prediger am Straßburger Münster. Bald aber legte er auch sein Priesterkleid ab und begann seine revolutionäre Karriere als Redakteur der Revolutionszeitung *Argos,* Präsident der Jakobinerschule und Zivilkommissar und Ankläger beim Revolutionstribunal. In dieser Zeit verfasste er 30 Todesurteile. Im gleichen Jahr heiratete er Sandrine, die Tochter des Weinhändlers Stamm. Wenige Stunden nach seiner Hochzeit wurde

Eulogius Schneider verhaftet und auf dem Straßburger Paradeplatz mit der Begründung an die Guillotine gebunden: „Schneider, vormals Priester und geborener Untertan des (deutschen) Kaisers, sei gestern in Straßburg mit einer übermäßigen Pracht eingefahren, von sechs Pferden gezogen, von Gardisten mit bloßem Säbel umgeben. Deshalb solle gedachter Schneider heute (15. Dezember 1793) von zehn Uhr des Morgens bis zwei Uhr Nachmittags auf dem Schafott der Guillotine dem Volk zur Schau ausgestellt werden, um die den Sitten der entstehenden Republik angetane Schmach zu büßen." Anschließend sollte der Angeklagte „von Brigade zu Brigade zu dem Komitee des öffentlichen Wohls der Nationalkonvention nach Paris geführt werden."

An Robespierre schrieb Saint-Just am 14. Dezember 1793: „Wir liefern dem Wohlfahrtsausschuss den Öffentlichen Ankläger beim Straßburger Revolutionstribunal ein. Es ist ein ehemaliger Priester, als Untertan des Kaisers geboren. Ehe er aus Straßburg fortkommt, wird er auf dem Schafott der Guillotine an den Pranger gestellt werden. Diese Strafe, die er sich durch sein freches Betragen zugezogen hat, war auch von der Notwendigkeit geboten, einen Druck auf die Fremden auszuüben. Glauben wir nicht an die kosmopolitischen Scharlatane, und vertrauen wir nur auf uns selbst. Wir umarmen Sie von ganzem Herzen" (Weiß, Weltgeschichte, Bd. 14, S. 512 f.).

Die Haft verbrachte Schneider zusammen in einem Raum mit dem Grafen Merville, einem Gegner der Revolution. Am 1. April 1794 wurde Eulogius Schneider auf der Guillotine hingerichtet. Wahrscheinlich wollte Robespierre der Bourgeoisie ein Zugeständnis machen und Schneider, den er für einen Freund der Sansculotten hielt, aus dem Weg räumen. Außerdem hatte er eine gewisse Antipathie gegen die kosmopolitischen Ausländer in Paris.

Die Abdankung der Priester

Für die Abdankung der Priester zwischen Herbst 1793 bis Ende 1795 werden im Französischen drei Ausdrücke gebraucht:

déprêtrisation (Entpriesterlichung), *abdication* (Abdankung) und *apostasie* (Glaubensabfall).

Déprêtrisation ist ein tendenziöser, diskriminierender Ausdruck, der von der Bevölkerung zur Zeit der Revolution gebraucht wurde und heute noch von der Geschichtswissenschaft benutzt wird; *abdication* ist der amtliche Begriff, das Wort, das die Behörden benutzten; Apostasie ist der kirchenrechtlich korrekte Terminus für den Glaubensabfall, trifft aber nicht in jedem Fall die Gegebenheit.

Für Ende des Jahres 1795 lässt sich schätzen, dass 80 Prozent des Klerus, der im Jahre 1792 noch im Amt war, von der Amtsniederlegung betroffen war. Das sind 17.000 bis 20.000 der offiziellen Priester. Bernard Plongeron, der Verfasser des 10. Bandes der 2000 veröffentlichten *Geschichte des Christentums,* nennt das einen phänomenalen Erfolg der von der Jakobinern in Gang gebrachten „Kulturrevolution".

Der konstitutionelle Bischof von Loire-et-Cher, Henri Grégoire, entdeckte mit Bestürzung, dass alle seine ehemaligen Berater den Weg der Amtsniederlegung und der nachfolgenden Heirat gegangen waren. Er empfand bis zum Ende seines Lebens Widerwillen gegen alle abgedankten und verheirateten Priester, und es gelang ihm nicht, den Brand seiner Seele in seiner *Geschichte der Verheiratung der Priester in Frankreich* zu mildern. Das Buch wurde 1826 übrigens ins Englische übersetzt.

Bei dieser Kulturrevolution, die zumindest mit der chinesischen Kulturrevolution zu vergleichen ist, war die Entfernung der Priester aus dem Amt das Kernstück; denn dadurch versprach man sich, der Kirche den Todesstoß zu geben. Darum gab es bei der revolutionären Gesetzgebung nicht wenige Grade der Verschärfung. Beim ersten Schritt der Amtsniederlegung gab man sich zufrieden, dass sie ihre Ordinationsurkunden zurückgaben und Amtsverzicht leisteten. In diesem Falle wurde ihnen die faktische Immunität zugesichert. Am 15. November 1793 wurde der Druck verschärft. Wer sein Amt niederlegte, bekam eine Pension zwischen 800 und 1.200 Francs. Wer sein Amt niederlegte und nicht heiratete, musste mit Deportation oder Gefängnis rechnen. Die Amtsniederlegung sollte kein bloßer formaler Akt bleiben, sondern durch die Heirat vor aller Augen bestätigt werden.

Die Dechristianisierungskampagne und die Kulturrevolution feierten ihren Erfolg im Pariser Becken und im nördlichen Zentralmassiv, aus dem die extremistischen Revolutionäre stammten und das für die katholische Kirche zum weißen Fleck wurde. Wenig Erfolg hatte die Entchristianisierung in Orten im Elsass und Lothringen und im Nordwesten der Bretagne und in der Normandie. In der Vendée scheiterte die Dechristianisierung, weil sich das Volk für seinen Glauben erhoben hatte. Stark war auch der Widerstand in Südfrankreich, vor allem im Rhonetal. Hier gab es offenen Widerstand gegen das antichristliche Frankreich. In der Bretagne waren es die *Chouans,* die sich gegen die Dechristianisierung wehrten.

Den Widerstand gegen die Kulturrevolution in Südfrankreich hat Michel Vovelle in einem Kapitel seines Buches *La Révolution contre l'Église* (1988) beschrieben. Vovelle ist Profanhistoriker, einer der besten Kenner der Revolution, der durch sein hervorragendes handwerkliches Können fasziniert und allgemein anerkannt ist. Leider liegt noch keine Übersetzung in das Deutsche vor.

Vovelle schreibt: „Nach den Berichten der Politkommissare ließen sich die Unruheherde nicht eindämmen. Ein verbreitetes Phänomen sei hier das Prophetenamt besonders bei Frauen gewesen. Ein Phänomen, dass wir aus dem frühen Christentum kennen und dem Camisardenaufstand, wo die Heere Ludwigs XIV. gegen die Protestanten in den Cévennen kämpften und das oft da lebendig wird, wo Christen unter äußerster Bedrängnis leben und traumatische Erlebnisse zu verarbeiten suchten."

Wie gesagt, der Widerstand ging hier von den Frauen aus. Die Männer standen dagegen zurück. Sie erschienen höchstens in bewaffneten Kleingruppen oder dadurch, dass sie den örtlichen Jakobinerklub störten oder auseinanderjagten. Vor allem aber begleiteten und schützten sie die *Réfractaires,* die eidverweigernden Priester, die hier noch tätig waren. Es waren einfache Leute, die sich hier für ihren Glauben einsetzten und kämpften. Vovelle hat die Berufe dieser Aufständischen untersucht. Es waren Strumpfmacher, Maurer, Bauern und Metzger.

Sie waren junge Kerle zwischen 25 und 37 Jahren. Wie die Revolutionäre Kirchen zerstörten und Heiligenfiguren zertrümmerten, so fällte die Bevölkerung im Süden die Freiheitsbäume der Revolution und stürzte die Figuren der revolutionären Dreifaltigkeit, Marat, Chalier und Lepeletier, um. Nach Aulard, einem anderen renommierten Revolutionshistoriker, ist die Dechristianisierung am Widerstand der Landbevölkerung gescheitert. In den Städten wie Paris und Lyon konnten sich die Priester in der Anonymität der Großstadt einigermaßen geborgen fühlen. Sie fanden Unterschlupf bei Familien und Frauen, die – wenn ein Priester bei ihnen entdeckt wurde – ebenfalls damit rechnen mussten, zur Guillotine geschleppt zu werden. Im Süden gab es keine Vendée, keinen Krieg gegen die Dechristianisierung, wohl aber einen eminenten Widerstand.

Noch ein Wort zu den Frauen: Mona Ozouf, die mit François Furet das *Kritische Wörterbuch der Französischen Revolution* herausgab, schreibt darin über die Rolle der Frauen: „Von größter Bedeutung ist der Umstand, dass die Bewegung der Mobilisierung gegen die dechristianisatorischen Maßnahmen in massiver Weise von den Frauen initiiert und geführt wurde. Denn es sind die Frauen, die zuerst einen Boykott der Eid leistenden Priester beschlossen: Grégoire beklagt sich darüber, dass seine konstitutionelle Kirche von verkommenen und aufrührerischen Frauen erwürgt worden sei. Sie bezogen vor den Türen der Sakristei Stellung, haben die Hostiengefäße verteidigt, ihre Glocken gefordert, die Verwaltungsbeamten übel zugerichtet; sie verlachten den republikanischen Kalender und die von der Regierung geforderten Ersatzkulte. In ihrem Widerstand hat sich das weibliche Antlitz der katholischen Kirche Frankreichs des 19. Jahrhunderts ausgeprägt und verfestigt“ (Ozouf, a. a. O., S. 43).

Was hat diese Verfolgung, die die Verfolgungsperioden der frühen Christenheit bei weitem übertrifft, der Kirche in Frankreich gebracht? Sicher eminente Verluste und die Zerstörung der kirchlichen Kunst von Jahrhunderten. Hunderttausend Christen, die für ihren Glauben gelitten haben und ermordet wurden, fast das Ende des Christentums im größten Land Europas. Aber auch hier gilt: *Sanguis martyrum – erum semen christianorum* (Tertullian), das Blut der Märtyrer wird zum Samen für neue Christen. Dazu schrieb der Domherr Duchastenier aus Dijon: „Niemals gab es so viele gute Messfeiern in Frankreich wie zur Zeit der Schreckensherrschaft. Robespierre hat den Himmel bevölkert, die Religion in Frankreich gereinigt und gerettet, und nur unwissend behauptet und geglaubt, er habe sie beseitigt" (Ozouf, a. a. O., S. 46).

Wie steht es nun um 17.000 bis 20.000 Priester, die ihr Amt niederlegten? Welche Gründe führten sie dazu, ihre priesterliche Existenz aufzugeben?

Weite Teile des Volkes haben die Revolution begrüßt, in ihr Ideale gesehen und ihre Feste gefeiert. Es war ja nicht so, dass alle sie als Terrorsystem erlebt haben. Bis Anfang 1792 fanden ja noch die großen Revolutionsfeiern unter der Beteiligung des Klerus statt und waren mit einer Messfeier verbunden. So hat auch das Herz manchen Priesters für „Freiheit, Gleichheit und Brüderlichkeit" geschlagen und war eng mit der Revolution verbunden. Die Frage des Eides auf die Verfassung war ja nur für die *Réfractaires* ein Problem und nicht für die konstitutionelle Geistlichkeit. So mag auch François Renaudy gedacht haben, als er sein Département Hautes-Alpes verließ und mit dem Regiment 69 in den Krieg zog. Er war bei seinen Kameraden angesehen und wurde von ihnen zum Zahlmeister gewählt. Es waren viele Priester, die von der Sakristei zum Militär gingen. Einer unter ihnen wurde sogar General, und ebenfalls ein Elsässer evangelischer Pfarrer. Andere waren so völlig von den neuen Ideen durchdrungen, dass ihnen ihr geistliches Amt fremd geworden war. Dazu gehörte auch der Geistliche Chiro aus dem Département Puy-de-Dôme. Er war hier einer der ersten, die ihr Priesteramt niederlegten, und er versuchte auch nie in der Folgezeit, seinen Schritt rückgängig zu machen. Ähnlich dachte auch der Abbé Pauchrille aus Clermont. Er beschloss, fortan keine geistlichen Lieder mehr unter das Volk zu bringen, sondern Lieder auf die Revolution zu verfassen. Der Mönch Latause wechselte direkt vom Kloster in das Überwachungskomitee seines Départements. Zu dieser Gruppe zählten die Geistlichen, die in der Kirche ein Versorgungsinstitut sahen und einen Ort, wo man ein geruhsames Leben führen konnte. Andere wandten sich in einer Zeit, in der die Spiritualität erschlafft war, neuen revolutionären Zielen zu.

Einige Vertreter dieser kleinen Gruppe gingen weiter und griffen die Institution Kirche an; denn wenn man andere für etwas verantwortlich macht, kann man sich selbst entlasten. Es ist das bekannte Projektionsprinzip, das wir auch bei uns erleben können. Zudem war der Jakobinismus selbst zu einer Art Kirche geworden. Nach dem Revolutionskalender war nicht mehr Christus die Mitte der Zeit, sondern der Beginn der Revolution; die Sonntage waren abgeschafft und Weihnachten und Ostern gestrichen. Darum musste jeder, der sich der neuen Religion zuwandte, dem alten Glauben Adieu sagen. So lehnte Deuthier de Saint-Sauveux die christliche Religion ab, weil sie Gott zu einem bösen Wesen abstempele.

Panoroz Robert des Monosque meinte, das französische Volk wäre durch den Mummenschanz in völliger Unwissenheit gehalten worden. Bouchet aus Saint-Denis-Malgoire forderte sogar, die religiösen Irrtümer ein für allemal zu begraben. Manche ließen sich umtaufen und trugen statt des Namens eines christlichen Heiligen den eines antiken Philosophen.

Die meisten Priester legten ihr Amt nieder, weil es en vogue und große Mode war – man denke hier an die zahlreichen Amtsniederlegungen in den 1960er und 70er Jahren. Dazu kam der Druck von Gemeinden, das Amt niederzulegen. Das war besonders bei den sogenannten *Intrus* der Fall, bei konstitutionellen Priestern, die in eine streng katholische Gemeinde kamen. Sie wurden als Eindringlinge betrachtet, waren allerlei Schikanen ausgesetzt und zogen ihre Konsequenz daraus, indem sie ihr Amt aufgaben, in einer Zeit, in der die Amtsaufgaben zur Mode geworden waren.

Schließlich übte eine nicht geringe Zahl von revolutionär gesinnten Gemeinden Druck auf ihren Pfarrer aus, sich *déprêtrisieren* zu lassen. So erklärte der Priester Dubas aus dem Departement Ardèche, er habe sein Priesteramt auf Wunsch der Bevölkerung niedergelegt. Eine Gemeinde aus der Nähe von Paris schickte eine Delegation zum Nationalkonvent und erklärte, sie habe ihren Pfarrer weggeschickt.

Im Herbst 1793 bis zum Frühjahr 1794 erreichte die Entwicklung ihren Höhepunkt. Viele Priester sahen die Entscheidung des Pariser Bischofs Jean-Baptiste Göbel als verbindlich an und legten ihr Amt nieder und folgten hiermit einem allgemeinen Trend. Am 13. März 1794 erklärte der Pfarrer von Dore-Église, dass die Regierung die Ausübung des Priesteramtes zu verbieten scheine. Er wolle sich dem beugen und sein Amt niederlegen. Der Pfarrer von Montarder erklärte, dass er als bescheidener Bürger sich den Gesetzen seines Landes füge. Die Priester hatten Angst, sich verdächtig zu machen. Mit der Niederlegung des Amtes wollten sie sich als loyale Bürger beweisen. Durch dieses Verhalten wollten sie sich vor Verhören, Kerkerhaft und sicher vor Hinrichtungen schützen.

Eine ganze Reihe von Klerikern zog sich in ihre Familien zurück, um die bedrohliche Situation ohne Schaden an Leib oder Leben zu überstehen. Die Mehrheit wollte die Lage aussitzen und danach ihr Priesteramt wieder ausüben. Eine ganze Reihe von Priestern, die ihr Amt niedergelegt hatte, nahm nach dem Rückgang der Verfolgung ihr Priesteramt wieder auf.

Weil die Behörden entdeckten, dass die meisten Kleriker die Relevanz der „Déprêtrisierung" zu umgehen suchte, setzten sie noch etwas drauf und zwangen die Priester zur Heirat, um die Entscheidung gegen das Priesteramt in trockene Tücher zu bringen.

Die Zwangsverheiratung von Priestern

Die Frage nach der Verheiratung und Zwangsverheiratung von Priestern in den Jahren I und II der Französischen Revolution findet ein großes Echo bei den Historikern in Frankreich. Die Hauptquellen sind die Akten des Kardinalslegaten Caprara aus den Jahren 1801–1808, die sich in den Nationalarchiven in Paris befinden. Dabei geht es um die Rekonziliationsgeschichten von 6.000 Priestern, welche die Annullierung ihrer Ehe verlangten, um ihr Priesteramt wieder ausüben zu können, oder um die kirchliche Anerkennung ihrer standesamtlich geschlossenen Ehe.

77 Prozent dieser Ehen wurden in den Jahren 1793–1794 geschlossen, also in den Jahren der Terreur und unter massivem Druck der revolutionären Beamten. 20 Prozent dieser Eheschließungen datierten aus der Zeit von 1795–1799, auch in dieser Zeit war der laizistisch gewordene Staat äußerst kirchenfeindlich. Es kam zur Hinrichtung von Priestern und Nonnen. Mehrere hundert Priester wurden nach Guayana gebracht, auch kalte Guillotine genannt. Nur drei Prozent der Priesterehen wurden im Jahr 1792 geschlossen, dem Jahr der Septembermorde und dem Jahr vieler Restriktionen gegen die katholische Kirche, in dem man auch begann, eidverweigernde Priester zu deportieren. Vor dieser Zeit ist keine Priesterheirat nachzuweisen, und die Frage des Zölibats spielte in den *Cahiers de doléance* kaum eine Rolle.

Das Tor, das den Weg zur Priesterheirat öffnete, war das Dekret vom 27. August 1791. Das Dekret betrachtete die Heirat als einen zivilen Vertrag und eröffnete die Möglichkeit, eine zivile oder eine religiöse Ehe einzugehen. Erst das Gesetz vom 20. September 1792 machte die auf dem Standesamt geschlossene Ehe obligatorisch und schaffte die Führung der Standesregister durch die Pfarreien ab. Dennoch gab das erste Dekret den Priestern die Möglichkeit, außerhalb des kirchlichen Rahmens zu heiraten. Schon das Dekret vom 27. August stieß auf starke Opposition des konstitutionellen Klerus. Als Priesterheiraten sich verbreiteten, entfernten die Bischöfe die verheirateten Priester aus dem kirchlichen Dienst. Einige konstitutionelle Bischöfe wurden wegen ihrer aufrichtigen Haltung inhaftiert, so z.B. der Bischof von Rennes, der nach dem Konkordat von 1802 in den katholischen Episkopat übernommen wurde.

1792 kam es dann in Frankreich zu einigen Priesterheiraten. Der spektakulärste Fall war der von Bischof Lindet von Évreux, der sich von einem Pariser Pfarrer trauen ließ. Thomas Lindet war ein engagierter Priester und Bischof, dessen Liebe zu den Armen gerühmt wurde. Er starb übrigens im Alter von 100 Jahren. Sein Bruder wurde Mitglied im Wohlfahrtsausschuss und gehörte dem konservativen Flügel an. Die spätere Spannung zwischen der konstitutionellen Kirche und der Revolution hat ihren Ursprung in der Priesterfeindschaft. Dies zeigt das Beispiel Grégoires, der nicht nur vehement für seine republikanischen Meinungen kämpfte, sondern sich auch für die Rechte der Kirche und die Beibehaltung des Zölibats einsetzte.

Die genauesten Informationen über die Heirat und Zwangsheirat der Priester finden sich in dem Werk von Michel Vovelle *Religion et Révolution, la déchristianisation de l'an II* (1976).

Die Angaben über die Priesterheirat während der Schrekkenszeit zwischen Herbst 1793 und Juli 1794 schwanken. Caprara geht von 12.000 Heiraten aus, Henri Grégoire, der Führer der konstitutionellen Kirche, von 2.000. Michel Vovelle nimmt etwas mehr als 4.000 an. Seine Untersuchungsergebnisse stammen allerdings aus dem Süden Frankreichs, wo es zwar keine Vendée gab, aber massiver Widerstand gegen die Dechristianisierung herrschte. Man kann, wie es die meisten Historiker tun, von etwa 7.000, höchstens 8.000 Eheschließungen von Priestern ausgehen.

Dafür, dass Priester heirateten, gibt es äußere und innere Gründe, vor allem auch stark regionale Unterschiede. So gab es im Département Isère 115 Priesterehen, Département Allier 63 Priesterehen, Département Hérault 30 Priesterehen, Département Gard 18 Priesterehen, Département Basses Alpes 6 Priesterehen, Département Alpes Maritimes ebenfalls 6 Priesterehen.

In den Städten gab es weniger Eheschließungen von Klerikern, weil die Anonymität der Städte schützte. Gründe für eine hohe Zahl von Eheschließungen von Priestern waren oft politisch. Die Politkommissare *(Représentants en mission)* übten massiven Druck auf die Geistlichen aus. Viele Priester wurden gefangengenommen und vor die Alternative Gefängnis oder Heirat gestellt. Louis Viquer wurde vor das Revolutionsgericht gestellt und musste zwischen Ehe und Gefängnis wählen. Vor der gleichen Alternative stand auch Louis Blanc. Neun Tage vor der Hinrichtung Robespierres wurde Jean-Baptiste Morat mit dem Tode bedroht, falls er nicht heirate.

Neben den Politkommissaren gab es noch zwei weitere Faktoren, die sich auf die Dechristianisierung auswirkten: die Revolutionsarmee und die örtlichen Jakobinerklubs. Die Revolutionsarmee hatte die Aufgabe, die Verkehrswege zu sichern und Lebensmittel für die Hauptstadt zu beschlagnahmen. Sie war aber auch massiv im Sinn der Dechristianisierung tätig. Überall dort, wo diese Armee nicht durchzog, gab es keine antireligiösen Exzesse und kaum Eheschließungen von Klerikern.

Die Jakobinerklubs, die sich „Gesellschaften der Freunde der Verfassung" nannten, traten immer dort auf, wo die Kommissare und die Revolutionsarmee nach ihrem Ermessen weniger aktiv waren. Christen, die treu zu ihrem Glauben standen, erlebten diese Zeit als Traumatisierung. Ein Priester sagte: „Die dem wahren Gott geweihten Altäre waren umgestürzt und seine Kirchen entweiht und in Orte der Prostitution verwandelt. Die Zeit ist wirklich beklagenswert, wo Gotteshäuser geplündert und die Diener gezwungen werden, ihre Aufgaben aufzugeben. Ich wollte fliehen, aber wohin? Die Hilfsmittel fehlen mir." Ein anderer sagte: „Ich war krank von dem Terror. Ich wurde gezogen von dem Sturm der Revolution und geleitet von der Panik. Ich heiratete aus Angst und machte mich zum Skandal meiner Gläubigen."

Neben diesen äußeren Gründen, die zur Priesterheirat führten, gab es auch kircheninterne. Über 30.000 Priester waren emigriert. Darum weihte die konstitutionelle Kirche oft sehr junge Leute, manchmal vor Abschluss der Examina und ohne genau zu prüfen, ob sie geeignet waren. Viele von diesen waren den Wellen der Terreur und der Dechristianisierung nicht gewachsen.

Die Kommission von Kardinal Caprara prüfte auch die inneren Motive, die zur Wahl des Priesteramtes geführt hatten. Viele Söhne kinderreicher, wenig begüterter Familien erzählten vom elterlichen Druck und dem Wunsch nach einer glücklichen Zukunft für den Sohn selbst und für seine ganze Familie. Berichtet wurde auch von der Unwissenheit und fehlender Eignung für den geistlichen Stand. Für viele war das Priestertum eine angenehme und leichte Lebensweise, und sie wussten nicht, was auf sie zukam.

Eine ganze Reihe von Klerikern nahm aktiv am Revolutionsgeschehen teil und stellte ihre seelischen Angelegenheiten zurück. Einer ging zur Armee und wurde General.

25 Prozent waren Anhänger der Zivilkonstitution, im guten Glauben, ohne sich innerlich von der katholischen Kirche zu trennen, und haben sich der gottlosen Dechristianisierungskampagne entgegengestellt. Viele verheiratete Priester glaubten sich durch die Gesetzgebung des Nationalkonvents zur Eheschließung berechtigt. Ein Teil der konstitutionellen Bischöfe stimmte der Eheschließung ihres Klerus zu. Die Mehrheit dieser Bischöfe lehnte sie entschieden ab, entfernte verheiratete Priester vom Amt und war bereit, dafür auch Kerkerhaft auf sich zu nehmen.

Ein großer Teil der verehelichten Priester beantragte vor oder nach der Eheschließung die „Déprêtrisierung", den Verzicht auf das Priesteramt. Das große Vorbild waren hier Erzbischof Göbel, ein Großteil seiner Bischofsvikare und 400 Pariser Priester. Viele Priester setzten auch nach der „Déprêtrisierung" ihren Dienst fort, ein Zeichen dafür, dass sie rein unter Zwang gehandelt hatten und im Akt der Amtsniederlegung eine bloße Formalie gegenüber der Revolutionsregierung sahen.

Nonnen auf dem Schafott

Ein Hauptziel der Verfolgung waren neben den Priestern die Ordensfrauen. Stellvertretend für viele andere sollen hier die Schwestern von Compiègne, Orange und Valenciennes dargestellt werden. Auffällig ist, dass sich die Verfolgungswut am Ende der Schreckenszeit gegen diesen Personenkreis wendete. Der Grund dafür dürfte darin liegen, dass man unter dem Klerus kaum noch potentielle Opfer fand.

Die Karmelitinnen von Compiègne

Mitten in Paris, im 12. Arrondissement, in der Nähe der gleichnamigen Metrostation, liegt der einzige Privatfriedhof von Paris: Picpus. Der Friedhof ist nur wenige Minuten von der Place de la Nation entfernt, wo vom 13. Juni bis zum 28. Juli 1794 jeden Tag 55 Menschen hingerichtet wurden. Ihre Leichname wurden in Massengräbern auf dem besagten Friedhof verscharrt. Ihre Namen sind an der Wand des Friedhofs verzeichnet, darunter 108 Adelige, 108 Priester, 178 Offiziere, 579 Nichtadelige. Unter den Namen der hingerichteten Frauen, die dort genannt sind, befinden sich 51 Adelige, 123 Nichtadelige und 23 Nonnen, unter ihnen die 16 Karmelitinnen von Compiègne im Alter von 29 bis 78 Jahren, die das *Veni Creator Spiritus* sangen, als sie zum Schafott geführt wurden.

Der Karmel von Compiègne war 1641 unter dem Namen „Mariä Verkündigung" gegründet worden. Viele junge Frauen waren bis zu Beginn der revolutionären Wirren dort eingetreten. Nach der gängigen Revolutionsforschung hatten Frauenklöster in dieser Zeit, im Gegensatz zu den Männerklöstern, eine steigende Zahl von Novizinnen zu verzeichnen. Dies galt vor allem für die kontemplativen Orden.

Die folgenden Daten zeigen, welchen Zwängen die Schwestern im Verlauf der Revolution unterworfen waren: Am 13. Februar 1790 wurden die feierlichen Gelübde verboten. Darum war Schwester Konstanza noch Novizin, als sie hingerichtet wurde. Am 6. April 1792 wurde das Tragen des Ordenskleides verboten. Die Schwestern behielten jedoch ihr Habit an, weil sie nicht die Mittel besaßen, andere Kleider zu kaufen. Am 17. August 1792 wurden alle Frauenklöster geschlossen. Im September 1792 wurde das Mobiliar des Klosters versteigert, und die Schwestern mussten ihren Konvent verlassen. Sie bildeten drei kleine Gemeinschaften, die fest miteinander verbunden waren. Das war ungewöhnlich, zeigte aber die Vitalität der Gemeinschaft. In jeder kleinen Gruppe führten sie ihr Leben nach den Ordensregeln fort. Probleme hatten sie, weil der Priester, der sie betreute, am 30. November 1792 ins Exil ging und seine Kirche wenige Tage später geschlossen wurde. Die Priorin fasste in dieser Zeit den Entschluss, sich Gott als blutiges Opfer für den Frieden der Kirche und Frankreichs anzubieten. Die Schwestern schlossen sich dem Gelübde an. Die beiden älteren Schwestern kämpften einen langen inneren Kampf, um sich dazu durchzuringen. Anfang Juni denunzierte man die Karmelitinnen, weil sie ihr gemeinsames religiöses Leben weiterführten, und eine Untersuchungskommission wurde eingesetzt.

Aus der Verehrung des Herzens Jesu, das in der Ikonographie von einer Königskrone geziert wird, schlossen die Revolutionsbeamten auf die royalistische Gesinnung der Schwestern. Den Funktionären war verborgen geblieben, dass diese Andachtsform in Frankreich weitverbreitet war.

Am 6. Juni 1794 wurden die Nonnen verhaftet und in ein anderes Kloster gebracht, das zwischenzeitlich in ein Gefängnis umgewandelt worden war. Hier trafen sie auf Benediktinerinnen, die dort inhaftiert waren. Am 12. Juli wurden die Nonnen auf Karren nach Paris gebracht. Sie hatten wieder ihren Habit angezogen. Der Prozess gegen die Karmelitinnen fand am Fest Unserer Lieben Frau vom Berge Karmel statt, einem hohen Festtag des Ordens. Der Chefankläger warf den Nonnen als Hauptanklagepunkt Fanatismus vor. Die Priorin erwiderte, es gehe um die Liebe zur Religion, was beweise, dass sie aus Hass gegen den Glauben verurteilt worden seien, sie seien Märtyrerinnen.

Als der Prozess zu Ende war, war es schon 17 Uhr und die Nonnen hatten den ganzen Tag nichts gegessen. Die Priorin gab jetzt jeder Schwester ein Stück Schokolade, das sie vorher besorgt hatte. Auf dem Weg zum Richtplatz sangen die Schwestern die monastischen Tageszeiten, die Vesper, die Komplet, das Totenoffizium, den Psalm *Miserere* und das *Salve Regina.* Sie sangen die ganze Strecke hindurch, die zwei Stunden dauerte. Es waren an diesem Tag 40 Verurteilte, die zum Schafott geführt wurden. Die Menge, die dafür bezahlt wurde, dass sie laut schrie und johlte, blieb still. Sätze wie die folgenden, welche die Zuschauer sprachen, wurden übermittelt: „Sehen sie nicht aus wie Engel?" „Diese Frauen werden geradewegs ins Paradies eingehen". Als erste trat die junge Novizin den Weg zum Fallbeil an. Sie bat die Priorin um Erlaubnis, für den Glauben sterben zu dürfen, und stimmte den Psalm *Laudate omnes gentes* an, den Theresa von Ávila, die Reformerin des Karmeliterordens im 16. Jahrhundert, bei jeder Gründung eines neuen Klosters gesungen hatte. Als letzte stieg die Priorin auf die Guillotine. Auf dem Weg zum Fallbeil hatten die Nonnen die ganze große Liturgie ihres Ordens zelebriert, und sie beendeten sie auf dem Schafott als blutiges Opfer für Frankreich und die Kirche.

Zusammen mit anderen Opfern ruhen sie in Massengräbern auf dem Picpusfriedhof, einer heiligen Stätte von Paris und von ganz Frankreich. Zehn Tage nach ihrem Tod wurde Robespierre verurteilt und hingerichtet. Paris hörte allmählich auf, ein großes Schlachthaus zu sein. Gertrude von Le Fort und Georges Bernanos haben diesen Frauen ein literarisches und ergreifendes Denkmal gesetzt.

Die Nonnen von Orange

Ebenfalls gegen Ende der Schreckenszeit wurden in Orange 32 Nonnen und die gleiche Anzahl Priester hingerichtet. Die konzentrierte Aktion wirft die Frage auf, warum man gerade zu diesem Zeitpunkt gezielt gegen Schwestern vorging, besonders wenn man bedenkt, dass fast zeitgleich Ursulinen in Valenciennes exekutiert wurden.

Die Schwestern verteilten sich auf folgende Kongregationen: 16 Klosterfrauen waren Ursulinen und gehörten den Konventen in Bollène (zehn Schwestern), Pont-Saint-Esprit (fünf Schwestern) und Avignon (eine Schwester) an. 14 Nonnen gehörten der Gemeinschaft vom heiligen Sakrament in Bollène an, und zwei waren wahrscheinlich Benediktinerinnen aus Avignon.

Die Initiative, gegen die Klosterfrauen vorzugehen, ging von dem Nationalagenten Go aus, einem ehemaligen Pariser Notar, der beruflich gescheitert war. Er drängte die örtlichen Beamten, mehr revolutionären Eifer zu entfachen und zu prüfen, ob der Eid auf die Verfassung von Geistlichen und Ordensleuten geschworen worden sei. Falls das nicht der Fall sei und sie den Eid verweigerten, seien sie als Verdächtige zu behandeln, d. h. hinzurichten.

Ab dem 17. April 1794 fanden in Bollène Verhöre statt, und am 1. Mai wurden die Nonnen in Henkerkarren morgens um sechs nach Orange transferiert; der Morgen vor der Abfahrt war von Todesangst und Gebeten erfüllt. Es war ein Kampf zwischen Natur und Jugend und dem Glaubensleben, das sie bisher geführt hatten. Sie wussten, dass sie in den sicheren Tod gingen, sie wussten aber auch, dass die Palme des Sieges auf sie wartete.

Das waren ihre Gefühle, als sie eskortiert von Polizisten durch die Provence mit ihrem Licht und ihrem Duft fuhren. Ein Mann, der ihnen begegnete, sagte etwas zu laut: „Arme Lämmer, die man zum Schlachthaus führt."

Im antiken römischen Theater, das *Prison du cirque* hieß, verbrachten sie die letzten Tage ihres Lebens. Es war das abscheulichste Gefängnis der Stadt. Monsieur Maugines, der auch dort gefangen war, hat uns folgende Beschreibung hinterlassen: „Das Aussehen der Prison du cirque ist abscheulich. Es ist eines der antiken Gebäude, die aus schwarzen Steinen erbaut sind. Es hat einen weniger breiten Hof. Am Ende ist ein Haufen Stroh voller Unrat aufgeschüttet. Mehr als 200 Personen, die Todesblässe auf dem Gesicht, die Seele versunken in Verzweiflung. Sie haben kein anderes Asyl für den Tag und für die Nacht, als dieses, wo sie essen und zugleich ihre Bedürfnisse verrichten mussten."

Am 3. Juni ließ der öffentliche Ankläger den Gefangenen Papier und Feder wegnehmen und jeden Kontakt untersagen, sei es mündlich oder schriftlich. Der Aufenthalt dort war von nun an eine Hölle, eingepfercht in den zu engen Verliesen, der erzwungenen Untätigkeit ausgeliefert, der Langeweile und der Verzweiflung, erlebten die Gefangenen das Entsetzen und den Pesthauch des Todes.

Wie sah der Tagesablauf der Gefangenen aus? Um neun Uhr kam der Generalankläger, um den Appell für die Hinzurichtenden des Tages zu verlesen. Diejenigen, deren Exekution verschoben worden war, sangen mit ihren Mitschwestern, die geopfert werden sollten, das *Veni Creator Spiritus.* Der Nachmittag verging mit religiösen Andachten, mit dem Gebet des Kreuzweges und einer Meditation über die Sieben Letzten Worte am Kreuz. Am Abend betete man die Sterbegebete und empfahl seine Seele Gott. Der Tag endete mit dem *Te Deum* und dem Psalm *Laudate omnes gentes.* So lief das Leben dieser Nonnen auf den Höhepunkt christlichen Lebens hin, auf den Tod, auf den Transitus von der Welt der Schuld und des Verfallens an das Böse, das die Schwestern existentiell erfuhren, in das Leben mit Gott.

Etwa zeitgleich mit den Nonnen starben 32 Priester aus der Region den Märtyrertod. 22 waren Weltpriester, zehn waren Ordensleute. Sie gehörten folgenden Gemeinschaften an: ein

Augustiner, ein Jesuit, zwei Kapuziner, ein Karmelit, drei Rekollekten, zwei Trinitarier. Zwei Priester waren Generalvikare und zwei Kanoniker. Sie stammten aus folgenden Städten und Orten: Avignon, Bollène, Carpentras, Cavaillon, Valentras und kleineren Orten im Umkreis dieser Städte.

Die Ursulinen von Valenciennes

Um 1700 wirkten in Frankreich 9.000 Ursulinen in 350 Ordensniederlassungen. Die Nonnen waren vor allem im Schuldienst tätig. Nicht nur in der Region Orange wurden diese Ordensfrauen Opfer der *Terreur* der Französischen Revolution, sondern auch in Valenciennes an der Grenze zum heutigen Belgien. Hier fanden die entscheidensten Schlachten des Revolutionskrieges bei Jemappe, Neerwinden und Fleurus statt. Während in den ersten Schlachten die Franzosen siegten, erlitten sie bei Neerwinden eine herbe Niederlage, und General Dumouriez, der Held von Valmy, der die Ostarmee führte, lief zu den Österreichern über.

Nach Neerwinden hatten sich die Nonnen in die französischsprachigen Gebiete jenseits der Grenze zurückgezogen, wohl aus zwei Gründen. Zum einen war Valenciennes Kriegsgebiet, und die Schwestern waren zum anderen hier nicht der Verfolgung durch die religionsfeindlichen revolutionären Kräfte ausgesetzt. Nach dem französischen Sieg bei Fleurus kehrte man nach Valenciennes zurück. Kaum in ihrer Heimat angekommen, wurden sie wegen zweier angeblicher Delikte angeklagt: der unerlaubten Emigration und der Führung einer christlichen Schule.

Fünf von elf Nonnen starben am 17. Oktober unter der Guillotine. Einstimmig erklärten sie, dass sie für den katholischen Glauben sterben wollen. Doch sechs Ursulinen fehlten. Sie waren bei der Verhaftung in den Dörfern tätig gewesen. Als sie von der Hinrichtung ihrer Mitschwestern erfuhren, meldeten sie sich freiwillig, und die jüngste unter ihnen sagte: „Die ehrwürdige Mutter hat uns gelehrt, tapfer zu sein, und jetzt sind wir es." Unter dem Gesang des Psalmes *Laudate omnes gentes* stiegen sie aufs Schafott. Von Sr. Joséphine Leroux wird berichtet, dass sie dem Henker noch die Hand küsste, bevor sie ihr Haupt unter das Fallbeil legte. Ihr Leichnam wurde wie der ihrer Mitschwestern verscharrt und konnte nicht wiedergefunden werden.

Papst Benedikt XV. hat die Märtyrinnen von Valenciennes 1920 seliggesprochen.

Neuntes Kapitel –
Frauen und Kinder während der Französischen Revolution

Über die Frauenfrage im Verlauf der Französischen Revolution liegt eine reiche Literatur vor. Äußerst spärlich dagegen sind die Untersuchungen darüber, wie es den Kindern während dieser Zeit erging. Auch hier ist es hilfreich, die Revolution nicht en bloc zu betrachten, sondern die Zeit der *Terreur* von der Verfassungsrevolution abzugrenzen.

Eher positiv ist die Gleichstellung der unehelich geborenen Kinder mit den ehelich geborenen zu betrachten. Die Schaffung von Primarschulen dagegen kam wegen der revolutionären und kriegerischen Wirren kaum zum Zug und setzte erst nach der Schließung der kirchlichen Schulen im Sommer 1792 ein. Viele Schulen der Kirche hatten ein hohes Bildungsniveau, und fast alle Revolutionsführer kamen aus den katholischen Schulen.

Die damals in allen Ländern verbreitete Kinderarbeit war kein Problem, dem sich die Revolution stellte. Auch während der Revolution waren die Kinder voll in den landwirtschaftlichen Betrieben integriert, und Kinderarbeit in Manufakturen und in den Bergwerken war an der Tagesordnung. Während des Krieges mussten die Kinder beim Herstellen von Patronen und beim Nähen von Militärzelten helfen. Wiederholt wurden die Jungen und Mädchen aufgefordert, Salpeter, den man für die Herstellung von Pulver benötigte, an alten Gebäuden und in Kellern abzukratzen. Überhaupt stellte sich das Problem der Kinderarbeit erst ein Jahrhundert später.

Zur Zeit der Entchristlichung spielten, wie schon gesagt, die Kinderheiligen eine große Rolle. Sie dienten der revolutionären Propaganda, und die jugendlichen Helden sollten für die Revolution werben.

Ein Gesetz verbot es, den Kindern „fanatische" Gedanken einzuflößen. Gemeint waren damit religiöse Inhalte und Gefühle. Bibeln und Katechismen waren abzuliefern. Wahrzeichen des

„Fanatismus" waren aus den Schulzimmern zu entfernen. Das heißt, es durfte in den Schulen keine Kreuze mehr geben. Sie sollten durch die neue, eingerahmte Verfassung und die Phrygiermütze ersetzt werden. Viele Eltern waren mit den Veränderungen nicht einverstanden und schickten ihre Kinder nicht mehr in die Schule.

Lobenswert an sich ist die Einführung des Schulsports. Aber der Sport in der Schule diente vornehmlich der vormilitärischen Ausbildung. In manchen Schulen wurden Kinderbataillone aufgestellt und in den Grundlagen der Kriegsführung ausgebildet. Es gab auch Internate, in denen eine komplette vormilitärische Ausbildung stattfand. Die Nahrung, die Zeiteinteilung und der Unterrichtsstoff waren komplett auf militärische Bedürfnisse eingestellt. Der Plan von Saint-Just, Frankreich in eine Art Sparta zu verwandeln, blieb also keine bloße Utopie, sondern führte zu Realisierungsversuchen. Die Nähe zu politischen Systemen des 20. Jahrhunderts liegt auf der Hand.

Das Massaker von Lucs-sur-Boulogne

Während der Zweihundertjahrfeiern zur Französischen Revolution veröffentlichte die renommierte Tageszeitung *Le Monde* einen Artikel mit dem Titel „Oradour-sur-Glane in der Vendée". Tatsächlich war am 28. Februar 1794 in Lucs-sur-Boulogne eine Greueltat geschehen, die fast haargenau dem von der SS-Division „Das Reich" in Oradour bei Limoges angerichteten Massaker gleicht. An beiden Orten starben über 500 Menschen, die man in die Dorfkirche getrieben hatte, im Gotteshaus eingeschlossen und darin verbrannt hatte, darunter 110 Kinder unter sieben Jahren. Die Zahlen und die Methoden sind fast identisch.

Der Massenmord ereignete sich, als die *Colonnes infernales* unter General Turreau die Vendée durchzogen und eine Taktik der verbrannten Erde verfolgten: Die Einwohner ganzer Dörfer wurden massakriert, die Gehöfte verbrannt, das Vieh auf den Weiden geschlachtet und die Frauen vergewaltigt. Die Kinder spießte man auf Bajonette. Mit am unmenschlichsten verhielt sich der Untergeneral Cordelier. Vor den Ereignissen in Lucs-sur-Boulogne war seine Truppe von dem Vendéegeneral Charette geschlagen worden. Was in Lucs-sur-Boulogne passierte, war also ein Racheakt.

In dem Dorf hielten sich nur Frauen, Greise und Kinder auf. Die Männer befanden sich bei dem Heer des Vendéegenerals Charette. Man trieb sie vor die Kirche und, da das Gotteshaus zu klein war und nicht alle aufnehmen konnte, schlachtete die auf dem Kirchplatz verbliebenen Greise, Frauen und Kinder mit dem Bajonett ab. Dann schloss man die Kirche und beschoss sie mit Granaten. Alle, die in der Kirche waren, kamen in den Flammen um. 1993 wurde im Beisein des russischen Dissidenten und Literaturnobelpreisträgers Alexander Solschenizyn ein Denkmal errichtet, das an das Massaker erinnern soll. In Rom ist ein Heiligsprechungsprozess für die unschuldigen Kinder von Lucs-sur-Boulogne beantragt.

Bei der Ausrottungspolitik gegen die Vendée waren die Kinder voll einbezogen. Nach der Schlacht von Savenay am 23. Dezember 1793 meldete General François Westermann, der Schlächter der Vendée, dem Wohlfahrtsausschuss: „Es gibt keine Vendée mehr, Bürger der Republik. Sie ist unter unseren Säbeln gestorben mit ihren Frauen und Kindern. Ich habe sie gerade in den Sümpfen und Wäldern begraben. Ich habe die Befehle, die Ihr mir gegeben habt, befolgt. Ich habe die Kinder unter den Hufen der Pferde zermalmt, die Frauen niedergeschlachtet, damit sie keine weiteren Banditen mehr gebären können. Ich kann mir nicht vorwerfen, einen einzigen Gefangenen gemacht zu haben. Ich habe sie alle ausgerottet." Der Bericht von Westermann zeigt deutlich, dass es ihm und dem Wohlfahrtsausschuss nicht darum ging, Bürgerkriegsgegner zu besiegen. Das Massaker an den Frauen und Kindern hatte rein ideologische Motive. Alle, die sich nicht in die neue Gussform staatlicher Ordnung einpassen ließen, hatten kein Recht, als Bürger zu existieren – die Priester, die Reichen, die Vendéer mitsamt ihren Kindern.

Sie alle sind Tote gewesen, noch bevor sie durch die revolutionäre Praktik vernichtet wurden, denn sie waren unfähig, neue Menschen im Sinne der Revolution zu werden und eine neue Welt zu schaffen. „Die Eliminierungspolitik stellt eine Pädagogik dar, die dazu bestimmt ist, den anderen zu helfen, zu einer neuen Menschlichkeit zu gelangen", schrieb der Wohlfahrtsausschuss an den Expriester Le Bon, den Politkommissar von Arras. Westermann und Le Bon stellen keine Ausnahmen dar. Diese Politik wurde zumindest von Teilen des Wohlfahrtsausschusses, der als Regierung fungierte, geteilt.

Am offensten und am radikalsten wurden diese faschistoiden Ideen und Methoden von Jean-Baptiste Carrier, dem Politkommissar von Nantes, durchgeführt. Unter den über 4.000 Opfern der Noyaden befanden sich etwa 600 Kinder, die man einfach ins Meer warf. Im Politjargon, der an die Nazizeit erinnert, hieß es, man schicke die Kinder zum Perlenfinden. Zahllose Kinder kamen vor allem um, als die *Colonnes infernales* die Vendée durchzogen, die Dörfer verbrannten, die Frauen vergewaltigten, die Greise ermordeten und die Kinder mit ihren Bajonetten aufspießten. Nicht alle Generäle gingen auf diese brutale Weise vor, wohl aber General Cordelier und andere.

Eine ganze Reihe von Berichten und Erinnerungen, die später aufgeschrieben wurden, erzählen von diesen Mordbubereien, die auch die Schlächtereien von Kindern einschließen. So schrieb der Politkommissar Lequinio: „Man hat Frauen mit Kindern an der Mutterbrust gesehen, von einem Bajonett aufgespießt oder mit der Pike erschlagen, die Mutter zusammen mit dem Kind". General Amey, ein Offizier ähnlichen Kalibers wie Cordelier, ließ Backöfen heißmachen und Frauen und Kinder lebendig hineinwerfen. Als man ihm Vorhaltungen machte, sagte er: „Auf diese Weise backt die Republik ihr Brot."

Kinder von Rebellen hatten bei manchen Revolutionären keinen eigenen Wert, da man nicht erwartete, dass aus ihnen neue revolutionäre Menschen werden könnten, aus denen eine neue Welt entstehen könnte.

Leiden und Tod eines Königskindes

Der ehemalige Diplomat und heutige Ordenspriester Jean Charles-Roux hat als intimer Kenner der Materie dem „Leiden und Kreuz eines französischen Königskindes" im *Schwarzbuch der Französischen Revolution* ein Kapitel gewidmet. Auch dieses Schicksal eines besonderen Kindes ist lehrreich.

Am 3. Juli 1793 war Marie Antoinette mitgeteilt worden, dass ihr Sohn, der erst achtjährige Thronfolger Charles Louis, interniert werden sollte. Die Mutter und das Kind wehrten sich aus Leibeskräften. Zum Abschied sagte die Mutter: „Mein Sohn, wir werden uns nun trennen, denken Sie immer an Ihre Pflichten gegenüber Gott, der mit uns empfindet, und an Ihre Mutter, die Sie liebt." Charles Louis wurde in die Räumlichkeiten gebracht, in denen sein Vater, der König, sich vor seinem Tod aufgehalten hatte. Von den drei Zimmern war das erste für die Kommissare bestimmt, das zweite für die Frau des Schusters Simon, der das Königskind bewachte, das dritte für den jungen König. Er schlief hier mit seinem Kerkermeister. Die ersten drei Wochen lag er über einen Stuhl gebeugt und weinte so laut, dass seine Mutter es in den oberen Stockwerken hörte. Er verweigerte jede Nahrung außer ein paar Brotkanten.

Das Kind versank aber nicht in seiner Niedergeschlagenheit, sondern raffte sich auf und bat seinen Bewacher, ihm das Dekret zu zeigen, das seine Internierung anordnete. Simon antwortete mit einer Schimpfkanonade und schrie, dass er aus einer Schlangenrasse stamme, er habe nicht zu fragen, sondern nur zu gehorchen. Wenn Charles Louis in den Hof gelassen wurde, stellte er den Polizisten aber die gleichen Fragen. Der beunruhigte Simon wandte sich an seinen Freund Marat und fragte, wie er sich gegenüber dem Jungen zu verhalten habe, und jener antwortete: „Nicht töten, nicht vergiften, sondern sich seiner entledigen". Dieser Aufgabe widmete sich Simon mit seiner ganzen Leidenschaft und seinem brutalen Temperament.

Doch Ludwig XVII., wie ihn Royalisten bis heute nennen, hatte gelernt, nicht zu hassen. Simon fragte ihn, was er tun würde, wenn die Vendéer in Paris einfielen und den Thron wiederherstellten, und der kleine König antwortete: „Ich würde Euch verzeihen!" Simons Laster war der Alkohol. Er servierte stark gewürzte Speisen und stellte kein Wasser, sondern Wein auf den Tisch und machte das Kind davon betrunken, worauf er das Kind zwang, revolutionäre Lieder zu singen und Beleidigungen gegen seine Familie auszustoßen, und zwar die vulgärsten, so dass seine Mutter sie hören musste. Doch ein Wort schrie der kleine König nie, so sehr man ihn auch dazu zwingen wollte: „Es lebe die Republik!" Der Schuster glaubte einmal, das Kind beim Onanieren entdeckt zu haben. Auf die Frage, wo es das gelernt habe, sagte es arglos: „Bei meiner Mutter". Aufgrund dessen beschuldigte Hébert die Königin beim Prozess des Inzests. Das war sogar Robespierre zuviel. Als Simon eines Nachts aufwachte und den Prinzen auf seinem Strohsack knien und beten sah, überschüttete er das Kind mit eiskaltem Wasser und ließ es vor Kälte schlotternd liegen. Bei den Mahlzeiten ließen sich die Schustersleute von dem Prinzen bedienen. Wenn Tropfen von der Sauce auf das Tischtuch fielen, wurde er hart und unerbittlich gestraft. Zu seinen Pflichten gehörte es, dem Kerkermeister und seiner Frau die Füße zu waschen. Solche Behandlungen wuchsen mit der Zeit an und wurden so heftig, dass Frau Simon beunruhigt war. Doch der Schuster war sich keines schuldhaften Verhaltens bewusst; denn seine Aufgabe war es ja, „nicht zu töten, nicht zu vergiften, sondern sich seiner zu entledigen". Schließlich wurde Simon eine andere Aufgabe zugewiesen.

Sechs Monate musste der kleine Junge von acht Jahren in völliger Einsamkeit in einem Zimmer verbringen. Es war ein Zimmer ohne Tageslicht, ohne Beleuchtung in der Nacht, ohne Heizung im Winter. Durch einen Schalter wurde ihm das Essen gereicht. In den Zwischenzeiten schrie man ihm zu: „Capet, steh auf, du Schlangenbrut!" Kommissare, die sich um den kleinen Jungen kümmerten, wurden fristlos entlassen. Man fühlt sich an ein Wort von Danton erinnert: „In dieser Republik feiern blutgierige und geile Lumpen sich selbst. Die Autorität bleibt bei den Verbrechern." Was fühlte und dachte der kleine Louis, was waren seine Empfindungen? Der Glanz von Versailles, die Eleganz des Trianon? Oder waren es die Köpfe der Leibwächter, die man auf Piken gesteckt hatte und der Karosse, die die Königsfamilie nach Paris brachte, vorantrug? Aus Hoffnungslosigkeit und Resignation hörte Louis auf, sein Zimmer zu kehren, sich zu waschen, sein Bett zu benutzen. Er stand nicht mehr auf, wenn er zum Schalter gerufen wurde. Er verbrachte den ganzen Tag damit, auf dem Strohsack zu liegen. Wegen des Gestanks schloss man den Vorhang des Schalters.

Um die Tür wieder zu öffnen, musste man auf den Sturz Robespierres warten und auf den Machtwechsel. Die Änderung geschah schnell, Barras, der Chef des Direktoriums, ging selbst zum *Temple* und anderen neuralgischen Punkten von Paris. Simon landete unter der Guillotine. Als der neue Wächter, Laurent, ein junger Geheimagent der Regierung, die Tür zum Zimmer öffnete, in dem Louis eingeschlossen war, fanden er und die Kommissare dort die Luft so verpestet, dass sie fast in Ohnmacht fielen, denn zu ihren Füßen häuften sich Berge von Abfällen, Nahrungsresten und Exkrementen. Es wimmelte von Ameisen, Spinnen, Mäusen und Flöhen. Was den kleinen König betraf, so war sein Körper eingesunken und wie zusammengeschrumpft, er lag auf Stroh auf dem Fußboden, seine Kleider waren Lumpen, sein Haar voll von Ungeziefer, seine Glieder anormal verlängert. Er schrie vor Schmerzen, als man versuchte, ihn aufzurichten, und kaum auf den Füßen, fiel er sogleich mit dem Kopf voran auf den Boden. Er sagte nur schwach, aber so pathetisch für ein Kind von neun Jahren: „Lasst mich sterben!"

Laurent unternahm sofort alles Notwendige, um das Kind wiederherzustellen, und begegnete ihm mit Zuneigung und Einfühlsamkeit. Niemals zum Beispiel nannte er das Kind Capet, sondern immer Monsieur Charles, da er sich erinnerte, dass er Charles Louis getauft worden war. Er beantragte vom Sicherheitsausschuss, seinen jungen Gefangenen in lauwarmem Wasser zu waschen. Dabei zeigte sich, dass sein Kopf und sein ganzer Körper mit Abszessen und Furunkeln übersät waren. Medizinische Anwendungen, die Wochen dauerten, haben den Patienten oft leiden lassen bis zu dem Punkt, dass er vor Schmerzen schrie, aber er entschuldigte sich dafür und bedankte sich bei denen, die ihm diese Sorge zukommen ließen. Ohnehin sprach er niemals den geringsten Vorwurf oder die leiseste Anklage gegen die aus, die ihn so quälten. Ohne Zweifel hatte er behalten, was sein Vater, Ludwig XVI., ihm erklärt hatte: „Die Franzosen sind nicht böse, sondern verwirrt".

Gegen Ende seiner Gefangenschaft wurden zwei Wächter eingestellt, die ihn über alles liebten und in ihm ihren König verehrten. Einer hieß Gomin und war Schreiner von der Île Saint-Louis, ein royalistischer Agent in der Geheimorganisation des Marquis de Fenouil. Der andere, Lasne, hatte den kleinen König gekannt, als er als Hauptmann der Nationalgarde in den Tuilerien Dienst getan hatte. Doch alle Hilfe, die dem Königskind zuteil wurde, kam zu spät. Er fand zumindest einen friedvollen Tod. Gomin und Lasne standen dem jungen König in den letzten Tagen seines Lebens bei. Am 7. Juni 1795 fand Gomin den kranken Kronprinzen in etwas besserem Zustand, die Farbe frischer, die Augen lebhafter und seine Stimme kräftiger. Aber ein Zug von Bitterkeit war dennoch bei ihm zu spüren. „Ich bin immer allein! Meine Mutter ist im anderen Turm geblieben", sagte er. Gomin kniete nieder, um näher bei ihm zu sein, und begann zu beten. „Die Musik, die von oben kommt, ist schön", sagte der Knabe plötzlich. „Mitten unter den anderen Stimmen habe ich die Stimme meiner Mutter erkannt." Noch einmal richtete sich der Blick des Kindes nach oben, dann fragte es: „Glaubst du, dass auch meine Schwester die Musik gehört hat?" Darauf sank der Kopf des Königskindes auf die Brust von Lasne, der den Dienst übernommen hatte. Der Wächter legte seine Hand auf das Herz des Kindes, es hatte aufgehört zu schlagen.

Am 9. Juni untersuchten die Mitglieder des Sicherheitsausschusses den Tod des Prinzen. Sie taten so, als ob ihnen der Tod des Jungen gleichgültig wäre, ordneten aber die Untersuchung der Leiche an, damit kein Verdacht aufkäme, das Königskind sei vergiftet worden. Der Arzt, der den Leichnam untersuchte, entnahm ihm das Herz. In einer feierlichen und ehrfurchtsvollen Zeremonie wurde es nach einer DNA-Analyse erst vor einigen Jahren in der Königsgruft von Saint-Denis beigesetzt, unter großer Anteilnahme der Familie Bourbon, der Kirche, der Regierung und der Bevölkerung von Paris. Am 10. Juni legte man den Prinzen nackt in einen einfachen Sarg. Nur einer hatte Mitleid und holte ein Leinentuch. Unter starker Bewachung wurde der Leichnam zum Friedhof Sainte-Marguerite gebracht. Kein Kreuz und kein Grabstein bezeugten den Ort des Massengrabes, wo man ihn verscharrt hat. Zwei Tage stand eine Wache am Grab, um die Wegnahme der Leiche zu verhindern.

Die Geschichte der einsamen Haft von Charles Louis vom 3. Juli 1793, als er aus den Armen seiner Mutter gerissen wurde, bis zu seinem Tod am 8. Juni 1795 ist ein schmachvolles Blatt in der Geschichte Frankreichs, ein wohlüberlegter Mord seines Leibes wie seiner Seele, ein Verbrechen, das fast zwei Jahre andauerte. Wie sagte doch ein Mitglied des Gemeinderates von Paris zu dem kleinen König? „Er wird ein Dummkopf werden oder ein Idiot, bevor fünf Dekaden vergehen, wenn er nicht vorher krepiert." Als der Prinz das hörte, hatte er Tränen in den Augen und sagte: „Ich habe niemandem etwas zuleide getan!" (Weiß, Weltgeschichte, Bd. 18, S. 701).

So ging man zur Zeit der Schreckenszeit mit einem Königskind um, wohl aber auch mit anderen Kindern.

Marie Thérèse Charlotte de Bourbon

Ein ähnliches Schicksal wie der Kronprinz Charles Louis hatte seine Schwester Marie Thérèse Charlotte. Sie wurde am 19. Dezember 1778 in Versailles geboren, war also zu Beginn der Revolution elf Jahre alt. Zusammen mit der königlichen Familie wurde sie nach dem Sturm auf die Tuilerien im *Temple* gefangengesetzt. Die Königin und Madame Elisabeth unterrichteten sie hier in Musik. Überhaupt wuchs die königliche Familie hier zusammen.

Nach der Hinrichtung des Königs und sicher vor der Ermordung Marie Antoinettes im Oktober 1793 wurde Marie Thérèse Charlotte von der Familie getrennt und wie ihr Bruder in Isolationshaft gehalten. Dafür spricht, dass sie das Sprechvermögen verloren hatte und mühsam wieder sprechen lernen musste. Am Schicksal ihres Bruders nahm sie regen Anteil, aber die Bitte, sich um ihn kümmern zu dürfen, wurde ihr nicht gewährt. Ein nicht bestätigtes Gerücht erzählt, dass sie in der Gefangenschaft geschwängert wurde.

Teilweise verbrachte Marie Thérèse Charlotte die Zeit in Isolationshaft. Für die Teenagerin von 14 oder 15 Jahren war das nicht einfach, zumal sie durch die Überführung der Königsfamilie von Versailles nach Paris, wobei der Kutsche die abgeschlagenen Köpfe von Leibwächtern auf Piken vorangetragen wurden, und durch die Erstürmung der Tuilerien und dem damit einhergehenden Massaker an der königlichen Garde traumatisiert war; dennoch konnte sie die schlimmen Erfahrungen und Demütigungen wohl etwas leichter ertragen als ihr wesentlich jüngerer Bruder.

Nach der Hinrichtung Robespierres wurde ihr eine Pflegerin beigegeben, die ihr half, die Leiden der Gefangenschaft zu ertragen und die Sprache wiederzugewinnen. An Weihnachten 1795 wurde sie gegen französische Gefangene an die Österreicher ausgetauscht. Sie heiratete ihren Cousin, den Herzog von Angoulême, und setzte sich zeit ihres Lebens für das Haus Bourbon, das ihr teuer war, ein. Wenn man ihr Schicksal mit dem ihres Bruders vergleicht, kann man nur sagen, dass sie Glück gehabt hat.

Zur Zeit des Thermidors, das zeigen beide Lebensläufe, war die kriminelle Energie, die selbst vor der psychischen und physischen Vernichtung von Kindern nicht zurückschreckte, wesentlich zurückgegangen.

Die Rolle der Frauen in der Revolution

Von den sozialen und wirtschaftlichen Verhältnissen der Revolutionszeit waren vor allem die Frauen betroffen, denn sie waren für die Hauswirtschaft und die Ernährung der Familie zuständig. Die Frau musste die stets hungrigen Kinder versorgen und einen Großteil ihrer Zeit opfern, um Lebensmittel für ihre Familie beschaffen. Dazu mussten sich die Frauen oft schon um vier oder fünf Uhr morgens an den Läden anstellen.

Da die Schwierigkeiten immer größer wurden und die Frauen sich oft nicht anders zu helfen wussten, kam es zu Plünderungen von Läden, und sie zwangen die Bauern und Händler, die Lebensmittel billiger abzugeben. Politisch drangen sie auf die Einführung von Höchstpreisen. Aus Versorgungsengpässen entstanden auch die *Journées* der Revolutionszeit, wie der „Zug der Marktweiber“ nach Versailles, um die königliche Familie nach Paris zu holen. Der Aufenthalt der *Famille royale* sollte die

Versorgung der Hauptstadt mit Brot garantieren. „Wir bringen den Bäcker, die Bäckerin und den Bäckersjungen", lautete ja das Motto dieses Zuges.

Unverständlich bleibt, warum man Leibgardisten ermordete und ihre Köpfe der Kutsche der königlichen Familie vorantrug. Auch die Beteiligung von Frauen an der Erstürmung der Bastille und der Sturm auf die Tuilerien hatten mit Brotunruhen zu tun.

Die arbeitende Bevölkerung musste einen Großteil ihres Lohnes für Brot ausgeben. Brot war das wichtigste und in Notzeiten auch das einzige Nahrungsmittel. Der durchschnittliche Tagesbedarf eines Erwachsenen machte anderthalb Pfund Brot aus, und man kann errechnen, wieviel eine vier- bis fünfköpfige Familie benötigte.

Die Aktivität der Frauen beschränkte sich aber nicht nur auf sozial und wirtschaftlich motivierte Erhebungen. Man wollte es den Männern gleich tun und traf sich in Clubs und auf den Zuschauerrängen der Nationalversammlung. Durch Denkschriften und Petitionen versuchten Frauen, Einfluss auf das politische Leben zu nehmen.

Ab 1790 bildeten sich Clubs und Gesellschaften, die ausschließlich weibliche Mitglieder zählten, wie der *Cercle patriotique* und die *Sœurs de la Constitution.* Daneben gab es noch eine gemischtgeschlechtliche Gesellschaft, die *Société fraternelle des deux sexes.* Die Frauen dieser Clubs widmeten sich wohltätigen und patriotischen Zielen. Sie setzten sich für die sozial Benachteiligten ein und unterstützten die Soldaten an der Front. Sie nähten Zelte und strickten für die Soldaten und wurden deshalb auch „Strickweiber" genannt. Als sich die Revolution noch stärker radikalisierte, wurden diese Frauen militanter, was sich in ihren politischen Forderungen zeigte.

Einer der radikalsten Clubs war der Club der *Citoyennes républicaines révolutionnaires* von Claire Lacombe und Pauline Léon, welcher der radikalsten Bewegung der Revolution, den *Enragés* von Jacques Roux und Leclerque nahestand. Die revolutionären Republikanerinnen trugen die langen Hosen der Sansculotten, die Kokarde und die Jakobinermütze. Sie bewaffneten sich mit Piken und verlangten die Aufstellung eines

Amazonenheeres. Ihre weiteren Forderungen waren die Einführung des Maximums, der entschiedene Kampf gegen die Gegenrevolution und die Intensivierung der Dechristianisierungskampagne.

Eine andere Gruppe von Frauen, die aus der Mittel- und Oberschicht stammten und über eine gewisse Bildung verfügten, setzten sich für eine rechtliche Gleichstellung der Frauen ein, scheiterten allerdings mit ihrer Forderung nach der politischen Gleichstellung. Zu dieser Gruppe gehörten Etta Palm, Théroigne de Méricourt und vor allem Olympe de Gouges, der eine eigene Darstellung gewidmet ist.

Etta Palm, die Kämpferin für Frauenrechte, stammte aus den Niederlanden. Sie gründete die „Patriotische Gesellschaft der Wahrheit" und setzte sich für Frauenrechte ein. Als ihr später der Boden in Frankreich zu heiß wurde, kehrte sie nach Holland zurück, geriet aber auch hier in Konflikt mit der Regierung und war längere Zeit inhaftiert.

Théroigne de Méricourt stammte aus Luxembourg. Sie geriet in österreichische Gefangenschaft, war in Kufstein inhaftiert und wurde bald wieder freigelassen. Théroigne stand der *Gironde* nahe, wurde deshalb von den Marktfrauen entkleidet und wüst verprügelt. In Männerkleidung nahm sie an den meisten Aufständen teil. Sie endete wahrscheinlich in einem Pariser Irrenhaus.

In Bezug auf die rechtliche Gleichstellung mit den Männern kamen die Frauen im Verlauf der Revolution ein weites Stück vorwärts. Schon sehr früh kam es zur Einführung der Ziviltrauung. Durch die Trauungszeremonie sollte die revolutionäre Gesinnung gefördert und Ehe und Familie zur Grundlage einer neuen Gesellschaft werden. Die Eheschließung wurde zu einem reinen Verwaltungsakt, an dessen Nüchternheit sich die Paare stießen.

Die Zahl der Eheschließungen stieg in den Revolutionsjahren deutlich an. Dabei spielten drei Gründe eine Rolle. Schon 1792 war das Heiratsalter für beide Geschlechter auf 21 Jahre festgelegt worden, und die Paare heirateten früher, als es bisher üblich war. Ein weiterer Grund war, dass sich mit der Revolution die Hoffnung auf Verbesserung der Lebensbedingungen verband; eine Erwartung allerdings, die kaum in Erfüllung ging. Der Hauptgrund für das Anschnellen der Eheschließungen war, dass Ehemänner von der Berufung zum Militärdienst befreit waren.

Am 20. September 1792 ermöglichte ein Gesetz die Ehescheidung. Am Anfang machten viele Frauen davon Gebrauch. An der Spitze der Scheidungsgründe standen die Unvereinbarkeit der Charaktere und das Fernbleiben des Partners. In Paris wurden während der Revolutionsjahre 3.870 Scheidungen eingereicht. Hoch waren die Scheidungsziffern auch in den Seehäfen und städtischen Zentren. In der Bretagne, der Vendée und in den Gebirgsregionen wurden kaum Scheidungen registriert. Eine Verbesserung erzielten die Frauen 1793. Sie erhielten Verfügungsrecht über das von ihnen eingebrachte Familieneinkommen und damit größere Unabhängigkeit vom Mann. Sie konnten jetzt unabhängig vom Mann Geschäfte tätigen, ihr Vermögen selbständig verwalten und Testamente erlassen. Weiterhin wurde die Schulpflicht für Mädchen eingeführt.

Während eine fast adäquate Rechtsstellung für die Frau erreicht wurde, blieben ihr dagegen alle politischen Rechte versagt. Die Frau besaß kein Wahlrecht und auch nicht das Recht, ein politisches Amt auszuüben.

Einer der wenigen Männer, die öffentlich für die Gleichstellung der Geschlechter eintraten, war der Philosoph, Mathematiker und Politiker Marie Jean Antoine Nicolas Caritat Marquis de Condorcet. Kurz nach der Verkündigung der Menschen- und Bürgerrechte trat er dafür ein, diese in vollkommenem Umfang auch den Frauen zu gewähren. In seinem am 3. Juli 1790 veröffentlichten Essay *Sur l'admission des femmes au droit de cité* (Über die Zulassung der Frauen zu den Staatsrechten) sprach er sich für die Einführung des Frauenwahlrechtes aus. Als Philosoph stand er den Enzyklopädisten nahe und war in religiösen Fragen von Voltaire geprägt, über den er ein Buch schrieb. Als Mathematiker hat er über die Integral- und Wahrscheinlichkeitsrechnung gearbeitet. Condorcet stand den Girondisten nahe und sprach sich gegen die Hinrichtung des Königs aus. 1793 wurde er wie viele andere Anhänger der *Gironde* verfolgt. Er starb auf der Flucht durch Suizid oder an Erschöpfung.

Was die politischen Rechte für die Frauen betrifft, stand Condorcet fast allein. Schwierig war es, die Vorurteile der Männer zu überwinden. Gegen die Thesen von Condorcet stand vor allem die Rousseauische Doktrin, die von Robespierre, den *Montagnards* und den Sansculotten wie ein Glaubenssatz angesehen wurde. Nach dieser Auffassung war der Wirkungskreis der Frau aufgrund ihrer biologischen Beschaffenheit auf Haus und Familie beschränkt. Es widersprach den Gesetzen der Natur, wenn sich die Frau die Stellung des Mannes anmaßte. Unter allen revolutionären Gruppen gab es keine einzige, die für die Beteiligung der Frauen an politischen Fragen eintrat.

Politische Mitwirkungsrechte, die sich die Frauen während der Revolution erkämpft hatten und die geduldet worden waren, wurden bald wieder eingeschränkt. Im Oktober 1793 wurden Clubs, die sich ausschließlich aus weiblichen Mitgliedern rekrutierten, verboten. Im Frühjahr 1794 verbot Robespierre die Teilnahme der Frauen an den Volksgesellschaften. Die antifeministische Politik Robespierres ist weitgehend von seinem Credo bestimmt. Was nicht dem Rousseauischen Dogma entsprach, musste beseitigt werden. Interessant ist, dass alle Vorkämpferinnen weiblicher Emanzipation in der Versenkung verschwanden. Claire Lacombe und Pauline Léon gingen einem ungewissen Schicksal entgegen, Etta Palm musste emigrieren. Théroigne Méricourt starb in einem Pariser Irrenhaus, und Olympe de Gouges, die sich am vehementesten für das Wahlrecht der Frauen eingesetzt hatte, wurde hingerichtet.

Was ist nun die Meinung von Rousseau? Nach dem Gesetz, so meint der Philosoph, schulde die Frau dem Mann Gehorsam. Frauen sind nach ihm unvollkommene Wesen, die große Kinder zu bleiben scheinen. Die Frauen, so sagt Jean-Jacques Rousseau, brauchen während der Schwangerschaft und im Wochenbett Schonung und Ruhe. Um möglichst viele Kinder gebären zu können, müssen sie ein geruhsames und sesshaftes Leben führen. Die Beschaffenheit der Frau beeinflusst ihren Charakter und ihre Intelligenz. Die Frau ist darum dem Mann unterlegen und muss sich ihm unterordnen und sogar Ungerechtigkeiten hinnehmen. Als Sklavin darf sie aber nicht gehalten werden. Ihr komme in der Ehe eine wichtige Rolle zu. Sie sei so etwas wie das Auge, während der Mann der Arm sei und die Führung beanspruchen dürfe.

Die Jakobiner und besonders die Sansculotten unterwarfen sich vollkommen dieser Theorie, und Chaumette, der Syndicus der Pariser Gemeinde, sagte dazu: „Es ist entsetzlich und widerspricht den Gesetzen der Natur, wenn eine Frau sich die Stellung eines Mannes anmaßt. Seit wann ist es den Frauen gestattet, ihrem Geschlecht abzuschwören und sich zu Männern zu erklären? Seit wann ist es üblich, dass die Frauen die ihnen zugewiesenen Aufgaben in Haushalt und Kindererziehung vernachlässigen, um auf öffentlichen Plätzen die Rednertribüne zu besteigen? Hat uns Männer etwa die Natur einen Busen gegeben, damit wir unsere Kinder stillen können?" (Jean-Paul Bertaud, Alltagsleben während der Französischen Revolution, 1987, S. 167).

Ähnlich wie Chaumette ließ sich ein Jakobiner aus Besançon über die Frauen aus: „Nun kommt schon, ihr Frauen, setzt euch nicht in den Kopf, an unserer Arbeit teilhaben zu wollen, unsere Kinder brauchen dringend die Mütter. Bleibt bei euren Spinnrädern. Spinnt das Glück eurer Männer und blickt nicht neidisch auf Federkiel und Schwert, mit denen wir regieren!" (ebd., 168).

Was steckt hinter solchen Reden, die mehr oder weniger frauenfeindlich sind? Zum einen trieben es manche Frauen wirklich toll, wie jene Félicité Duquet aus Versailles, die sich als Mann verkleidete und bis Juli 1794 an der Front kämpfte und den Spitznamen *Va-de-bon-cœur* (mutig voran) erhielt (ebd., S. 169). Manche Frauenclubs in Paris zielten darauf ab, Männerclubs in den Schatten zu stellen und überhaupt Männern die Schau zu stehlen. Übersehen darf man auch nicht, dass gebildete Frauen und Frauen aus dem Mittelstand sich von den *Montagnards* ab- und der *Gironde* zuwandten. Man denke hier an Olympe de Gouges, die Marat als „Missgeburt der Menschheit" titulierte. Schließlich machte sich bei den Sansculotten, die Tausende von Mitgliedern in den Vendéekriegen verloren hatten, die Angst breit, dass die Bevölkerung des Landes zurückgehe und es in der Zukunft an Soldaten fehlen könne.

Olympe de Gouges, Vorkämpferin für Frauenrechte

Während der Französischen Revolution strebten zahlreiche Frauen danach, die gleichen Rechte wie die Männer zu erhalten, und gründeten revolutionäre Frauenclubs. Sie wurden aber bitter enttäuscht. Robespierre und die Jakobiner sowie Hébert und die Sansculotten, hatten das gleiche Frauenbild mit den drei K, das man früher der katholischen Kirche vorgeworfen hat, freilich ohne das Kirchen-K. Eine ganze Reihe militanter Feministinnen wurde verfolgt, und viele von diesen Frauen starben auf dem Schafott. Ein Beispiel dafür ist Olympe Marie de Gouges.

Olympe de Gouges wurde 1748 in Montauban, einer Stadt mit einer starken protestantischen Minderheit geboren. Ihr Vater Pierre Gouze war Metzger, und auch ihre Mutter trug schon den Vornamen Olympe. Olympe de Gouges gab später an, im Marquis de Pompignan ihren unehelichen Vater gehabt haben. Mit 17 Jahren wurde sie mit dem Wirt Yves Aubry verheiratet, der aber kurz nach der Geburt ihres Sohnes Pierre starb. Danach lernte sie einen vermögenden Transportunternehmer kennen und zog mit ihm nach Paris. Olympe war eine strahlende Schönheit und wurde als *Femme galante* bekannt. In Paris begann sie sich mit Literatur zu beschäftigen. Aber da gab es ein Hindernis – sie konnte weder lesen noch schreiben, ja sie konnte nicht einmal Französisch. Damals gab es Pfarrschulen, wo die Kinder lesen und schreiben lernten, aber die waren vor allem für die Jungen gedacht. Im damaligen Frankreich sprach nicht einmal die Hälfte der Bevölkerung Französisch; im Osten, im Elsass und in Lothringen sprach man deutsch, im Südwesten baskisch und in der Bretagne und in Teilen der Normandie bretonisch. Die am stärksten verbreitete Sprache nach dem Französischen war das Okzitanische, das in fast ganz Südfrankreich gesprochen wurde, und Olympe stammte aus dem Languedoc. Das nun waren die Hindernisse für eine Frau, die literarisch tätig werden wollte. Im Selbststudium holte sie die fehlende Bildung nach und veröffentlichte 15 Jahre später ihr erstes Theaterstück, ein Drama gegen die Sklaverei. Das führte 1785, vier Jahre vor der Französischen Revolution, also noch unter dem alten Regime, zu ihrer Verhaftung. Frankreich besaß noch eine Reihe von Kolonien, wo afrikanische Sklaven auf den Plantagen arbeiteten. In den besseren Kreisen gab es zwar häufig weibliche Autoren, aber es war nicht üblich, dass sie sich mit politisch brisanten Themen befassten. Während der Französischen Revolution veröffentlichte Olympe de Gouges fast nur noch politische Schriften. Wenig später erschien ihre wohl berühmteste Schrift *Erklärung der Rechte der Frau und Bürgerin.* Darin forderte sie Freiheit und Gleichheit für die Frauen und verlangte von der Nationalversammlung, diese Erklärung zu verabschieden. Die neuen Machthaber ignorierten ihre Proklamation oder hielten sie für unverschämt. Die „heiligen natürlichen Privilegien der Männer" sollten auch nach der Entmachtung des absolutistischen Königs gelten. Frauen hatten zu schweigen; diejenigen, die das nicht akzeptierten, wurden brutal verfolgt und mit Kriminellen auf eine Stufe gestellt. 1793 wurde Olympe de Gouges verhaftet. Im Tribunal warf ihr der Ankläger vor, sie habe zum Bürgerkrieg aufgestachelt, stehe im Dienst der Royalisten und greife die Volkssouveränität an. Am 3. November 1793 wurde Olympe de Gouges auf dem Platz der Revolution, der heutigen Place de la Concorde hingerichtet.

Lassen wir diese Frau noch einmal selbst zu Wort kommen und hören wir, was sie in der Broschüre über die Rechte der Frau schreibt: „Du Mann, wer hat dir das Recht gegeben, die Frau zu unterdrücken? Ihr Revolutionäre, ihr habt die Privilegien abgeschafft, beseitigt auch die des männlichen Geschlechts! Das Volk wird in den Besitz seiner Rechte eingesetzt, die Neger werden befreit, warum befreit man nicht die Frauen?

Die Frau ist frei geboren und von Rechts wegen dem Manne gleich. Das Ziel jeder gesetzgebenden Gemeinschaft ist der Schutz der natürlichen und unwandelbaren Rechte beider Geschlechter. Das Gesetz muss Ausdruck des allgemeinen Willens sein. Alle Bürgerinnen müssen ebenso wie alle Bürger persönlich oder durch einen gewählten Vertreter an ihrer Gestaltung teilnehmen. Da alle Bürgerinnen und Bürger vor dem Gesetz gleich sind, so müssen sie ohne Unterschied des Geschlechts zu öffentlichen Berufen zugelassen werden. Die

Frau hat das Recht, das Schafott zu besteigen, sie soll auch das gleiche Recht haben, auf der Tribüne zu stehen."

Interessant ist die Stellung, die sie gegenüber dem Prozess gegen den König einnahm. 1789 war sie Revolutionärin; als man Ludwig XVI. in die Tuilerien brachte, wurde sie Royalistin; unter dem Eindruck seiner Flucht, die für sie Treuebruch bedeutete, wurde sie Republikanerin; dem König wurde sie wieder geneigt, als man ihm den Prozess machte. Sie schrieb: „Ich halte Ludwig XVI. für schuldig, und zwar als König. Aber nachdem einmal dieser Titel abgeschafft ist, hört er auf, schuldig zu sein. Seine Vorfahren haben für Frankreich den Kelch des Leidens voll gemacht. Der Kelch aber ist in seiner Hand geborsten. Ich könnte noch hinzufügen, dass er ohne die Verderbtheit des Hofes ein tugendhafter König gewesen wäre. Er hat die Vornehmen gehasst und wollte sie zwingen, ihre Schulden zu zahlen. Er war der einzige Tyrann, der keine Mätresse hatte und ein einfaches Leben führte." Olympe schlug vor, eine allgemeine Volksabstimmung über das Schicksal des Königs abzuhalten und dafür zwei Urnen aufzustellen. Dieser Vorschlag hat ihr schließlich das Genick gebrochen.

Im Feminismus spielt Olympe de Gouges eine ungeheuer große Rolle, sowohl in der Forschung als auch im Leben der Frauengemeinschaften. In den letzten Jahren erschienen zahlreiche Veröffentlichungen über sie, mehr als über jede andere Gestalt der Revolution.

Aus diesem Umkreis stammt auch der folgende Text, den ich dem Leser nicht vorenthalten möchte: „Sie wurde von ihren Zeitgenossen diffamiert, vom Revolutionstribunal verurteilt und guillotiniert, von Historikern totgeschwiegen und noch in unserer Zeit von Männern verachtet." Noch immer ist die „politische Verbrecherin" in Frankreich nicht vollständig rehabilitiert. Diese Frau sollte der Vergessenheit anheimfallen. Erst in den letzten Jahren erinnern Feministinnen und Politikwissenschaftlerinnen an diese mutige Frau, die an der Schwelle der Aufklärung für die Menschenrechte der Frau eintrat und das mit dem Leben bezahlte.

„Da werden Weiber zu Hyänen“

„Da werden Weiber zu Hyänen und treiben mit Entsetzen Scherz. Noch zuckend mit des Panthers Zähnen zerreißen sie des Feindes Herz“, heißt es in der *Glocke* von Friedrich Schiller. Schiller, der zunächst von der Revolution begeistert war, hat sich mit Entsetzen von der Französischen Revolution abgewandt. Eine Zäsur für ihn war die Hinrichtung des Königs. Danach bekannte er: „Ich kann keine französische Zeitung mehr lesen.“ Zu den um die Guillotine versammelten Schaulustigen gehörten auch die sogenannten „Strickweiber“ oder „Furien der Guillotine“, die primär dem Jakobinerklub angehörten. Auf zierlichen Bänken sitzend erwarteten sie plaudernd und scherzend die Hinrichtungen.

Von einer Frau Lance wird Folgendes berichtet: „Sie wollte sich den täglichen Anblick der Opfer auf keinen Fall entgehen lassen. Da sie im obersten Stockwerk wohnte, stieg sie in die zweite Etage herab, wo sie sich mit einem Zwicker bewaffnet aus dem Fenster beugte. Eines Tages beklagte sie sich bitter darüber, dass nur 60 Menschen hingerichtet worden seien. Nächste Woche würden bestimmt 200 daran glauben müssen. Wenn an einem Tag besonders viele Hinrichtungen stattfanden, begrüßte sie dies hocherfreut mit den Worten: ‚Ah, ein schönes Ragout heute!‘ Wenn das Gegenteil der Fall war, sagte sie angesichts der wenigen vorbeifahrenden Verurteilten mit unzufriedener Miene: ‚Wegen der paar Leute lohnt es sich nicht einmal, das Haus zu verlassen‘“ (Bertaud, a.a.O.).

Manche Historiker sehen diese „Strickweiber“ als soziale Randfiguren an, die zum Abschaum einer Gesellschaft gehören, die unter dem Einfluss von Monstern wie Robespierre völlig außer Rand und Band geraten war. Aber bei den Frauen, die angesichts des Todes auf der Guillotine in Begeisterungsstürme ausbrachen, handelte es sich um Frauen von kleinen Ladenbesitzern, Handwerksgesellen und Arbeitern. Das brachte andere Geschichtsschreiber zu der Auffassung, dass die Gewalt zu einem festen Bestandteil des täglichen Lebens geworden war. In den Vierteln von Paris bot das Leben nur schwere Arbeit, enttäuschte Hoffnungen, Elend und Not. Die Gewalttätigkeit, zu der sich die Sansculotten im alltäglichen Leben hinreißen ließen, steckte an. Sie entsprang der ungeheuren Frustration im alltäglichen- und im Gefühlsleben und den harten und unsicheren Existenzbedingungen.

In den Polizeiberichten findet sich neben den vielen Bezeichnungen für die Guillotine der Ausdruck „die heilige Guillotine". Wie die Pike, so war auch die Guillotine Symbol für die Volkssouveränität; sie war die Waffe, mit der man die Feinde der Sansculotten vernichtete oder mit der man ihnen zumindest Angst einjagte. Hier wird ein Zerstörungspotential sichtbar, das das ganze Land vernichten konnte und für das die „Strickweiber" vor der Guillotine ein Symbol darstellten.

Frauen kämpften für ihren Glauben

In Statistiken von Hinrichtungsopfern erscheinen oft ganz einfache Frauen, die keineswegs dem Adel oder der *Gironde* angehörten. Sehr oft waren es Frauen, die Priester in ihren Häusern verborgen hatten und allein aus diesem Grund auf die Guillotine geschickt wurden. Überhaupt war der Widerstand gegen die antireligiösen Tendenzen der Revolution bei den Frauen besonders stark. Gegenüber dem Justizgebäude in Paris, wo Fouquier-Tinville Hunderte von Todesurteilen sprach, befand sich eine Eisenwarenhandlung, in der während der ganzen Schreckenszeit heimlich Messen gefeiert wurden. Michelle Vovelle verweist auf zahlreiche Widerstandsgruppen im Süden Frankreichs, wo Frauen gegen die Schließung von Kirchen und gegen den Raub von Sakralgegenständen agierten und Freiheitsbäume ausrissen.

In der Vendée beteiligten sich zahlreiche Frauen aktiv an den Kämpfen gegen die Revolutionsarmee, ohne dass sie sich als Männer verkleiden mussten. Bei der Armee von Charette kämpften Frauen in der Vorhutkavallerie.

Ebenfalls in der Vendée wurden Hunderte von Frauen zum Tode verurteilt, und nur deshalb, weil sie an der Messe eines romtreuen Priesters teilgenommen hatten oder einen Rosenkranz oder die *Nachfolge Christi* besaßen, was als Aberglaube ausgelegt wurde und strafbar war.

Am Ende dieses Abschnitts soll die Aussage der bedeutenden Historikerin Mona Ozouf stehen, die mit François Furet das *Kritische Wörterbuch der Französischen Revolution* herausgegeben hat. Dort heißt es: „Von noch größerer Bedeutung ist der Umstand, dass die Bewegung einer Mobilisierung des Volkes gegen die dechristianisierenden Maßnahmen in massiver Weise von den Frauen initiiert und geführt worden ist. Denn es waren die Frauen, die zuerst einen Boykott der eidleistenden Priester beschlossen. Grégoire beklagte sich darüber, dass seine konstitutionelle Kirche von ‚verkommenen und aufrührerischen Frauen erwürgt worden sei'. Sie bezogen vor der Tür zur Sakristei Stellung, haben ihre Hostiengefäße verteidigt, ihre Glocken gefordert, die Verwaltungsbeamten übel zugerichtet; sie verlachten den republikanischen Kalender und die von der Regierung geforderten Ersatzkulte. Die Kirche war zur Frauenkirche geworden" (Ozouf, a. a. O., Bd. 1, S. 43).

Zehntes Kapitel –
Die Zeit des Thermidors

Die Hinrichtung Robespierres und seiner Genossen wurde als das Ende der Schreckenszeit angesehen. Als der Henker der Menge seinen Kopf zeigte, klatschte sie 15 Minuten in einem fort. Ein maßloser Jubel erscholl durch ganz Frankreich, und mit Bändern geschmückte Wagen fuhren durch das Land, um den Menschen die frohe Botschaft zu bringen. Frauen und Männer stürzten sich in die Arme und riefen: „Frankreich ist gerettet!“ Eine Grabinschrift für den hingerichteten Diktator wurde erfunden, auf der stand: „Passant, qui que tu sois, ne pleure pas mon sort, si je vivais, tu serais mort“ (Vorübergehender, wer du auch immer seist, beklage nicht mein Los! Lebte ich noch, wärst du tot!“)

Politisch aber standen noch immer zwei Gruppen gegeneinander; die eine wollte die Revolution mit ihrer *Terreur* weiterführen, die andere wollte die Schreckensherrschaft und mit ihr die Revolution beenden. Die Hardliner und die Exterroristen hatten nicht mit der öffentlichen Stimmung gerechnet, die den ganzen terroristischen Damm niederriss, nachdem am 8. und 9. Thermidor schon eine Bresche geschlagen war.

Die Menschen sehnten sich nach friedlichen Zeiten; sie wollten ihre Freude ausdrücken und das Leben genießen. Die Mode bekam wieder ihren Platz im Leben, und der Geschmack für die Antike erwachte. Die Frauen kleideten sich nach griechisch-römischem Stil. Man zeigte viel Haut, und die neue Mode verbreitete sich in Europa. Die Salons öffneten ihre Pforten, und die Salons der Damen Récamier, Tallien und de Staël wurden berühmt.

Die Schönheit von Jeanne Françoise Julie Récamier erregte Bewunderung; von ihrem Gang sagte man, er sei der einer Göttin, und die Männer, die aus der jakobinischen Verwilderung kamen, schätzten den edlen Ton, der in ihrem Salon herrschte. Jacques-Louis David malte sie hingegossen auf einer *Récamière,* einem nach ihr benannten zierlichen Sofa.

Berühmt, aber auch berüchtigt war der Salon der Madame Tallien, „der schönen Gräfin Thérésia, Notre-Dame de Thermidor". In ihrem Leben spiegelt sich die gesamte Revolutionszeit, darum ist es angebracht, etwas näher auf sie einzugehen. Thérésia war die Tochter eines spanischen Staatsbankiers, der wegen seiner Verdienste in den Grafenstand erhoben wurde. Im Alter von 15 Jahren, 1788, heiratete Thérésia den begüterten und aus altem Adel stammenden Marquis de Fontenay. Beide vergnügten sich am Hof von Versailles und erlebten die Debatten der Konstituante von der Tribüne aus. 1791 floh der Marquis aus Frankreich und schloss sich den Emigranten an. 1793 wurde ihre Ehe geschieden. Thérésia zog nach Bordeaux und verdiente ihr Geld mit Theatervorstellungen.

Als Adlige und geborene Ausländerin wurde sie inhaftiert. Im Gefängnis lernte sie den Politkommissar Jean Lambert Tallien kennen, der dort die Bevölkerung terrorisierte und sich persönlich bereicherte. Tallien verliebte sich unsterblich in Thérésia, und die schöne Gräfin machte aus dem Saulus einen Paulus. Der Politkommissar gab seine terroristischen Aktionen auf, verbot den Jakobinerklub und wurde wegen seiner antirevolutionären Tätigkeiten nach Paris zurückgerufen. Seine Geliebte wurde verhaftet und in das Frauengefängnis Petite-Force gebracht. Dort lernte sie Joséphine de Beauharnais, die spätere Frau Napoléons, kennen und konnte folgende Botschaft an Tallien schmuggeln: „Ich hatte einen Traum. Ich träumte, ich werde am nächsten Tag hingerichtet. Dies könnte man ändern, wenn es nicht kleinmütige Schwächlinge, sondern richtige Männer gäbe." Lambert Tallien setzte nun alles daran, Robespierre zu stürzen. Er und Joseph Fouché waren dabei die treibenden Kräfte. Auch danach verfolgte er seinen antiterroristischen Kurs weiter und wurde einer der Initiatoren der rechtsgerichteten *Jeunesse dorée.*

Für Thérésia Tallien begann nun ihre Karriere als „Notre-Dame de Thermidor". An Thérésia konnte sich wenden, wer in Not geraten war. Für die Insassen in den Gefängnissen und für die Haftentlassenen war sie oft die erste Anlaufstelle. Ihre Hilfe beanspruchten Frauen oder Männer, deren Gatten Opfer der Guillotine geworden waren, Menschen, deren Vermögen man beschlagnahmt hatte, und viele andere, die das Terrorregime an Leib und Seele geschädigt hatte. Madame Tallien war aber nicht „Mutter Theresa", sondern eine mondäne Frau, die vergnügungs- und genusssüchtig war.

Aufgrund ihrer Schönheit und ihrer erotischen Ausstrahlung erlangte sie beträchtlichen Einfluss. Gemeinsam mit ihrer Freundin Joséphine de Beauharnais bestimmte sie die Mode im neogriechischen Stil. Thérésia und Joséphine trugen ihr Haar kurzgeschnitten, die Spitzen in Locken gelegt, kleideten sich in luftigen, fast duchsichtigen Stoffen, die nach antiken Vorbildern geschnitten waren. Diese „schamlosen Frauen, diese Abenteuerinnen edler Rasse", wie Gracchus Babeuf sie nannte, um sie sogleich der Prostitution zu bezichtigen, hatten eine ausgesprochene Vorliebe für Schmuck, Seide und Spitzen. In ihrem Salon auf den Champs-Élysées trafen sich Militärs, Abgeordnete, Adlige des Ancien Régime und Künstler, aber auch Spekulanten und Heereslieferanten.

Affären sagte man ihr mit General Lazare Hoche, welcher der Vendée den Frieden schenkte, und Napoléon Bonaparte nach. Längere Zeit war sie die Geliebte von Paul Barras, dem Chef des Direktoriums. In seinem durch und durch pornographischen Werk *Zoloé* beschrieb der Marquis de Sade eingehender ihre innige Beziehung zu Joséphine, worauf Napoléon ihr jeden weiteren Kontakt verbot und Thérésia an Einfluss verlor. Danach wurde das Leben von Thérésia bescheidener und biederer. 1802 ließ sie sich von Lambert Tallien scheiden und heiratete 1805 den Fürsten von Chimay in Belgien. Hier schenkte sie einer Reihe von Kindern das Leben und widmete sich vornehmlich der Förderung von Musikern.

Nicht vergessen werden darf der allseits bekannte Salon der Madame de Staël. Sie war die Tochter des berühmten Ministers Necker, der vor und zu Anfang der Revolution mit wenig Erfolg die Finanzen Frankreichs zu ordnen versuchte. Sie hatte den schwedischen Botschafter geheiratet und hieß seitdem Baronin de Staël-Holstein. In ihrem Salon begegneten sich Gelehrte, Künstler und Staatsmänner. Die Ereignisse des Tages wurden von Männern, die das Sagen hatten, mit Freimut besprochen. Madame de Staël, die gegen Napoléon intriguiert hatte und

1802 das Land verlassen musste, gebührt nicht zuletzt das Verdienst, mit ihrem Werk *De l'Allemagne* der französischen Nation den deutschen Geist und vor allem die romantische Literatur nahegebracht zu haben.

Auch die Bälle kamen nach den grauen Revolutionstagen wieder in Mode. Man tanzte im Hôtel Richelieu oder im Hôtel Thelusson. Neu waren die *Bals des victimes,* die Opferbälle, auf denen sich diejenigen amüsierten, die einen nahen Angehörigen an die *Terreur* verloren, aber wenigstens ihr Vermögen gerettet oder zurückerhalten hatten. Die Stimmung war gleichzeitig erleichtert und makaber und wirkte sich in dekadenten Posen aus. Weil Frauen vor ihrer Hinrichtung ihren Lieben eine Locke zur Erinnerung hinterlassen wollten und ihr Haar abschnitten, anstatt dass der Henker Sanson das für sie übernahm, kamen viele Frauen nach dem Ende der Schreckenszeit mit gestutztem Haupt aus dem Gefängnis. Die Trendsetterin Madame Tallien kopierte diesen Stil, und weil ihr alles gut stand, was sie trug, wurde die Haartracht *à la victime* Mode.

Menschen, welche die Schrecken des Terrorsystems erlebt hatten, mussten diese Erlebnisse verarbeiten. Die *Bals des victimes* waren der getanzte Triumph über die Schrecken dieser Zeit und der Triumph des Lebens über den Tod.

Auch sonst änderte sich im öffentlichen Leben einiges. Die rote Jakobinermütze verschwand vom Straßenbild, und anstelle der *Marseillaise* sang man nun das antijakobinische *Le Réveil du Peuple,* mit einem freilich genauso blutrünstigen Text. Fremde zu duzen galt jetzt als ungehörig, und man grüßte einander nicht mehr als *Citoyen* oder *Citoyenne,* sondern wieder als *Monsieur* und *Madame.* Kurz nach seiner Pantheonisierung wurde Marat am 8. Februar 1795 wieder aus der Ruhmeshalle entfernt. Die Büsten des „Volkshelden" wurden zerstört.

Die Macht auf der Straße wurde den linksorientierten Sansculotten genommen, und an ihre Stelle trat die rechte *Jeunesse dorée,* die sich aus der vornehmen Pariser Gesellschaft rekrutierte. Darunter waren auch Bohémiens und teilweise Deserteure aus der Armee. Letzteres wird besonders von der marxistischen Geschichtsschreibung hervorgehoben. Mit bleibeschlagenen Stöcken tauchten die Söhne reicher Eltern überall dort auf, wo die Jakobiner sich breitgemacht hatten, und vertrieben sie. Viele der jungen Leute, die einen Verwandten unter der Guillotine verloren hatten, trugen einen schwarzen Flor am linken Arm. Alle aber trugen einen braunen Mantel mit schwarzen oder grünen Aufschlägen und einem stark eingeschlagenen Kragen. *Muscadins* oder Stutzer nannten sie die Gegner, und als seine „Goldjungen" bezeichnete sie Fréron, der ehemalige Politkommissar von Marseille, der von einem Terroristen zu einem Mann der Ordnung konvertiert war. Wo sie auf Jakobiner trafen, kam es in der Regel zu Schlägereien, und Mut und Tatkraft schienen die Jakobiner verloren zu haben. Übel erging es den Büsten von Marat, die überall abgeschlagen wurden. Die Haare trugen die Angehörigen der *Jeunesse dorée* auf dem Scheitel zusammengelegt. Sie nannten ihren Aufzug *Costume à la victime.* Ihr Sammelplatz war das Palais Égalité, das man wieder Palais Royal nannte. In den Theatern pfiffen sie die Schauspielerinnen aus, die als „Göttinnen der Vernunft" aufgetreten waren, und die Schauspieler, die dem Schreckenssystem gedient hatten. Eine große Auseinandersetzung fand am 18. September im Palais Royal statt: „Es lebe der Konvent und die Jakobiner", riefen die einen. „Es lebe der Konvent; nieder mit den Jakobinern", war der Schlachtruf der anderen.

Der Kampf gegen den Jakobinismus und das Sansculottentum geschah auf drei Ebenen. Die rechte Presse, die in dieser Zeit der linken weit überlegen war, schuf eine antiterroristische Mentalität, die Salons eroberten die Herzen und die *Jeunesse dorée* die Straße.

Nach der Hinrichtung Robespierres und seiner Genossen gab es noch keine klare Verteilung der Macht. Die Ultras von 1794 waren noch stark in einzelnen Sektionen vertreten. Ihnen angeschlossen war eine jakobinische Restgruppe um Billaud-Varenne, Barère, Carrier und Collot d'Herbois. Ihr Ziel war die Wiederherstellung der Commune-Herrschaft.

Die kompromittierten *Montagnards* verloren ihre Vormachtstellung und stießen zur *Plaine;* sie kamen bei den Gemäßigten unter. Die Rechten mit etwa 150 Stimmen setzten sich aus konservativen Republikanern und konstitutionellen Monarchisten zusammen. Zu ihnen gehörten Boissy d'Anglas, Fréron und Tallien.

Der Abbau des Jakobinerstaates erfolgte keineswegs abrupt und konsequent, und die neuen Machthaber und Paul Barras bedienten sich der alten Strukturen und des alten Personals. Dennoch sind bedeutende Änderungen zu verzeichnen: Schon am 5. August 1794 wurden alle politischen Gefangenen freigelassen, am 12. November 1794 wurde der Jakobinerklub geschlossen, die vertriebenen *Gironde*-Abgeordneten kehrten am 18. Dezember 1794 in den Konvent zurück, das Revolutionstribunal wurde am 31. Mai 1795 aufgelöst und zwölf seiner terroristischen Angehörigen hingerichtet, unter anderen Fouquier-Tinville und Hermann.

Jean-Baptiste Carrier, der Schlächter der Vendée, und seine Mittäter wurden nach langem Prozess zum Tode verurteilt, die terroristischen Kriminellen Barère, Billaud-Varenne und Collot d'Herbois wurden nach Guayana verbannt.

Die Wirtschaftslage

Die Thermidorianer hatten eine wirtschaftliche Liberalisierung durchgesetzt. Das Maximum wurde abgeschafft, und die Preise für Lebensmittel wurden freigegeben. Der Verkauf der noch in geringem Maße vorhandenen Nationalgüter brachte keine wirtschaftliche Besserung, eine Inflation der Papiergeldwährung drohte. Die Schwäche der Wirtschaftspolitik zur Zeit des Thermidor bestand darin, dass sie keine sozialen Absicherungen vorsah.

Ausgerechnet in dieser Situation erlebte das Land den sehr strengen Winter des Jahres 1794/95. Die Preise für die Lebensmittel stiegen ins Unerschwingliche, die Inflation galoppierte. Brot gab es nur noch auf Karten, Gemüse nur selten, und der Reis als Ersatznahrung reichte nicht aus. Es kam nicht nur zu Versorgungsengpässen, sondern die Märkte waren fast völlig leer. Der Schwarzhandel blühte. Polizeiberichte enthalten Nachrichten darüber, wie es vielen Menschen ging. Man konnte

Hunger, Erfrierungen, Selbstmorde, Seuchen und Kriminalität registrieren.

Der Aufstand, der nach dem ersten Frühlingsmonat Germinal benannt wurde, begann am 1. April 1795. Die *Journée* fand in üblicher Form statt: Man traf sich in der Kathedrale Notre-Dame, die zum Tempel der Vernunft umfunktioniert worden war, zur Beratung und zog zur Nationalversammlung. Teilnehmer waren die von der Wirtschaftslage Betroffenen: kleine Handwerker, Arbeiter, Ladenbesitzer aus den Vororten.

Vor den Tuilerien belagerte die Menge den Konvent. Delegationen trugen den Abgeordneten vier Stunden lang ihre Forderungen vor, bis zum Abend. Dann zerstreute Militär die Menge. Für die folgenden Tage wurde der Ausnahmezustand verhängt und 1.600 Waffen tragende Sansculotten entwaffnet.

Auch der letzte Pariser Volksaufstand, der am 23. Mai 1795, im letzten Frühlingsmonat Prairial stattfand, scheiterte sang- und klanglos. „Brot und die Verfassung von 1793" waren die Parolen, die noch einmal 40.000 Aufständische aus den Faubourgs zusammenführten.

Mit Zuckerbrot und Peitsche ging man gegen die Teilnehmer der *Journée* vor: In der ersten Phase erschienen Truppen und die Nationalgarde, und die Teilnehmer zerstreuten sich spätestens um Mitternacht. In der zweiten Phase schickte man Agenten in die aufrührerischen Stadtteile. In der dritten Phase ließ man die Peitsche schwingen: Die Mitglieder der Ausschüsse und 14 Abgeordnete der *Montagne,* die am Aufstand teilgenommen hatten, wurden abgeurteilt. Es erfolgte eine Verhaftungswelle, und es erging ein Standgericht mit 77 Verurteilungen und 36 Todesurteilen. Die Pariser Stadtteile, die als Unruheherde galten, wurden vollständig gesäubert. 1.200 Sansculotten wurden verhaftet, 1.700 mussten ihre Waffen abgeben und gingen ihrer Bürgerrechte verlustig. Alle Bürger mussten ihre Piken abgeben.

Damit erlosch der Elan der Revolution. In Gracchus Babeuf und seiner „Verschwörung der Gleichen" lebte sie noch einmal kurz auf und erlosch dann für viele Jahrzehnte.

Die Zeit des Direktoriums

Richtschnur für diese Zeit sollte die am 2. August 1795 von Boissy d'Anglas vorgelegte Verfassung sein. Zu ihren wichtigsten Zielen gehörten die Rückkehr zu den Prinzipien von 1789, wie sie in der Verfassung von 1791 ihren Niederschlag gefunden hatten, ein erweitertes Zensuswahlrecht und ein Mindestalter des Gewählten. Das Parlament sollte die Alleinherrschaft eines Einzelnen, sei es eines Königs oder eines Diktators (Robespierre), unmöglich machen. Der Einfluss der „Anarchisten" und Terroristen, d.h. der Sansculotten und Jakobiner, sollte ein für alle Mal ausgeschaltet werden.

Die Verfassung sah ein Zweikammernsystem vor: den Rat der 500, der die Gesetzesvorschläge einzubringen hatte, und den Rat der Alten, der 250 Abgeordnete zählte und mit dessen Zustimmung die Beschlüsse erst Gesetzeskraft erhielten. Die beiden Kammern stellten die Legislative. Die Exekutive bestand aus dem fünfköpfigen Direktorium. Dieses hatte den Oberbefehl über die Armee und war für die Außenpolitik zuständig. Für den Fall der „Gefahr für das Vaterland" konnte es über Sondermaßnahmen verfügen.

Die ideal erscheinende Verfassung hatte durchaus ihre Schwächen. Jedes Jahr musste ein Drittel der Abgeordneten der beiden Kammern und ein Mitglied des Direktoriums neu gewählt werden. Dieses System behinderte die Wahlfreudigkeit und störte die Kontinuität der Arbeit. Das Haupthindernis für eine erfolgreiche Arbeit stellte der starke Mann des Direktoriums, der Vicomte Paul de Barras, dar.

Der starke Mann des Direktoriums

Paul de Barras entstammte einer der ältesten Adelsfamilien der Provence. Als Mitglied des Konvents schloss er sich der Bergpartei an und stimmte für die Hinrichtung des Königs. Als Mitglied des Wohlfahrtsausschusses war er maßgeblich am Sturz Robespierres beteiligt. 1795–1797 stand er an der Spitze des fünfköpfigen Direktoriums. Nach dem Staatsstreich vom

18. Fructidor (4. September 1797) war er Führer des Triumvirates. Der Staatsstreich Napoléons vom 18. Brumaire 1799 zwang Barras zum Rücktritt und führte zu seiner Verbannung.

Als Politkommissar in Marseille und Toulon hatte er zusammen mit Fréron eine rigorose Repressionspolitik durchgeführt und sich persönlich bereichert. Sein Leben war von zahlreichen Affären bestimmt. Eine Liaison hatte er mit Thérésia Tallien, und Joséphine Beauharnais, die spätere Frau Napoléons, war seine Geliebte. Barras nahm die Dienste Napoléons beim sogenannten „Royalistenaufstand" und bei der Belagerung Toulons in Anspruch und begünstigte und förderte den Korsen, wo er nur konnte. Als Napoléon an die Macht gelangte, ließ er Barras fallen wie eine heiße Kartoffel.

Paul de Barras war ein gewitzter Politiker ohne staatsmännische Begabung. Er war unfähig, der Epoche, in der er Frankreich leitete, eine eigene Vision zu geben. Die Zeit des Direktoriums wirkte darum strukturlos.

Die Folge waren wiederholte Staatsstreichversuche von rechts und von links. Der Vendémiaireaufstand 1795, der von Napoléon blutig niedergeschlagen wurde, ging vom konservativen Bürgertum aus, ebenso der Aufstand vom Fructidor 1797. Fälschlicherweise werden beide *Journées* als Royalistenaufstände bezeichnet. Aufgrund günstiger Wahlergebnisse für die Neo-Jakobiner kam es 1798 zum Aufstand der Linken, dem Floréalaufstand.

Die Politik des Direktoriums scheiterte am Fehlen eines fundierten politischen Konzepts zur Beendigung der Revolution und am Dilettantismus ihrer Führer, vor allem von Paul de Barras. Dazu kamen die katastrophale wirtschaftliche Lage und der Krieg, den Frankreich mit halb Europa führte. In dieses Vakuum, das auch durch die gesellschaftliche Spaltung, durch die Korruption und die Manipulationen zur Erhaltung der Macht bestimmt war, kam als einziger noch funktionierender Macht- und Ordnungsfaktor die Armee, oder genauer gesagt, Napoléon Bonaparte.

Obgleich der Ägyptenfeldzug Napoléons mit herben Verlusten endete, trug man ihm das in Frankreich nicht nach. Holland wurde zur Batavischen Republik, zum Satellitenstaat

Frankreichs, und die Spanischen Niederlande wurden Frankreich einverleibt. Von 1797–1799 eroberte Napoléon fast ganz Italien. Norditalien wurde zur Cisalpinen Republik, das Gebiet um Genua und Lucca zur Ligurischen Republik und Süditalien zur Parthenopäischen Republik. Am 15. Februar 1798 wurden Rom und der Kirchenstaat besetzt und zur Römischen Republik erklärt. Papst Pius VI. wurde nach Frankreich deportiert und starb als Gefangener in Valence. Der Italienfeldzug steigerte Napoléons Popularität und die seiner Armee erheblich. Die Direktoren waren vom Militär als Stabilisierungsfaktor abhängig. Dies führte schließlich zum Staatsstreich vom 18. Brumaire (9. November), dem Nebelmonat im Herbst 1799.

Am 15. Dezember 1799 wurde die vierte Revolutionsverfassung erlassen und Napoléon zum Konsul auf Lebenszeit erklärt. Die beiden anderen Konsuln Sieyès und Ducos traten als Mitkonsuln zurück. Das bedeutete einen Epochenwechsel. Napoléon erklärte: „Die Revolution hält an den Grundsätzen von 1789 fest. Sie ist beendet!"

Der Staat war von nun an ganz auf die Person des ersten Konsuls und späteren Kaisers ausgerichtet: Der von ihm ausgewählte Staatsrat hatte nur noch seine Gesetze abzusegnen. Er war Oberbefehlshaber der Armee, und er allein konnte den Krieg erklären, Friedensverträge und Verträge mit anderen Staaten abschließen. Seine Minister brauchten seine Beschlüsse lediglich gegenzuzeichnen. 1804 krönte sich Napoléon, elf Jahre nach der Hinrichtung seines „armen Onkels" Ludwig XVI., zum Kaiser der Franzosen.

Zu Recht verbindet man mit Kaiser Napoléon Militarismus und Imperialismus. Wobei der Militarismus ein Erbe der Revolution war und die allgemeine Wehrpflicht zur Voraussetzung hatte. Hunderttausende Männer starben auf den Schlachtfeldern in Deutschland, Spanien und Russland, und keineswegs nur Franzosen.

Der Militarismus, den die Revolution und Napoléon ins Leben gerufen hatten, bestimmte die Politik bis ins 20. Jahrhundert in Europa und machte die beiden Weltkriege erst möglich. Ähnlich unheilvoll wirkte sich der Imperialismus aus, der den Militarismus einschloss.

Trotz alledem genießt der Kaiser bis heute Sympathie in Frankreich, wovon die zahlreichen Napoléondenkmäler zeugen. Große Bedeutung hatte auch sein Gesetzeswerk, der *Code Napoléon,* für Frankreich und auch für die annektierten Staaten, der einen Teil der Menschenrechtserklärung und den Geist der ersten Epoche der Französischen Revolution weitergab und Rechtssicherheit und größere bürgerliche Freiheit ermöglichte.

Schließlich, und das scheint mir das Hauptverdienst von Napoléon zu sein, ermöglichte er, dass man in diesem Land mit einer so reichen christlichen Tradition wieder glauben und katholisch sein durfte. Die sich steigernden Angriffe auf Glauben und Religion durch die Revolution hatten das Land tief zerrissen und das Terrorregime erst möglich gemacht. Napoléon hat mit dazu beigetragen, dass der Glaube in Frankreich nicht gestorben ist, sondern weiterleben konnte. Dem dienten vor allem das Konkordat mit dem Papst und die Heimholung der konstitutionellen Kirche.

Die konstitutionelle Kirche

Von den geistlichen Abgeordneten der Konstituante haben über zwei Drittel der Priester und alle Bischöfe bis auf sieben den Priestereid nicht geleistet. Von ihnen waren vier wegen ihrer ungeistlichen Lebensführung diskreditiert. Es stellte sich nun die Frage, wer die konstitutionellen Bischöfe weihen sollte. Sechs Prälaten weigerten sich, lediglich Maurice de Talleyrand, der Bischof von Autun in Burgund, war dazu bereit.

Am 24. Februar 1791 weihte er Louis-Alexandre Expilly de la Poipe zum Bischof des Départements Finistère mit Bischofssitz in Quimper und Moreilles zum Bischof des Départements Aisne. Sein Sitz war Soissons. Die übrigen Bischöfe konsekrierte Bischof Jean-Baptiste Göbel, der Weihbischof des französischen Teils des Bistums Basel, der bald danach zum Erzbischof von Paris und Metropolit der Pariser Bischofskonferenz ernannt wurde. Er erteilte 31 Priestern die Bischofsweihe. Für die Konsekration der weiteren konstitutionellen Bischofskandidaten waren die Metropolitane der einzelnen Kirchenprovinzen zuständig. Um ungeeignete oder unwürdige Kandidaten auszuschließen, verlangte das Parlament eine 15jährige Dienstzeit als Pfarrer.

Die traditionelle katholische Geschichtsschreibung hat den konstitutionellen Klerus oft verurteilt. Heute weiß man jedoch, dass ihm würdige und bedeutende Bischöfe angehörten, aber auch stark angepasste Persönlichkeiten, die sich in dieser Zeit höchster Spannung zu profilieren suchten.

Unter den 23 Bischöfen der konstitutionellen Kirche waren fünf Adelige, 18 gehörten der Bourgeoisie an. Zwei der adeligen Bischöfe führten kein priesterliches Leben oder waren mit den extremen Kräften der Revolution verbunden. De Sénac, Bischof von Orléans, war einer der vier Bischöfe des Ancien Régime, die sich der konstitutionellen Kirche anschlossen. Er war sehr verschwenderisch. Er heiratete 1793 und wurde später Bibliothekar und Lehrer. De Vernon, Bischof von Limoges, zeigte eine extrem politische Gesinnung und war voller Hass gegen den Adel und die Priester. Er war gegen die Anklage von Marat, aber wohl für die Hinrichtung des Königs. 1793 resignierte er vom Bischofsamt und heiratete.

Die übrigen adeligen Prälaten, die Bischöfe von Laval, Quimper waren moderat in ihrer religiösen und politischen Gesinnung und ihrem Verhalten. Man hat sie als katholische Girondisten bezeichnet. Alle drei waren gegen den Königsmord. Expilly, der Bischof von Quimper wurde, war als treuer Katholik bekannt.

Massieu, Bischof von Beauvais, stieg fast alle Stufen der revolutionären Karriereleiter hoch. Er war Mitglied des Jakobinerklubs, Deputierter der Bergpartei, sprach sich für den Königsmord aus und weihte den „Tempel der Vernunft" in Sedan ein. 1793 heiratete er die Tochter des Bürgermeisters. Die geistliche Kleidung hatte er schon vorher abgelegt. Zwei Konstitutionelle seien hier noch erwähnt, welche die Ehe schlossen und abdankten. Es waren der Bischof Minée aus Nantes und der Bischof von Angers, der zwei Wochen nach der Abdankung starb. In diese Reihe gehört auch Jean-Baptiste Göbel, der Erzbischof von Paris. Er leitete zusammen mit Henri Grégoire die konstitutionelle Kirche. Beide sind an anderer Stelle beschrieben.

Alle anderen konstitutionellen Bischöfe standen dem radikalen Treiben der Revolution ablehnend gegenüber. Expilly, Bischof von Quimper, Coz, Bischof von Rennes, Berdolet, Bischof von Colmar, Francin, Bischof von Metz, Demandre, Bischof von Besançon, waren wegen ihrer religiösen oder politischen Überzeugung oft monatelang inhaftiert. Francin erlitt eine längere Kerkerhaft, und zwar nur deshalb, weil er am Fest des heiligen Ludwig eine Messe gehalten hatte. Drei starben als Opfer ihrer politischen Überzeugung auf dem Schafott. Darunter war Bischof Expilly, der erste konstitutionelle Bischof.

Von den 23 Prälaten lehnte die große Mehrheit – nämlich 18 Bischöfe –, oft mit entschiedenen Reden, den Königsmord ab. Die Hinrichtung von Ludwig XVI. war für sie und viele gläubige Franzosen keine rein politische Frage, sondern eine ideologische, ja sogar eine ausgesprochen religiöse Angelegenheit. Sechs der 23 konstitutionellen Bischöfe waren Ordensleute oder gehörten einer Kongregation an: ein Benediktiner, ein Oratorianer, ein Bruder der Christlichen Lehre und drei Lazaristen. Drei von ihnen waren Professoren in Geschichte und Literatur, Homiletik, Rhetorik und Theologie, einer Generalvikar von Arras (Lamourette, Bischof von Lyon). Mirabeau, der Minister unter Ludwig XVI., ließ sich von ihm den theologischen Teil seiner Reden schreiben. Er stimmte gegen den Königsmord und protestierte gegen die Septembermassaker in den Pariser Gefängnissen, bei denen drei Bischöfe und 300 Priester brutal ermordet wurden. Schließlich nahm er am Freiheitskampf der Stadt Lyon gegen revolutionäre Repression teil und wurde hingerichtet.

Alle sechs Bischöfe hatten eine äußerst gemäßigte Haltung gegenüber den radikalen Tendenzen der Revolution und lehnten die Hinrichtung des Königs ab. Débertin (Bischof von Aveyron) und Saradon (Bischof von Bayeux) mussten während der Schreckenszeit mehrere Monate im Gefängnis verbringen, weil sie sich weigerten, ihr Bischofsamt aufzugeben. Alle sechs Bischöfe aus dem Ordensstand sahen sich als Priester und nicht als Politiker. Jean-Baptiste Gratien (Bischof von Rouen) galt als das theologische Orakel seiner Zeit. Er setzte sich für einen Neuanfang der französischen Kirche nach der Schreckenszeit ein und schrieb eine Reihe bedeutender Bücher. Claude François Primat legte in der Schreckenszeit sein Bischofsamt nieder, kehrte aber nach dem Tod Robespierres wieder in die konstitutionelle Kirche zurück und wurde Bischof von Lyon, nachdem er vorher Bischof von Cambrai gewesen war. Nach dem Konkordat von 1801 begann für Primat eine glänzende Karriere. Mit Unterstützung von Fauchet wurde er Bischof von Toulouse, nahm an der Krönung Napoléons teil und erhiellt dabei das Pallium (Erzbischofswürde).

Bei der Darstellung dieser Bischöfe darf ein Mann nicht fehlen, der die Revolution verschlafen, als Seelsorger versagt, aber auf kulturellem Gebiet einiges geleistet hat und dazu noch recht fromm war, nämlich Noël Gabriel Luce, Bischof von Laval. Luce nahm die Prinzipien der Revolution an, aber sein furchtsamer Charakter bewahrte ihn vor Extremen und Exzessen. Während der Zeit der *Terreur* erschien er nie auf der Rednerbühne des Konvents und hielt sich aus allem heraus. Er war gegen die Hinrichtung des Königs, drückte sich aber so kompliziert aus, wie er es seinem Wesen nach war. Nach der Hinrichtung Robespierres wollte er die Schreckenszeit schnell vergessen und wagte es sogar, sich gegen die Terroristen auszusprechen. Man sprach mit Abscheu von seiner schlechten Führung des Klerus. Er selbst wollte mehrmals auf sein Bischofsamt verzichten, weil er sich überfordert sah, war selbst jedoch fromm und gläubig und hielt 1797 eine feierliche Prozession, in einer Zeit, in der es noch riskant war, eine Fronleichnamsprozession zu veranstalten. Häufig beklagte er sich in seinen Briefen über den Zustand seiner Wohnung, welche die Vendéer bei ihrem Zug durch die Bretagne demoliert hatten. Der gleiche Luce engagierte sich für die Erhaltung des *Collège de France,* für die Zuwendung von Pensionen für verdiente Künstler und Wissenschaftler und für die Errichtung einer Nationalbibliothek. Er war Mitglied der *Académie française* und der Ehrenlegion. Zeit seines Lebens war er und blieb er ein gläubiger Katholik.

Der älteste Bischof war Jean-Baptiste Josef Göbel, der seine Kirche, die konstitutionelle Kirche und seinen Glauben verraten hat. Auf ihn trifft das Sprichwort „Alter schützt vor Torheit nicht" zu. Göbel wurde im Zusammenhang mit der Amtsaufgabe von Priestern dargestellt. Er leitete die Abkehrung von der Kirche im großen Stil ein und erzeugte eine Sogwirkung im Klerus.

Der zweitälteste Bischof war der Benediktiner Saradon, der Bischof von Bayeux. Er gab in der Schreckenszeit sein Amt auf, ging aber keine Ehe ein und verbrachte viele Monate im Gefängnis. Er starb 1796 in den Pyrenäen, wo er Ruhe gesucht hatte, im festen Glauben.

Die meisten Bischöfe waren bei Ausbruch der Revolution zwischen 45 und 50 Jahre alt. Damit zeigt sich eine Differenz zu den bedeutendsten Revolutionären, die zehn bis 15 Jahre jünger waren. Dem würde auch die größere Zurückhaltung und Bedachtsamkeit dieser Männer im revolutionären Geschehen entsprechen. Die gesammelte Lebenserfahrung hinderte sie vielleicht auch, den Glauben ihrer Jugend über Bord zu werfen.

Die Geschichte der konstitutionellen Kirche bis zum Konkordat

Ende 1792 sah die Lage des romtreuen Klerus verzweifelt aus, der in ein Katakombendasein gedrängt war. Aber gerade in dieser Lage standen viele Christen zu ihren Pfarrern. Sie schützten und versteckten sie unter Lebensgefahr. Viele Christen wurden hingerichtet, allein aus dem Grund, weil sie verfolgte Priester in ihren Häusern aufgenommen hatten.

Aber auch die konstitutionelle Kirche geriet bald in eine dramatische Situation. Sie verlor schrittweise ihren offiziellen Charakter. Am 20. September 1792 wurde ihr die Führung der Zivilstandsregister entzogen und den staatlichen Behörden übertragen. Die Genehmigung der Eheschließung für Geschiedene und auch für Priester stellte sie vor ein Gewissensproblem. Inwieweit waren sie zum Gehorsam gegenüber den Gesetzen des Staates verpflichtet? Konnten sie kirchliche Prinzipien wie das Zölibatsgesetz einfach aufgeben? Die Lage verschärfte sich, als einige Bischöfe und ein ganze Reihe Priester selbst heirateten. Manche Bischöfe gingen recht leger mit dieser Frage um. Der Kern der konstitutionellen Kirche wehrte sich entschieden gegen die Aufweichung des Zölibatsgesetzes und entfernte die Priester, die geheiratet hatten, aus ihrem Amt.

Wie schon erwähnt, stimmte der überwiegende Teil des konstitutionellen Episkopates gegen die Hinrichtung des Königs, und auch der Klerus und die meisten Gemeinden standen hier zu ihren Bischöfen. Bei dem Aufstand der *Gironde* gegen den Konvent, dem sich 60 Départements angeschlossen hatten, stand der überwiegende Teil der konstitutionellen Kirche auf seiten des rebellierenden Volkes. Man brandmarkte seitdem nicht nur den romtreuen, sondern auch den konstitutionellen Klerus als Volksfeind. Die Welle der Dechristianisierung, die das Land überspülte, traf auch die konstitutionelle Kirche und verbannte sie in den Untergrund.

Nach dem Thermidor, dem Monat des Sturzes von Robespierre, kam es zu einer gewissen Entspannung zwischen Staat und Kirche. Grégoire, der geistige Führer der konstitutionellen Kirche, forderte fast zeitgleich mit der Vendée Kultfreiheit. Der Staat steuerte auf eine Trennung zwischen Kirche und Staat hin. In diesem Zusammenhang wurden die Gehaltszahlungen für den konstitutionellen Klerus im April 1794 eingestellt und das Budget für den offiziellen Kult gestrichen.

Während dieser Jahre bemühte sich die konstitutionelle Kirche, die sich jetzt Gallikanische Kirche nannte, um die religiöse Erneuerung. Federführend dafür waren Henri Grégoire, Bischof von Blois, Claude le Coz, der Bischof von Rennes, und andere, die von einem tiefen Glauben beseelt waren. Le Coz hatte viele Monate wegen seiner öffentlichen Kritik am Septembermassaker und seines Eintretens für den priesterlichen Zölibat im Gefängnis gesessen und durfte danach Rennes für zwei Jahre nicht verlassen. Er bemühte sich um Sammlung des zerstörten Klerus und führte 1799 in seiner Bischofsstadt eine Diözesanaussprache und 1800 ein Nationalkonzil in Paris durch.

Infolge des Konkordats wurde Coz zum Erzbischof von Besançon ernannt, wo es zu einigen Spannungen zwischen dem „gallikanischen" und dem an Rom orientierten Klerus kam. Bischof Coz nahm sich zweier seiner bischöflichen Mitbrüder an, die infolge der Konkordaten ihr Bischofsamt hatten aufgeben müssen. Er wurde Pfarrer der Gemeinde Sainte-Madeleine und Ehrenkanonikus. Von der Bevölkerung wurde Coz wegen seiner Frömmigkeit und Nächstenliebe geschätzt. Nach seinem Tod verweigerte ihm sein Nachfolger die Beerdigung mit den bischöflichen Insignien, was Empörung in der Stadt verursachte.

Die konstitutionelle bzw. Gallikanische Kirche verbreitete ihre Gedanken zum kirchlichen Neubeginn durch die *Société libre de philosophie chrétienne*, die Grégoire gegründet hatte. Diese Vereinigung war ein Kreis von Klerikern und Laien, der es sich zum Ziel gesetzt hatte, die religiöse Aktivität und die theologischen Studien nach der Dechristianisierungswelle der *Terreur* wieder aufzunehmen. Weitere Ziele waren, die Glieder der Gallikanischen Kirche zu verbinden und die *Theophilanthropie* zu bekämpfen, die vom Direktorium gefördert wurde. Unter „Theophilanthropie" versteht man einen allgemeineren und unverbindlichen Gottesglauben, dessen eigentliches Ziel die Ablehnung des sich offenbarenden Gottes und der Kampf gegen die katholische Kirche ist. Die Mitglieder der „Freien Gesellschaft der christlichen Philosophie" waren angehalten, Gutes zu tun und nicht zuviel Geschrei um sich selbst zu machen. Die Gesellschaft verfügte über eine Zeitschrift, *Les Annales de la religion,* die in 3.000 Exemplaren verbreitet wurde. Einigendes Band der Gemeinschaft war ein moderater Republikanismus, Treue zum Glauben und der Gallikanismus.

Exkurs: Henri Grégoire

Henri Grégoire wurde am 4. Dezember 1750 in Vého in Lothringen geboren. Er trat in das Jesuitengymnasium in Nancy ein und empfing 1776 die Priesterweihe. Schon als junger Geistlicher griff er für die Zeit neue Themen auf. 1785 predigte er in der Kathedrale von Lunéville für die Versöhnung von Juden und Christen. Außerdem plädierte er für die Emanzipation der afrikanischen Sklaven und verfasste eine Denkschrift *En faveur des gens de couleur mêlée.* 1789 wurde Grégoire vom Klerus von Nancy in die Generalstände gewählt. Als einer der ersten schloss er sich dem Dritten Stand an und wurde von dem Maler

Jacques-Louis David in der Szene vom Ballhausschwur verewigt. Er war für die Abschaffung der Privilegien des Adels und der Geistlichkeit und leistete als erster den Priestereid auf die Verfassung. 1791 wurde er zum konstitutionellen Bischof von Blois, dem Departement Loire-et-Cher gewählt, und hatte auch das Abgeordnetenmandat für die *Assemblé nationale constituante* inne. Trotz seiner dezidierten Auffassung über eine Neuordnung der Kirche sprach er sich gegen die Verfolgung des eidverweigernden Klerus aus und schützte mehrere romtreue Priester vor der Verhaftung. Gegenüber seinem eidverweigernden Vorgänger im Bischofsamt bekundete Grégoire trotz grundsätzlicher Gegensätze hohe Achtung.

Am 21. September 1792 schlug Grégoire die Abschaffung der Monarchie vor. In seiner Rede fielen die berühmten Sätze: „Les rois sont dans l'ordre moral ce que sont les monstres dans l'ordre physique. L'histoire des rois est le martyrologue des peuples" (Die Könige sind in der moralischen Ordnung das, was in der Naturordnung die Monster sind. Die Geschichte der Könige ist das Martyrologium der Vöker). Es sind sehr apodiktische und generalisierende Sätze, die Grégoire hier von sich gab. Sie sind eines Bischofs, ja sogar eines Republikaners unwürdig. Ähnlich war der Tenor einer Rede das Sprachenproblem betreffend. Der Bischof wollte eine Einheitssprache, „eine Sprache der Freiheit und der Demokratie", er wollte die Dialekte abschaffen, die den Geist der Reaktion und des Obskurantismus am Leben erhielten.

Was wir hier vorfinden, ist Gleichschaltung. Diese Gleichschaltung finden wir bei ihm auch gegenüber den Juden. Emanzipation für die Juden ja, aber sie sollen ihre seltsamen Riten aufgeben und wahre Franzosen werden. Alle drei Stellungnahmen Grégoires zeigen, dass er vom Geist des Totalitarismus nicht ganz frei war, von dem die Revolution seit der Mitte des Jahres 1792 bestimmt war.

Zur Hinrichtung des Königs hat er keine klare Position eingenommen. Zwar war er für die Verurteilung, aber das Wort „Tod" stand nicht im Schreiben an den Konvent. Seine Stimme wurde deshalb nicht gezählt. Im strengen Sinn des Wortes war er kein *Régicide,* kein Königsmörder. Er hat höchstens – wie Pilatus – seine Hände in Unschuld gewaschen.

Seine mutige Rede nach dem blamablen und charakterlosen Auftritt Göbels steht an einer anderen Stelle dieses Buches. Sie zeigte den mutigen und glaubensstarken Bischof, der mehr war als ein Beinahe-Königsmörder. Mutig war auch sein Auftreten gegen den Bildersturm der Revolution, gegen die Kirchenplünderung und die Bartholomäusnacht der sakralen Kunst. Dafür hat er den Ausdruck „Vandalismus" geprägt.

Sein großes Ziel nach dem Tod Robespierres war der Wiederaufbau der gallikanischen Kirche und ein *Renouveau catholique,* eine christliche Erneuerung auf organisatorischem und intellektuellen Gebiet. Mit Napoléon und auch mit Pius VII. konnte Henri Grégoire nicht viel anfangen. So war er nicht nur gegen seine Scheidung von Joséphine, sondern auch gegen seine neu installierte Kaisermacht, inklusive neuem Adel und Hofstaat. Zwischen dem Papst und Grégoire standen zwei verschiedene Ideologien, der Gallikanismus, der Richerimus und der Jansenismus – und beim Papst das römische System. Ein wenig Kompromissfähigkeit hätte dem Bischof von Blois gut getan, der Kirche, des Glaubens und des durch die Revolution verwüsteten Frankreichs wegen. Der gleiche Mut hat auch der Kirche gefehlt. Grégoire wurde kleingehalten, aus seinen Ämtern entfernt. Er wurde so arm, dass er seine Bibliothek verkaufen musste.

Als frommer Katholik ließ er in seiner Sterbestunde einen Priester rufen. Ein Eidverweigerer spendete Grégoire die heiligen Sakramente zur Vorbereitung auf den Tod, trotz des Verbots seitens des Bischofs, weil Grégoire den Eid auf die Verfassung nicht widerrufen hatte. Das gleiche Drama spielte sich noch einmal bei der Beisetzung ab. Der Erzbischof von Paris verweigerte dem Bischof von Blois den letzten Liebesdienst. Wieder war es ein papsttreuer Priester, der den Gallikaner beerdigte. 20.000 Menschen begleiteten den Leichnam des Bischofs.

Nun noch der letzte Akt, der zu unserer Zeit spielt. Die Nationalversammlung – und das waren damals keine rechten, sondern linke Abgeordnete – hatte 1989 beschlossen, dem Priester aus Lothringen die höchste Ehre zu erweisen, die der französische Staat kennt: die Überführung des Leichnams ins Pantheon. Und wieder war es der Erzbischof von Paris, der dagegen lautstark protestierte. Aber in staatlichen Angelegenheiten hat die Kirche in Frankreich nichts zu sagen, in diesem Fall zum Glück.

Die konstitutionelle Kirche und das Konkordat

Nach dem Staatsstreich Napoléons im Brumaire (November 1799) kam es zu einer Entspannung auf religiösem Gebiet. Zeichen der Entspannung waren die Wiedereröffnung der meisten Kirchen; die Priester, die den Eid verweigert hatten, wurden nicht mehr verfolgt, und die systematische Dechristianisierung hörte auf. Diese Kehrtwende ging ausschließlich auf den ersten Konsul, auf Napoléon, zurück. Er hatte dafür religiöse und politische Gründe. Napoléon war zum einen nicht so areligiös, wie man es oft vermutet hat, zum anderen waren vornehmlich politische Gründe für sein Verhalten ausschlaggebend. Ihm war bewusst, dass Frankreich, vor allem die Landbevölkerung, katholisch bleiben wollte. Zudem hatte der Italienfeldzug für ihn positive Erfahrungen mit italienischen Bischöfen und Priestern gebracht. All dies war der Grund, warum er den Bischof von Vercelli zum Papst schickte und ihm sagen ließ, er sei an der Lösung der religiösen Frage in Frankreich interessiert. Dies löste die Verhandlung um ein Konkordat aus, die sich auf einen Zeitraum von über zwei Jahren erstrecken sollte.

Widerstände gegen eine solche Vertragsabfassung kamen von jakobinischen Kräften in höchsten Regierungsstellen, wie zum Beispiel von dem Exterroristen und damaligen Polizeiminister Joseph Fouché und dem früheren Bischof und Außenminister Maurice Talleyrand. Sie konnten sich allerdings nicht gegen den ersten Konsul durchsetzen. Seine katholische Haltung sollte wenigstens ansatzweise eine Darstellung erfahren. Auf die Aufforderung, er solle in Frankreich eine neue Religion gründen, sagte er: „Ich bin Katholik und werde in Frankreich den Katholizismus erhalten, weil es die wahre Religion, die Religion der Kirche, die Religion Frankreichs, meines Vaters, weil er meine Religion ist." Und er fährt weiter fort: „Wenn man eine

Religion schaffen will, muss man auf den Kalvarienberg steigen, und das habe ich nicht im Sinn."

Ein neuer Konstantin ist Napoléon allerdings nicht gewesen. Dazu benutzte er die Religion zu sehr im egoistischen und politischen Sinn. Wahrer Glauben spricht allerdings aus einer anderen Szene. Vor seiner Verbannung begegnete der Kaiser noch einmal Pius VII. und dessen Staatssekretär Consalvi. Napoléon sagte zu seinen Begleitern: „Das sind Männer, die an Gott glauben." Und dieser Satz war nicht zynisch, sondern aufrichtig gemeint. In seinen Verhandlungen mit dem Vatikan verfolgte er allerdings machiavellistische Ziele. Die Verhandlungen führten Napoléon und der Staatssekretär des Vatikans Ercole Consalvi, der zum besten kirchlichen Staatsmann des Jahrhunderts wurde. In der Linie der Aufklärung verstand er es, Gläubigkeit mit Energie und Anpassungsfähigkeit zu vereinen.

Auf nationaler Ebene wirkten drei Männer mit. Kardinal Caprara, ein schon betagter Mann, in schlechter körperlicher Verfassung und mit einer Kompromissbereitschaft, die man fast als Schwäche auslegen kann. Ein weiterer Teilnehmer war der Kultusdirektor Portalis, einer der wenigen Katholiken unter den führenden Politikern, ein gewissenhafter Jurist. Er war ein überzeugter Anhänger des Gallikanismus, d. h. er war auf eine relative Unabhängigkeit von Rom bedacht und behielt vor allem das Interesse der Kirche Frankreichs im Auge. Und dann war noch der Abbé Bernier da, der weniger bekannt, aber darum nicht weniger bedeutend ist und einer eigenen Darstellung bedarf.

Der Abbé Étienne Alexandre Bernier wurde 1762 in der Nähe von Le Mans geboren, studierte Theologie und wurde einer der jüngsten Pfarrer in der Diözese Angers. Er lehnte es ab, den Zivileid zu leisten und nahm am Aufstand in der Vendée teil. Hier zeichnete er sich durch seinen Eifer und seine Fähigkeiten aus. Als man einen Rat bildete, um Ordnung in die Verwaltung zu bringen, wurde er in das Gremium gewählt, stach aber bald die anderen Mitglieder aus. Bernier wurde zum „Apostel" der Vendée. Die Generäle waren oft gezwungen, seine Pläne zu realisieren, weil sie von Étienne Alexandre dominiert wurden. Als die Vendéer über die Loire in die Normandie und die

Bretagne flüchteten, begleitete er sie und zeigte Standhaftigkeit und Festigkeit. Er verlor nie den Mut, dichtete Lieder und ermutigte die Soldaten. Nach der vernichtenden Niederlage bei Savenay versteckte er sich einige Zeit in der Bretagne und kehrte nach einer gefahrvollen Überquerung der Loire zurück. Er handelte mit großem Geschick einen Friedensvertrag mit General Hoche aus, der dem Land Religionsfreiheit, Befreiung vom Kriegsdienst und eine Entschädigung gewährte. Der Pfarrer aber nutzte diese Chancen nicht, spielte ein Intrigenspiel mit dem General und mit den Häuptlingen des Aufstandes. Er hatte nun viel Kredit bei der Bevölkerung verloren und musste sich verstecken. Als Napoléon an die Macht kam, dienerte er sich ihm an, und bald waren beide aufeinander angewiesen. Die Konkordatsverhandlungen schienen sich zum Desaster zu entwickeln, bis Bernier eingriff – auf seine intrigante Weise: Er schrieb die Briefe des Kardinals und des Ministers und redigierte die Fragen und Antworten der Kontrahenten solcherart, dass man sagen könnte, ein Filou habe letzten Endes das Konkordat gerettet. Bernier machte sich Hoffnung, Erzbischof von Paris zu werden. Napoléon wollte nicht, dass seine Bäume in den Himmel wachsen, und machte ihn nur zum Bischof von Orléans. Und dieses Bistum hat er sehr vorbildlich geleitet. Sein Ehrgeiz kannte kaum Grenzen. Zugute halten muss man ihm aber wohl, dass er seinem Land den religiösen Frieden schenken wollte, komme, was da wolle.

Alles in allem gelang es Napoléon, der in dem Konkordat ein wesentliches Element seiner Befriedungspolitik sah, die meisten seiner Gesichtspunkte durchzusetzen. In der Praxis stellten sich zwei Probleme. Das eine war die Neuumschreibung der Diözesen, denn Frankreich war durch die Eroberungszüge gewachsen und zählte nun 102 Départements. Dazu gehörten das heutige Belgien, das heute italienische Piemont und das gesamte Gebiet des Deutschen Reiches auf dem linken Rheinufer.

Die Lösung, für jedes der 102 Départements ein eigenes Bistum zu schaffen, wurde sowohl vom Papst als auch von Napoléon abgelehnt, und zwar aus verschiedenen Gründen. Der Papst wollte nicht den Eindruck erwecken, er billige eine Lösung, die sein Vorgänger zurückgewiesen hatte. Für Napoléon war die Sache zu kostspielig. Schließlich einigte man sich auf 60 Bistümer. Eine Reihe alter Bistümer verschwanden wie Arles und Sens, und alte deutsche Erzbistümer wie Mainz, Köln und Trier wurden zu einfachen Bistümern. In Deutschland verschwanden Speyer und Worms ganz. Mainz wurde zur Hauptstadt des Départements Mont Tonnerre (Donnesberg) und Bischofsstadt.

Schwieriger war die Frage der Demission der alten Bischöfe der katholischen und der konstitutionellen Kirche. Von den 92 Bischöfen des Ancien Régime reichten alle, die schon nach Frankreich zurückgekehrt oder nach Italien geflüchtet waren, ihre Verabschiedung ein. Ein Widerstandsherd bildete sich um Bischof Dillon in England, dem sich Bischöfe, die nach Spanien und nach Deutschland geflüchtet waren, anschlossen. Die meisten aber waren bereit, zu demissionieren. Auch der harte Kern der Gegner gab dem Klerus und den Gläubigen ihrer alten Diözesen den Rat, sich mit den Gegebenheiten abzufinden und die neuen Bischöfe anzuerkennen. In der Vendée und Deux-Sèvres sowie in Lyon bildete sich die *Petite église* (die kleine Kirche), die bis zum Zweiten Vatikanischen Konzil bestand und das Konkordat nicht anerkannte.

Anders gelagert war die Situation der Bischöfe der konstitutionellen Kirche. Für die römische Theologie und den Papst waren sie Schismatiker, und man verlangte von ihnen, dass sie den Eid auf die Verfassung und die Gallikanischen Artikel widerriefen. Nach der Meinung von Grégoire und anderen Bischöfen ging es um die Gallikanischen Freiheiten, auf die sie nicht verzichten wollten. Abbé Émery und Abbé Bernier schalteten sich in die Verhandlungen ein und erreichten einen theologisch nicht ganz korrekten, aber für den religiösen Frieden Frankreichs tragbaren Kompromiss.

Nun konnte der neue Episkopat gebildet werden. Napoléon legte Wert darauf, dass das Prinzip der Vermischung angewendet wurde. So gehörten 16 Bischöfe des Ancien Régime, die schon etwas älter waren, dem neuen Episkopat an, zwölf ehemalige konstitutionelle Bischöfe und 32 neue Bischöfe – manche waren Generalvikare, alle waren jüngeren Alters. Zu ihnen gehörte der spätere Kardinal Fesch, ein Onkel Napoléons, der Bischof von Lyon wurde.

Zwei dieser konstitutionellen Bischöfe, Claude Le Coz, der Erzbischof von Besançon wurde, und Claude Françoise Marie Primat, den Erzbischof von Toulouse, haben wir schon kennengelernt. Aber auch drei weitere verdienen Erwähnung.

Marc Antoine Berdolet wurde in Rougemont im Elsass als Sohn eines Lehrers geboren. Der Vikar und Pfarrer war von den Ideen der Aufklärung und der Revolution begeistert und legte den Zivileid ab. Weil er aber tiefgläubig war, wurde er für mehrere Monate inhaftiert. 1796 wurde er zum Bischof von Colmar ernannt und trat 1801 zurück. 1801 ernannte ihn Napoléon zum Bischof von Aachen, das damals zu Frankreich gehörte. Deutsch beherrschte er genauso wie Französisch. Berdolet führte ein schlichtes Leben, war auf Ausgleich bedacht und bei der Bevölkerung sehr beliebt.

Der Baron Jean Claude Leblanc de Beaulieu war der Sohn von Charles Louis de Francueil und Madame d'Epinay, einem gefeierten Liebespaar der damaligen Zeit; George Sand, die berühmte Schriftstellerin, die Nichte des Bischofs, schildert ihn als frommen, hübschen Jungen, der ganz das Ebenbild seiner Mutter war. Von 1799 bis 1801 war er konstitutioneller Bischof von Rouen und wurde danach zum katholischen Bischof von Soissons und Laors ernannt. In die revolutionären Wirren war er nicht verstrickt. Etwas von der Eigenwilligkeit von George Sand ist auch bei Jean Claude Leblanc zu spüren. Lange wehrte er sich gegen die von Pius VII. in dem Breve *Multas labores* gestellten Forderungen auf einen Widerruf des geleisteten Zivileides und die Absage an gallikanische und jansenistische Lehren. Napoléon wollte ihn sogar absetzen, weil Leblanc geradlinig gegenüber der Politik des Kaisers war. Als Pfarrer in Paris war er der strengen Richtung des Jansenismus zugeneigt und ein heftiger Gegner von Erzbischof Göbel. Tiefer Glaube und eine Eigenwilligkeit, die die Grenzen auslotete, waren seine wesentlichen Charaktermerkmale. 1823 wurde Leblanc Erzbischof von Arles, einer der ältesten Diözesen Frankreichs.

Jean-Baptiste Pierre Saurine war schon als Vikar von den revolutionären Ideen begeistert und war Mitglied des Jakobinerklubs. An der Diskussion um den Priestereid nahm er regen Anteil und leistete selbst den Eid. 1791 wurde er zum Bischof von Dax in den Heidengebieten der Westküste gewählt und war gleichzeitig Abgeordneter in der *Assemblée législative*. Hier schloss er sich der *Gironde* an und galt als „katholischer Girondist". Die Hinrichtung des Königs lehnte er entschieden ab. Mit den anderen Girondisten wurde er aus dem Parlament ausgeschlossen und erst nach dem Ende der *Terreur* wieder aufgenommen. Kirchlich und persönlich stand er Henri Grégoire sehr nahe. Er teilte die gallikanischen Ideen und unterstützte die konstitutionelle Kirche intellektuell und organisatorisch. Nach dem Konkordat wurde er Bischof von Straßburg und leitete das Bistum von 1802 bis 1813. Bei seinen Gläubigen war er sehr beliebt.

Zeitgenössische Kritik an der Französischen Revolution

Die erste umfassende Kritik an der Französischen Revolution kam aus England aus. Ihr Wortführer war der Philosoph und Politiker Edmund Burke. Allerdings stieß er mit seinem Buch *Reflections on the Revolution in France* in seiner Heimat zunächst kaum auf Zustimmung. Ende des 18. Jahrhunderts fand die Französische Revolution – beeinflusst von dem Freiheitskampf in Amerika – bei den Unterschichten begeisterte Akzeptanz. Auch Dissidenten, Intellektuelle und namhafte Dichter brachten den Ereignissen in Frankreich viel Sympathie entgegen.

Worin bestand nun die Kritik von Burke? Nach seiner Ansicht war die Französische Revolution von Anfang an falsch angelegt. Sie war keine behutsame Reform aufgrund von konkreten Erfahrungen, sondern ein rascher und radikaler Wandel, abgeleitet von philosophischen Konstrukten. Burke setzte dem französischen Radikalismus den britischen Traditionalismus und Pragmatismus entgegen.

Die hier kurz und fragmentarisch zusammengefasste These wurde auf dem Kontinent und besonders in Deutschland zum Kernstück der Revolutionsabwehr. Folgenreich für die Revolution der deutschen Geisteswelt waren besonders die *Reflections* von Burke in der Übersetzung von Friedrich Gentz aus dem

Jahre 1795. Als aufgeklärter Preuße hatte dieser ursprünglich die Revolution überschwenglich gefeiert, sich dann aber an ihrem Rationalismus gestoßen. Die Maßlosigkeit der Revolution fand bei ihm ebenso Widerspruch wie bei Burke. Die Hannoveraner Ernst Brandese und Wilhelm Relberg verfassten vielgelesene Schriften, in denen sie großes Verständnis für die Epoche von 1789–1792 zeigten. Sie missbilligten aber den völligen Umsturz und das Terrorsystem und stellten diesem den revolutionären Wandel in England gegenüber.

Begeisterung und zeitweise Schwärmerei war auch von der übrigen Geisteswelt in Deutschland der Revolution entgegengeschwappt. Eine ganze Reihe von Revolutionspilgern ging nach Paris, um die Ereignisse hautnah zu erleben. Sie sahen die Möglichkeit, die Aufklärungsphilosophie in Politik umsetzen zu können. Studenten brachen in eine Revolutionsschwärmerei aus. Hegel und Hölderlin pflanzten in Tübingen Freiheitsbäume.

Aber der übermäßigen Begeisterung folgte bald die Enttäuschung. Dafür sind Friedrich Gottlieb Klopstock und Friedrich Schiller die überzeugendsten Beispiele. Klopstock, der die Franzosen um die Revolution beneidete, wurde zum französischen Staatsbürger ernannt, wandte sich aber angewidert vom Frankreich der Jakobinerdiktatur ab, das die Prinzipien von 1789–1791 mit Füßen trat. Ähnlich erging es Friedrich Schiller. Schiller war in seinem Leben und in den *Räubern* in den Kampf gegen den fürstlichen Despotismus eingetreten und darum zum Ehrenbürger Frankreichs erklärt worden. Schon 1795 predigte er Rückkehr ins Private und schmähte jene Deutsche, die noch immer an der Revolution festhielten. Man lese nur einige Teile der *Glocke* wieder, die recht gekonnt die Revolution persiflieren.

Aus Anlass der Hinrichtung von König Ludwig XVI. am 21. Januar 1793 schrieb Schiller am 8. Februar 1793 an seinen Freund Körner: „Ich kann seit 14 Tagen keine französischen Zeitungen mehr lesen, so ekeln diese elenden Schinderknechte mich an."
Im Gegensatz zu Schiller stand Goethe schon zu Beginn der Französischen Revolution skeptisch gegenüber, und er stand damit fast allein. Für ihn war die Revolution zu radikal und zu

zerstörerisch. Die Schwärmerei für das revolutionäre Frankreich war ihm genauso suspekt wie religiöser Fanatismus. Er zog sich auf das zurück, was nach seiner Meinung in der Welt bleibt: das Wahre, das Schöne und das Gute.

Im Gegensatz zu den anderen Intellektuellen hielten Kant und Fichte der Revolution die Stange. Eine Rolle mag für sie gespielt haben, dass die Revolutionäre ihr politisches Handeln aus philosophischen Prinzipien herleiteten.

Kommen wir am Ende dieses Abschnittes noch einmal auf Burke und seine Revolutionskritik zurück. Er war mit zwei Revolutionen konfrontiert, der amerikanischen und der französischen. Burke war zunächst immer ein Einzelkämpfer. Er stand allein, als er als Engländer den amerikanischen Unabhängigkeitskrieg begrüßte und für ihn im Parlament warb, und gerade aus dieser Erfahrung stammte seine Position zur Französischen Revolution. Er war aber auch zunächst isoliert, als er sehr vehement eine Kritik an der Französischen Revolution vortrug. Die gedankliche Auseinandersetzung mit der amerikanischen Revolution hat ihm die Kritik an der Französischen Revolution ermöglicht.

Einen ähnlichen Weg wie Burke gingen zwei bedeutende Revolutionskritiker. Alexis de Tocqueville im 19. und Hanna Arendt im 20. Jahrhundert. Beide setzten die in Amerika gewonnenen Erfahrungen bei ihrer Kritik an der Französischen Revolution um. Tocqueville schrieb in Amerika zwei Bücher, *Du système pénitentiaire* über das Strafsystem und *De la démocratie en Amérique* über die Demokratie in der Neuen Welt, die beide den Preis der *Académie française* erhielten. Tocqueville untersucht darin zwei Prinzipien, die Freiheit und die Gleichheit, wobei er eindeutig der Freiheit den Vorrang gibt.

Für Tocqueville führt die Überbetonung des Prinzips der Gleichheit zu einem stark zentralistischen Staat, gegen den sich das Individuum nicht mehr zur Wehr setzen kann. Die Repräsentanten dieser Macht werden sich ihrer Gewalt allmählich bewusst und fördern diese Position aus Eigeninteresse. Die Regierenden können schließlich die Vorgänge und die Menschen verwalten. Sie sehen ihre Aufgabe darin, den Bürger zu leiten, ja ihn gegen seinen Willen glücklich zu machen.

Diese Einsichten überträgt Tocqueville in seinem Buch *L'Ancien Régime et la Révolution* auf die Französische Revolution selbst. Nach ihm war der Zentralismus in Frankreich schon vor der Revolution in Grundzügen vorhanden, ebenso wie der Militarismus, den die zweite Phase der Revolution förderte und der unter Napoléon seinen Höhepunkt erreichte. Sowohl im Ancien Régime als auch in der Revolution seien Intellektuelle, die mit der politischen Praxis auf Kriegsfuß gestanden hätten, tätig gewesen und hätten ein utopisches Wolkenkuckucksheim gebaut. Tocqueville fürchtete ein Abrutschen in die Unfreiheit, wenn die Gleichheit zum einzigen großen Prinzip erklärt wird.

Ähnliche Erfahrungen hat Hannah Arendt auch aus Amerika mitgebracht und in ihre Kritik an der Französischen Revolution eingearbeitet. Daneben kritisierte sie den latenten antisemitischen Aspekt der Revolution: „Man gab den Juden das Recht zu sein, aber nicht Juden zu sein." Die Juden erhielten alle bürgerlichen Rechte, aber ihre Synagogen wurden geschlossen, ihre Rabbiner vertrieben und ihre Gebräuche und Sitten verboten.

„Dem deutschen Volk brachte die Revolution im Nachbarland kurzfristig gesehen kaum garantierte Menschen- und Bürgerrechte. Langfristig gesehen blieben die Ideale der Revolution jedoch existent. Die Paulskirchenverfassung als erste demokratische Verfassung Deutschlands ist deutlich von den Idealen der Französischen Revolution beeinflusst. Auch wenn die Revolution von 1848/49 scheiterte, das Vorbild der demokratischen Paulskirchenverfassung entfaltete prägende Kraft – sei es in der Weimarer Reichsverfassung oder schließlich im Grundgesetz. Das Ideal unveräußerlicher Menschenrechte, welches im ersten Artikel der Erklärung der Menschen- und Bürgerrechte von 1789 festgeschrieben wurde und heute noch als Bestandteil der französischen Verfassung der V. Republik gilt, hat Eingang in das deutsche Grundgesetz gefunden. Heutzutage konzentriert sich dieses Ideal an exponierter Stelle im ersten Absatz des ersten Artikels des Grundgesetzes: ‚Die Würde des Menschen ist unantastbar. Sie zu achten und zu schützen ist Verpflichtung aller staatlichen Gewalt'" (Nikolas Dörr, MenschenRechts-Magazin 1/2006).

Was bedeutet die Französische Revolution für uns heute, besonders der Teil, die Zeit der *Terreur,* die in diesem Buch besonders beschrieben wurde? Die Revolution hat eine neue Welt versprochen, wollte einen neuen Menschen und versprach den Menschen ewiges Glück. Sie hat damit anderen Totalitarismen wie dem Leninismus und dem Faschismus Geburtshilfe geleistet.

Die Französische Revolution ist laut Georges Clémenceau ein Block, der alle Republikaner zwingt, sich mit der Gesamtheit ihrer Abschnitte zu solidarisieren. Pierre Chaunu, ein Historiker der Sorbonne und evangelischer Laienprediger, hat die letzte Ursache für den *Dérapage,* für das Abgleiten der Revolution in Terror und Gewalt offengelegt: Der Raub des Kirchengutes, das Auflösen uralter Klöster, die zu Steinbrüchen umfunktioniert wurden, die Verfolgung der Priester und Ordensleute, die Umwandlung von Kirchen wie Notre Dame de Paris zu Tempeln der Vernunft sowie der Revolutionskalender waren ein einziges großes Nein zum sich selbst offenbarenden Gott.

Der Kommentar zu all diesen Ereignissen kann kurz ausfallen. Es ist ein Spruch, auf den ich in der Landgemeinde, in der ich 33 Jahre als Pfarrer tätig war, oft gestoßen bin und der einfach und schlicht lautet: „Wenn Gott das Haus nicht baut, bauen alle Bauleute vergebens".

Gott hat in dieser dunklen und finsteren Zeit der *Terreur* sein Haus gebaut, ein Haus, dessen Bausteine die Kinder von Lucs-sur-Boulogne, die Nonnen von Orange und Compiègne und die Opfer der Noyaden von Nantes sind.

Die Kirche hat sich nach der Revolution in Frankreich erneuert, und diese Erneuerung hat auf ganz Europa ausgestrahlt. In Auseinandersetzung mit modernen politischen Strömungen und Errungenschaften sowie im Rückgriff auf das zeitlose christliche Erbe hat der französische Geist eine unvergleichliche Anzahl katholischer Künstler und Wissenschaftler hervorgebracht und der katholischen Welt immer wieder neue Anstöße gegeben, zuletzt mit dem *Renouveau catholique,* die wir mit den Namen von Georges Bernanos, Paul Claudel und François Mauriac verbunden..

Wir erwarten in Europa auch so etwas wie einen neuen Menschen. Wir erwarten das alles von der Wirtschaft und einem neuen Sozialsystem. Von Gott sprechen wir nur bei großen Katastrophen und schreien: „Wo ist Gott?" Vielleicht sollten wir fragen, was Gott von uns will, was er uns schenken will. Ich meine, dass wir viel von der Zeit der Französischen Revolution lernen können.

Zum Schluss noch ein Wort von Edmund Burke:

„Das Böse triumphiert allein dadurch, dass gute Menschen nichts unternehmen."

Zeittafel

1789, 5. Mai: Eröffnung der Generalstände
20. Juni: Ballhausschwur
14. Juli: Erstürmung der Bastille
26. August: Erklärung der Menschen- und Bürgerrechte
Oktober: Bildung des Jakobinerklubs
November: Verstaatlichung der Kirchengüter

1790, Juli: Zivilverfassung des Klerus; Aufhebung der Klöster; Wahl der Priester; Geistliche sollen den Eid auf die Verfassung leisten

1791, Februar: Unruhen in Vannes (Bretagne) zugunsten eidverweigernder Priester
21. Juni: Flucht des Königs nach Varennes
17. Juli: Massaker auf dem Champ de Mars
15. August: Deklaration von Pillnitz
10. Oktober: Eröffnungssitzung der Legislative

1792, 19. März: Der König beruft girondistische Minister Dumouriez und Roland u. a.
April: Dekret gegen das Tragen geistlicher Tracht außerhalb der Kulträume; Krieg gegen Österreich; Entstehen der Marseillaise
April: Erhebung in der Bretagne zugunsten eidverweigernder Priester
20. April: Kriegserklärung an Österreich
Mai: Erhebung in der Vendée
27. Mai: Gesetz über die Deportation von Eidverweigerern
20. Juni: Massendemonstration gegen die Vetopolitik des Königs
11. Juli: Danton erklärt das Vaterland in Gefahr
25. Juli: Herzog von Braunschweig droht mit der Zerstörung von Paris
3. August: Forderung nach Absetzung des Königs
10. August: Sturm auf die Tuilerien; König stellt sich unter den Schutz der Nationalversammlung
23. August: Preußen erobern Longwy

2.–5. September: Septembermorde in Paris; zahlreiche Priester werden gelyncht
3.–15. September: Wahl zum Nationalkonvent
20. September: Kanonade von Valmy
21./22. September: Abschaffung der Monarchie, Frankreich wird Republik
10. Oktober: Ausschluss Brissots aus dem Jakobinerklub; Girondisten trennen sich von den Jakobinern
6. November: Sieg der Franzosen bei Jemappes
11. Dezember: Beginn der Prozesse gegen Ludwig XVI.

1793, 21. Januar: Hinrichtung Ludwigs XVI.
2. Februar: England und Holland treten in den Krieg mit Frankreich ein; Aushebung von 300.000 jungen Männern
4. März: Erste Unruhen in der Vendée bei Cholet
10. März: Schaffung des Revolutionstribunals
11. März: Beginn des Vendée-Aufstandes
12.–19. März: Petitionen der Vendéer verlangen Respekt vor den Prinzipien von 1789
16. März: Nationalgarden werden bei Coron geschlagen
18. März: Niederlage Frankreichs bei der Schlacht bei Neerwinden; General Dumouriez läuft zu den Österreichern über
22. März: Robespierre: Bürgerkrieg hat gegenüber äußeren Kriegen Vorrang
6. April: Gründung des Wohlfahrtsausschusses
6. Mai: Schaffung des „kleinen Maximums"
25. Mai: Eroberung von Fontenay
31. Mai bis 2. Juni: Sansculotten erzwingen die Verhaftung der Girondisten
6. Juni: Erhebung gegen die Jakobiner und Sansculotten; Aufstände in der Normandie, in Marseille, Lyon und in Städten des Südens unter Führung der *Gironde*
9. Juni: Eroberung von Saumur.
29. Juni: Erste Niederlage der Vendéer vor Nantes
13. Juli: Charlotte Corday erdolcht Jean-Paul Marat
26. Juli: Nationalversammlung beschließt die Vernichtung der Vendée

August bis Oktober: Zerstörung der Königsgruft von Saint-Denis
5. September: Terror wird zur Tagesordnung erklärt; Schaffung der Revolutionsarmee, Zerstörung von Kirchen und Heiligenfiguren auf ihrem Weg
15. September: Carrier bringt Priester zur „vertikalen Deportation" nach Saint-Malo
17. September: „Verdächtigengesetz" begründet Staatsterrorismus
September: Siege der Vendée gegen Elitetruppen der Revolution
6. Oktober: Einführung des revolutionären Kalenders
11. Oktober: Hinrichtung der girondistischen Führungsspitze
12. Oktober: Konvent beschließt die Zerstörung Lyons
16. Oktober: Hinrichtung von Marie Antoinette
17. Oktober: Niederlage der Vendée bei Cholet und Beginn der „Virée de Galerne"
8. November: Hinrichtung von Madame Roland
16. November: Erste Priesternoyade fordert 90 Opfer
6. Dezember: Zweite Priesternoyade mit 58 Toten
23. Dezember: Vernichtung des Heeres der Vendée bei Savenay
bis Ende Dezember: Füsilladen und Noyaden zu Tausenden, darunter Kinder

1794, 17. Januar: *Colonnes infernales* setzten sich in Marsch; die Aktion fordert Zehntausende von Toten
Februar und März: Neubeginn des Krieges in der Vendée als *Chouannerie*
24. Februar bis 1. März: Massaker von Lucs mit 564 Opfern, darunter 110 Kinder unter acht Jahren
24, März: Hinrichtung der *Enragés* (Hébertisten)
5. April: Hinrichtung der *Indulgents,* u. a. auch Dantons
8. Juni: Fest des „Höchsten Wesens" in Paris; neue Staatsreligion
10. Juni: Gesetz vom 22. Prairial schafft letzte juristische Garantien ab
27. Juli: Hinrichtung Robespierres

Literaturverzeichnis

Octave Aubry, Die Französische Revolution, Winterthur 1948

Jean-Paul Bertaud, Alltagsleben während der Französischen Revolution, Freiburg u. a. 1989

Hermann Bortfeldt, Die Französische Revolution, München 1989

William Doyle, The Oxford History of the French Revolution, Oxford 1989

Renaud Escande (Hrsg.), Le Livre noir de la Révolution française, Paris 2008

François Furet/Mona Ozouf (Hrsg.), Kritisches Wörterbuch der Französischen Revolution, 2 Bde., Frankfurt 1996

François Furet/Denis Richet, Die Französische Revolution, Frankfurt 1981

Max Gallo, L'homme Robespierre. Histoire d'une solitude, Paris 1968

Alain Gérard, „Par principe d'humanité ..." La Terreur et la Vendée, Paris 1999

Walter Grab, Ein Volk muß seine Freiheit selbst erobern. Zur Geschichte der deutschen Jakobiner, Frankfurt 1984

Helmut Keßler, Terreur. Ideologie und Nomenklatur der revolutionären Gewaltanwendung in Frankreich von 1770 bis 1794, München 1973

Georges Lefèbvre, 1789. Das Jahr der Revolution, München 1989

Stephan Lobert, Französische Revolution, 7. Aufl. Stuttgart 2005

Walter Markov/Albert Soboul, Die Große Revolution der Franzosen, Köln 1989

Jean-Clément Martin, La Vendée et la France, Paris 1987

René Picheloup, Les ecclésiastiques français émigrés ou déportés dans l'Etat pontifical, 1792–1800, Toulouse 1972

Bernard Plongeron, Die Geschichte des Christentums, Bd. 10: Aufklärung, Revolution, Restauration (1750–1830), Freiburg 2000

Simon Schama, Citizens: A Chronicle of the French Revolution, New York 1989

Ernst Schulin, Die Französische Revolution, München 1988

Reynald Secher, La Chapelle-Basse-Mer, village vendéen: révolution et contre-révolution, Paris 1986

Ders., La Vendée-Vengé: le génocide franco-français, Paris 1986

Ders., Juifs et Vendéens, d'un génocide à l'autre, Paris 1991

Friedrich Sieburg, Robespierre, Stuttgart 1981

Ders., Im Licht und Schatten der Freiheit, Stuttgart 1982

Timothy Tackett, La Révolution, l'Église, la France, Paris 1986

Michel Vovelle, Religion et Révolution, la déchristianisation de l'an II, Paris 1976

Ders., 1793, la Révolution contre l'Église: de la raison à l'être suprême, Paris 1988

Michael Wagner, Vendée-Aufstand und Chouannerie im Licht der neueren Forschung, in: Francia 15 (1987), S. 733–754

Johann Baptist Weiß, Weltgeschichte, 22 Bde., Graz u. a. 1890–1898